Camille Baulau

Anne BAUDIER   Be

CW01499138

Le développement affectif et social du jeune enfant

2e édition

ARMAND COLIN

Conception de couverture : Dominique Chapon et Emma Drieu

© Armand Colin, Paris 2007, 2008 pour la présente impression
© Nathan, 1990 pour la 1re édition
© Nathan/VUEF, 2002 pour la 2e édition

Internet : http://www.armand-colin.com
ISBN 978-2-200-34289-0

ARMAND COLIN ÉDITEUR • 21, RUE DU MONTPARNASSE • 75006 PARIS

Table des matières

Introduction

1. Présentation de l'ouvrage

Cet ouvrage a pour objectif de décrire le développement affectif et social du jeune enfant.

De nombreux ouvrages traitant ce sujet existent déjà. Celui-ci a l'ambition de présenter à la fois des théories « classiques », mais aussi des réflexions théoriques et des résultats d'expérience récents. Même non exhaustive, la présentation de travaux actuels se justifie car ils permettent une meilleure compréhension du développement et ne sont pas sans conséquence sur les pratiques sociales concernant les jeunes enfants. Par ailleurs, l'accès à ces informations récentes n'est pas toujours aisé car elles se trouvent souvent dans de nombreux ouvrages ou revues spécialisés et fréquemment en langue anglaise.

Une approche féconde consiste à montrer l'apport respectif, voire la complémentarité des différents points de vue concernant une question particulière. Par exemple, l'établissement des liens entre l'enfant et l'adulte peut être décrit à travers le modèle psychanalytique, mais aussi à travers la théorie de l'attachement d'origine éthologique ; les connaissances que nous avons aujourd'hui des interactions entre pairs sont redevables des travaux des éthologistes, mais aussi des psychologues sociaux et expérimentaux.

L'exhaustivité est impossible, des choix ont donc été faits, non seulement dans les problèmes abordés, mais aussi dans les options théoriques, certaines étant plus pertinentes et plus heuristiques que d'autres. La multiplicité des références théoriques et des approches méthodologiques est une des caractéristiques de la psychologie. Mais aujourd'hui, certaines approches et références peuvent être appréhendées non pas de manière contradic-

1

toire, opposée, mais complémentaire. Nous chercherons toutefois à mettre l'accent sur les faits établis expérimentalement, sans oublier qu'ils n'ont de signification que parce qu'ils sont référés à une théorie ou un modèle.

Nous disposons d'un vaste ensemble de connaissances, aussi, nous sommes-nous limitées à la période qui va de la naissance à 4-5 ans, avec des incursions dans la période prénatale. Ce choix se justifie pour la double raison suivante : d'une part c'est la période pour laquelle nous disposons du plus grand nombre d'informations et, d'autre part, elle correspond à l'émergence des premières formes de relation à autrui, à la mise en place des conduites sous-tendant les interactions avec le milieu humain et la construction de l'individualité.

2. Définition des notions

Le terme « affectivité » a une double signification selon Piéron : c'est « la capacité individuelle à éprouver des sentiments ou des émotions » et « la réaction émotive généralisée ayant des effets définis sur le corps et l'esprit » (1973).

Nous préférons la définition de Harlow (1974) qui désigne par ce terme un ensemble de comportements permettant les rapports sociaux individuels intimes qui lient entre eux les membres d'une espèce. Cette définition de l'affectivité a le mérite de se rapprocher de celle de la socialisation, terme polysémique qu'il convient de distinguer de celui d'affectivité.

Malrieu (1973) a distingué la socialisation-acculturation : apprentissage des normes de la société dans laquelle l'enfant doit s'intégrer par le biais de ses institutions, de la socialisation-relation : communication qui s'instaure entre les partenaires et qui repose sur la sympathie, l'émotion et l'affectivité.

C'est plutôt cette seconde conception que nous privilégierons, étant donné l'âge de développement étudié, même si l'apprentissage des normes et des rôles commence très précocement. Très tôt, l'enfant est confronté aux interdits, aux valeurs de son groupe. Dès la naissance débute l'apprentissage des instruments de la culture à laquelle il appartient : langage, systèmes de valeurs, utilisation d'objets, mise en œuvre de techniques... Le développement des relations sociales lui-même est fortement dépendant du cadre culturel dans lequel il est amené à se construire.

Avant de rapporter les faits et expériences relatifs au développement affectif et social, il nous paraît nécessaire de présenter et définir les différentes théories et méthodes de la psychologie de l'enfant, dans une perspective à la fois synchronique et diachronique pour mieux comprendre comment aujourd'hui nous pouvons dresser un bilan des connaissances, mais aussi leurs limites et les interrogations qu'elles suscitent.

1

Historique

Il est important de rappeler qu'à tous les moments de l'histoire, un corpus de connaissances scientifiques s'élabore en dépendance étroite avec la société dans laquelle il est produit. Les questions que se pose le chercheur, la manière dont il se les pose sont sous-tendues par les idées du moment. La référence aux cadres théoriques existants est toujours présente, soit que le chercheur y ajoute des faits nouveaux visant à les confirmer ou à les préciser, soit qu'il mette en évidence des contradictions et la nécessité de réviser, voire d'abandonner ces cadres théoriques. Enfin, l'observation des faits est tributaire des outils et techniques mis à la disposition du chercheur grâce au niveau de compétence technologique atteint par la société.

L'étude du développement affectif n'a pas échappé à cette règle générale. Sa place aujourd'hui considérable dans la psychologie de l'enfant reflète tout l'intérêt que nos sociétés occidentales portent à l'enfant et l'importance qu'elles reconnaissent à l'affectivité comme soubassement constitutif et influençant le développement ultérieur.

Il n'en a pas été toujours ainsi, et en brossant rapidement l'historique de l'étude du développement affectif et du développement social, nous verrons que ces thèmes apparaissent relativement tardivement dans l'histoire de la psychologie scientifique. Il aura fallu au préalable que la société reconnaisse à l'enfant un statut tel qu'il puisse être envisagé comme un possible et valable sujet d'étude.

1. Définition et statut de l'enfance

Étymologiquement, les termes d'«enfant», d'«enfance», renvoient d'abord à une notion d'inachèvement. L'*infantia*, c'est le défaut d'éloquence ; l'*infans* désigne celui qui ne maîtrise pas le langage et, par extension, les premières années de vie. On peut aussi, ainsi que le fait remarquer Weil (1987), constater qu'à cette première connotation d'inachèvement vient s'ajouter celle de l'assujettissement. Dans les parlers du Sud-Ouest, les termes de *fante*, d'*infante* désignent le valet, la servante, qui connaîtront un destin de soumis, tout comme les fantassins et l'infanterie.

Ce n'est que dans la dernière partie du XXᵉ siècle que va se développer, suite au travail princeps de l'historien Ph. Ariès, une réflexion visant à mettre à jour comment ont pu évoluer les représentations collectives, le statut et les sentiments à l'égard de l'enfant dans les sociétés occidentales.

S'appuyant tout particulièrement sur une analyse de l'iconographie religieuse, où l'enfant Jésus est fréquemment représenté avec la morphologie d'un adulte en miniature et sur l'absence de personnages enfantins dans la littérature avant le XVIIIᵉ siècle, Ariès (1973) en déduit la faible reconnaissance du statut particulier de l'enfant et une absence de sentiments à son égard. Un autre argument conforte ce point de vue : la mortalité infantile extrêmement élevée. On ne dispose pas de chiffres, mais on sait que sous Louis XIV, ne survivait jusqu'à 10 ans que moins d'un enfant sur deux (Julia, 1998). Pour Ariès, le sentiment à l'égard de l'enfant, très caractéristique de la période actuelle, n'a pris son essor qu'au XVIIIᵉ siècle dans les classes supérieures pour se diffuser progressivement vers les classes populaires.

Il convient sans doute d'apporter quelques nuances à cette thèse. Comme le précise Le Roy Ladurie (1975), les traces écrites manquent pour évaluer les sentiments à l'égard de l'enfance dans les classes populaires. De plus, l'absence de traces écrites n'équivaut pas forcément à l'absence de sentiment. Par ailleurs, comme l'indique Garnier (1982), la représentation iconique adultomorphe de l'enfance est loin d'être une constante au Moyen Âge. Ce même auteur a pu rassembler un catalogue d'œuvres de la même période où les enfants sont représentés dans diverses activités, témoignant au contraire de la diversité des intérêts à leur égard.

Toutefois, de l'Antiquité au XVIIIᵉ siècle, tout ce qui a été écrit sur l'enfant est fortement coloré par une double connotation d'inachèvement et d'assujettissement.

Dans les ouvrages de pédagogie médiévale, trois domaines font l'objet de règles : le corps, la morale et la religion. Si déjà l'accent est mis sur les compétences requises (et donc la formation) des personnes qui ont en charge les enfants (parents, nourrice, précepteurs, maîtres), en revanche, certaines caractéristiques propres aux enfants ne sont pas prises en considération. Ainsi, le jeu n'est toléré que jusqu'à un certain âge et le but de la pédagogie est d'en éloigner l'enfant pour qu'il devienne adulte le plus vite possible. L'enfant est décrit de manière ambivalente : il est à la fois doux et innocent, mais aussi rusé, coléreux et parfois insupportable.

Dans la littérature, rares sont les héros enfantins ; l'enfance n'est en fait abordée que sous l'angle de l'éducation, de la pédagogie. Les principes éducatifs sont basés sur une vision de l'enfance puisant pour l'essentiel ses sources dans la pensée chrétienne (comme *Les Confessions* de saint Augustin). C'est la malignité de l'enfance qu'il faut combattre pour former des « hommes ». Même quand les principes éducatifs se veulent quelque peu plus libéraux (chez Montaigne par exemple), c'est toujours l'homme adulte qui reste la préoccupation essentielle ; l'enfant n'est là que comme instrument, matière à éducation. Les écrits des philosophes et des prédicateurs concourent à souligner le long chemin que l'individu doit parcourir pour atteindre la sagesse et la raison de l'homme adulte.

La publication de l'*Émile* en 1762 est un signal révolutionnaire en pédagogie tout d'abord. Se démarquant des *Pensées sur l'éducation* du philosophe anglais Locke (1693), Rousseau bâtit ses propositions pédagogiques sur une conception toute différente. Si pour Locke, l'enfant est une « cire à modeler » que l'éducateur peut transformer à sa guise, pour Rousseau l'enfance est une période spécifique qui a sa valeur en tant que telle. L'enfant n'est plus porteur du péché, mais un innocent que la société pervertit. Sa croissance est ordonnée par la nature et l'éducation doit s'appuyer sur ce mouvement naturel et non plus le combattre. Une des conséquences de ce changement de conception concernant l'éducation est qu'il pose la nécessité de connaître l'enfant pour mieux l'éduquer. Les vues de Rousseau sur l'enfance s'appuient plus sur l'intuition, les lectures et l'imagination que sur l'observation. Wallon parlera à son sujet de « prescience de l'enfant ». L'*Émile* constitue néanmoins le point de départ, puisqu'il en montre la nécessité, d'une recherche méthodique sur l'enfance.

Au début du XIXe siècle, dans les écrits des utopistes, l'éducation de l'enfant se voit chargée d'une priorité nouvelle, celle de former les « hommes nouveaux », futurs citoyens de la Société Idéale. Tous les modèles éducatifs imaginés alors s'appuient sur un découpage de l'enfance par « périodes » et sur des organisations adaptées de ce que l'on sait ou imagine des besoins spécifiques y correspondant.

Les historiens actuels de l'enfance, Becchi et Julia (1998) soulignent en Occident pour cette période la coexistence de deux statuts d'enfance, très divergents selon l'origine sociale, voire de deux modèles de socialisation :

– Dans les classes bourgeoises et aristocratiques, la spécificité enfantine va être reconnue, voire très entretenue. L'enfant y est élevé à l'écart du monde adulte. Il dispose de ses espaces propres dans la maison (nursery ou chambre d'enfant), de ses propres domestiques (nourrice, nurse ou gouvernante, institutrice ou précepteur…). On constate aussi que se développe un ensemble d'objets (jouets, livres, vêtements…) destinés à répondre à ses besoins spécifiques. Toute son importance est reconnue au « jeu » comme activité spécifique à l'enfant et mode adapté d'apprentissage. En famille et/ou au collège, tout concourt à ne lui proposer qu'un environnement à l'écart des réalités du monde adulte.

– En revanche, dans les classes populaires (ouvrières ou paysannes), la vie de l'enfant reste très marquée par la précarité financière des familles. Très jeune, l'enfant doit, par son travail, contribuer à l'équilibre du budget familial. Soumis dans un premier temps aux nouvelles conditions de travail qu'instaure l'industrialisation, c'est en partie de la législation sur le travail enfantin qu'émergera la reconnaissance de sa spécificité.

C'est seulement à la fin du XIXe siècle et au début du XXe que la législation et son application progressive unifieront un statut d'enfant. Tout d'abord sera mise en place une législation du travail en 1874 fixant l'âge d'entrée dans le travail à 12 ans, la durée de la journée à 12 heures et l'interdiction du travail de nuit. Enfin, en 1881, la loi Jules Ferry rendra l'école obligatoire pour les enfants jusqu'à 12 ans.

La fascination actuelle pour l'enfance transparaît aussi bien dans l'intérêt que de nombreux scientifiques lui accordent, en faisant l'objet d'une paidologie se déclinant dans bon nombre de disciplines (de la psychologie à la médecine ou à la nutrition…), que dans le succès que rencontrent toutes les formes de communication sur ce thème (émissions de télévision, livres, revues) auprès du grand public. L'enfant serait « authentique », « vrai », « sage » comme porteur de toutes les valeurs que les adultes semblent avoir perdues (Rondal, 2002).

Dans les pays occidentaux, la faible natalité fait de l'enfant un « capital » rare. Les modifications des conditions de travail et d'organisation familiales ont entraîné le développement d'Institutions Sociales accompagnant et soutenant la famille dans son rôle à l'égard de l'enfant, voire prêtes à pallier ses déficiences. Leur forte présence dans la vie de l'enfant et leur organisation ciblée sur certaines tranches d'âge – la crèche (0-3ans) la maternelle (3-6ans)… – font de l'âge un des organisateurs principaux de la vie de l'enfant. En dépit d'affirmations sur l'importance et le respect des différences interindividuelles, un rythme de développement moyen, constitue la meilleure garantie d'un cheminement harmonieux dans cet univers institutionnel normé.

La Déclaration des droits de l'enfant adoptée à l'unanimité par l'Assemblée générale des Nations-Unies en 1959 est la réponse du législateur à cette valorisation de l'enfance.

2. Les débuts de la psychologie de l'enfant

Au cours du XIXe siècle une première approche méthodique permettant de connaître l'enfant se développe. Il s'agit des monographies biographiques ou journaux tenus par un proche de l'enfant (souvent son père). Parmi les travaux les plus connus, citons celle de Tiedemann (1787) qui témoigne d'un souci méthodologique dans l'organisation du recueil d'observations. Elle est historiquement précédée au XVIIe siècle par celle du jeune Louis XIII, rédigée par son médecin Héroard, où l'on peut constater combien la neutralité de l'observateur est difficile face au statut d'un enfant dauphin ; par celle de Darwin (1877) sur les premières années de son fils, et enfin celle de l'Allemand Preyer (1882), considérée comme un des premiers classiques de la psychologie de l'enfant. À ces noms, il faut ajouter celui de Baldwin (1895), psychologue américain qui a eu une forte influence sur les grands théoriciens comme Piaget (qui a repris la notion de réaction circulaire et l'importance de l'imitation chez l'enfant) et Wallon (qui met l'accent sur le rôle de l'autre dans la construction de la personne et emprunte à Baldwin la notion de *socius*).

La notion de développement de l'enfant apparaît à la fin du XIXe siècle, lorsque la psychologie va séparer deux champs jusque-là confondus celui de la connaissance de l'enfant et celui de son éducation. C'est le développement des vastes enquêtes sur les enfants qui caractérise la fin du XIXe siècle. Elles vont se développer surtout aux États-Unis à l'initiative de Stanley Hall (1883). Celui-ci dirige le premier laboratoire d'études consacré à l'enfant, publie le premier journal réservé à ce thème et cherche même à particulariser l'étude de l'enfant en lui donnant une appellation spécifique : la « paidologie » ou « pédologie » (du grec *païdos* : enfant). Simultanément, ce courant se développe dans plusieurs pays. En France, *la Société Libre pour l'Étude de l'Enfant* est fondée en 1900 par E. Buisson, auquel succédera A. Binet.

3. La psychologie de l'enfant au XXe siècle

Le XXe siècle est marqué par l'essor de la psychologie se constituant en tant que discipline scientifique autonome dans le champ des sciences humaines. Cet essor se traduit par une diversité des courants théoriques qui multiplient les méthodes et les outils d'investigation et qui donnent aussi à l'étude de l'enfant des orientations particulières.

Dans le cadre de la théorie de l'évolution (Darwin) l'enfant devient un objet d'étude privilégié parce que chaînon entre l'*Homo sapiens* et les autres espèces animales, étape vivante et observable de la montée vers l'homme. C'est le développement de la psychologie génétique[1] qui va utiliser l'enfant pour mieux comprendre l'adulte.

Le contexte intellectuel de fin du XIXe siècle est fortement marqué par la théorie de « sélection naturelle » et amène les auteurs à adopter l'hypothèse de la « récapitulation » en liaison avec les écrits du philosophe Spencer et du naturaliste Haeckel. Le développement biologique de l'individu (ontogenèse) reproduirait en raccourci l'évolution de l'espèce (phylogenèse).

Adhérant à cette hypothèse, Preyer (1881) considère la longue durée de l'enfance humaine – comparée à celle des autres espèces animales – comme nécessaire pour permettre à l'adulte humain d'acquérir son état d'espèce supérieure. Convaincu que le langage est un « acquis » de l'éducation, il sera à l'origine du débat inné-acquis qui va orienter la psychologie du développement pendant la première moitié du XXe siècle.

Le détour par l'enfant permet de mieux cerner lois et facteurs du développement, en même temps qu'il constitue un important recueil d'informations sur les enfants à divers moments de leur développement. Souvent considérée à tort comme psychologie de l'enfant (parce que l'enfant est son principal objet d'étude), la psychologie génétique introduit un certain morcellement de notre vision d'un l'enfant, caractérisé par les divers secteurs de son développement (moteur, intellectuel, affectif...). Le principal représentant de la psychologie génétique est Jean Piaget (1896-1980), mais ses travaux ont essentiellement porté sur le développement de l'intelligence.

La fin du XXe siècle est marquée par un effort de construction d'une psychologie de l'enfant se dégageant quelque peu de la psychologie génétique ou développementale. C'est la globalité de l'organisation psychologique de l'enfant à un moment donné qui devient l'objet d'étude. Cette approche synchronique permet l'apparition de variables dont l'influence avait été jusqu'ici dissimulée par le poids de la variable âge : environnement physique et social, sexe, antécédents et caractéristiques individuelles Rondal (1999). Ainsi que le souligne cet auteur, la psychologie de l'enfant se doit de conjuguer les deux approches synchronique et évolutive.

Le développement, intensif ces dernières années, des études concernant le tout-petit : la bébologie, voire la psychologie fœtale, permis tout particulièrement par les avancées des technologies d'enregistrement a amené certains

---

1. Le terme génétique ne désigne pas ici la science de l'hérédité (la transmission par les gènes) mais l'évolution (la genèse de l'enfant).

à interroger le statut réel de cette discipline. Cherche-t-elle réellement à constituer une histoire naturelle de l'enfance ou bien n'est-elle qu'une affaire de scientifiques qui utilisent l'objet enfant pour convaincre du bien-fondé de leurs systèmes interprétatifs ? Pour Bradley (1989), l'occultation de certains thèmes dans l'étude du jeune enfant, par exemple, leur angoisse ou l'ambivalence des sentiments à leur égard, témoigne d'un parti pris révélateur de la seconde orientation. Pour Neyrand (2002), la connaissance scientifique dans le domaine familial risque plus que d'autres d'être soumise à des positions idéologiques « celles de la minorité s'arrogeant le droit de produire les valeurs pour la société tout entière ».

Sans en tirer de conclusion aussi radicale, soulignons en conclusion de ce paragraphe que comme toute connaissance scientifique, « le savoir sur l'enfant » se construit dans un contexte historique, de façon autonome mais en interdépendance avec les orientations philosophiques d'une époque. Certes, cette remarque vaut pour toute connaissance scientifique, elle est toutefois particulièrement nécessaire à rappeler concernant l'enfant et les applications hâtives de « savoirs » dont il a souvent fait l'objet.

4. Historique de l'étude de l'affectivité

Au XIXe siècle, les liens qui unissent parents et enfants ne sont pas sujets à discussion. L'amour maternel est supposé évident (cf. Badinter, 1980). Quant à sa réciproque, c'est en d'autres termes qu'elle se pose, le respect, l'obéissance sont alors considérés comme des devoirs filiaux. Les « liens du sang » demeurent le principal facteur explicatif des relations enfants-parents. Pour preuve de cette attitude, les nombreux romans de l'époque où, perdu, volé à sa naissance, l'enfant devenu adulte retrouve et reconnaît sa mère biologique et lui voue instantanément toute son affection. Vont dans le même sens les pratiques éducatives encore répandues à l'époque, ou la mise à distance parents-enfants (mise en nourrice, pensionnats, gouvernantes…) n'est jamais dénoncée comme un obstacle à la constitution des liens parents-enfants.

Dans les monographies du XIXe siècle, rares sont les termes qui renvoient à la construction d'un lien affectif. L'enfant y est avant tout décrit comme un ensemble de réflexes, d'instincts, de capacités sensorielles qui développe une conscience de soi par son activité sur le monde physique (action essentiellement individuelle).

Deux modèles théoriques prédominent dans la première moitié du XXe siècle : le behaviorisme et la psychanalyse. Tous deux mettent l'accent sur l'importance des expériences infantiles dans la construction de l'individu. Pour Watson, fondateur du behaviorisme, le conditionnement des habitudes dans un contexte d'interaction sociale est le principal facteur de développement. Le milieu et les stimulations qu'il offre sont placés au premier plan. Simultanément, Freud assigne à l'enfance une place prépondérante pour la compréhension de l'adulte. En même temps qu'il réfute le mythe de « l'enfant bon », perverti par la société, Freud place l'histoire affective de l'enfant comme élément central dans la construction de la personnalité individuelle.

La diffusion de ces théories s'effectue dans une société dont l'organisation s'est profondément modifiée ; une forme d'organisation familiale domine : la cellule conjugale, composée uniquement des parents et de leurs enfants. Dans cette forme de famille dite moderne, par opposition à la famille traditionnelle ou élargie, l'affectivité est perçue comme l'élément essentiel du lien qui unit ses membres (parents entre eux et enfants-parents). Le changement de valeurs dû à cette « montée du sentiment » est pour Shorter (1977) ce qui caractérise la famille moderne. Les cadres explicatifs donnés par Watson et Freud, en accordant une place privilégiée à la famille pour rendre compte du développement et de caractéristiques des individus, s'appliquent à une société toute prête à reconnaître l'importance de cette composante de changements historiques de ses valeurs psychosociologiques.

L'étude de l'affectivité va rencontrer un dernier obstacle à surmonter avant d'être reconnue comme objet d'étude scientifique à part entière. Il lui faut se doter de méthodes et d'outils permettant d'atteindre l'objectivité. Le principal modèle du début du XXᵉ siècle constitue un noyau de résistance à l'étude scientifique de l'affectivité du fait de l'absence de respect des critères de scientificité communément admis. La psychanalyse est une théorie interprétative et non explicative puisque l'on ne peut vérifier ses assertions selon les méthodes objectives et expérimentales habituelles. En particulier, on reproche à la psychanalyse de ne pas être « falsifiable », selon l'expression de l'épistémologue Popper, c'est-à-dire qu'on ne peut prouver si une proposition est vraie ou fausse. Par exemple, Van Rillaer (1980) qualifie le complexe d'Œdipe de « concept chewing-gum » puisque quels que soient les faits, c'est la seule explication possible : si un petit garçon aime son père, il s'agit d'une formation réactionnelle destinée à cacher le désir de mort ; si l'enfant exprime ouvertement des souhaits de morts, alors il s'agit là de l'expression normale du complexe d'Œdipe. Aucun fait ne peut contredire la théorie.

Freud avait eu très peu recours à l'observation, sa démarche ayant surtout été « reconstructive », à partir du discours de ses patients et de sa propre histoire infantile. C'est pourtant grâce à l'observation que va s'enrichir et évoluer notre compréhension du développement affectif.

L'évolution des techniques d'enregistrement du comportement (magnétophone, vidéo) modifie la nature du recueil des données : bien que soumises à la pertinence des hypothèses du chercheur et des conditions d'observation, les données récoltées peuvent être revues autant de fois qu'il est nécessaire, faire l'objet de codages multiples et différenciés... Certains phénomènes indécelables *in situ*, parce que trop fugaces, ou invisibles selon certains points de vue, peuvent être perçus et analysés. On verra que ces techniques se sont avérées particulièrement utiles dans l'étude des interactions.

Pour l'étude des compétences du bébé, supports des interactions, de nouvelles méthodes ont été développées à partir de l'analyse des comportements des bébés placés dans des situations précises. La plus connue est probablement la technique de l'habituation. Lorsqu'on présente un stimulus à un bébé, celui-ci va le regarder et au bout d'un certain temps, va détourner le regard, montrant que la cible ne l'intéresse plus. Si la présentation d'un nouveau stimulus entraîne de nouveau une fixation du regard, on en déduit que le bébé fait la différence entre ce stimulus et le précédent. La succion non nutritive ou de haute amplitude est une autre technique basée sur la fréquence de succion des bébés. Un capteur permet d'enregistrer les mouvements de succion qui varient en fonction de l'intérêt pour la cible présentée [1].

En révélant des faits nouveaux, l'observation a permis d'interroger des théories, de confirmer certains postulats, mais aussi de formuler de nouvelles hypothèses. Les théories restent indispensables pour donner une signification aux faits ; la simple description, quoique indispensable, ne permet pas de comprendre comment s'organisent les comportements, quels objectifs ils visent...

RÉSUMÉ

Si l'adulte a depuis longtemps cherché à comprendre l'enfant, ce n'est que depuis le début du XXe siècle que l'on peut parler de psychologie scientifique de l'enfant. Les différentes théories formulées ont toutefois donné de l'enfant des représentations variées, selon les conduites sur lesquelles elles mettaient l'accent. L'enfant de la psychanalyse n'est pas l'enfant des behavioristes, ni celui décrit par la théorie de Wallon.

Aujourd'hui encore la pluralité des références théoriques et des méthodologies doit être rattachée à l'évolution historique de la psychologie, mais aussi à celle des autres sciences ainsi qu'à l'évolution de la société.

En se dégageant de la philosophie et de la physiologie, la psychologie de l'enfant est devenue au XXe siècle, une discipline autonome. Mais on ne peut véritablement comprendre la psychologie de l'enfant contemporaine que si l'on prend en compte l'évolution de la société qui accorde une importance de plus en plus grande aux enfants.

---

1. Pour une information plus détaillée sur ces méthodes expérimentales, voir par exemple Pêcheux et Lécuyer (1989), Lécuyer, Pêcheux, Streri (1994).

2

La définition
des champs

Comme c'est souvent le cas en psychologie, le développement affectif et social ne fait pas l'objet d'une théorie unique réalisant un consensus. Les différents champs théoriques et méthodologiques dont relève l'étude de ce secteur, souvent présentés de manière opposée voire contradictoire, doivent plutôt être appréhendés de manière complémentaire. Ceci n'empêche pas les désaccords. Ainsi, Hurtig et Rondal (1981) notent que la psychologie de l'enfant a une triple origine (psychologie générale, science du développement d'origine médicale, demande des pédagogues) et que les grands noms de la psychologie ont rarement tenté « de dégager, à travers les connaissances qu'ils ont contribué à construire, ce qui les rassemble pour mieux dégager ce qui les divise ».

Les grandes théories sont aujourd'hui remises en question – ce qui ne veut pas dire rejetées – grâce aux nouvelles méthodologies et au recueil de faits nouveaux qu'elles permettent. Or ces faits nouveaux ne sont pas toujours compatibles avec les postulats théoriques existants. Aucune théorie ne peut prétendre être exhaustive : les différentes écoles et théories existantes s'adressent à des niveaux de réalité différents. Par exemple la théorie de l'attachement s'intéresse aux comportements établissant ou traduisant la construction d'un lien avec un ou plusieurs adultes privilégiés, tandis que la psychanalyse s'intéresse aux représentations, à la fantasmatisation sous-tendant ces comportements.

Ces différents niveaux se retrouvent dans les quatre questions fondamentales auxquelles doit être soumise l'étude de tout comportement (Blurton Jones, 1974) :

– 1) comment : description du comportement, sa morphologie ;

– 2) pourquoi : quels sont les objectifs, quelle est la finalité de ce comportement ?

– 3) à cause de quoi : quels sont les déterminants du comportement étudié ?

– 4) économie : quelle place tient ce comportement dans l'ensemble des manifestations à un âge donné ?

Ce dernier point nous paraît particulièrement important car il met l'accent sur le statut des conduites chez l'enfant, que l'on peut résumer de la manière suivante : un même comportement (dans sa forme, dans son expression) sert des objectifs différents selon l'âge de l'enfant, c'est-à-dire selon le degré de maturation et/ou les possibilités d'expérience propres à chaque enfant tout comme des comportements différents peuvent servir des objectifs similaires.

Ainsi, on comprend qu'un même aspect du développement puisse être abordé de manière différente, avec des mots différents et qu'il convient de rechercher ce qui permet éventuellement de dépasser ces différences, sans pour autant glisser jusqu'à une définition fourre-tout. On en verra un exemple un peu plus loin avec l'éthologie.

Avant d'évoquer les principaux courants, il convient de préciser qu'il ne s'agit pas de faire ici un exposé complet de chacun d'entre eux, car de nombreux ouvrages ont déjà fort bien accompli ce travail. Notre objectif, comme il a été dit plus haut, est de montrer en quoi les différents champs théoriques peuvent être complémentaires, et surtout quels sont les faits dont ils ont permis de rendre compte.

1. Le maturationnisme, l'innéisme et le nativisme

Le terme « maturation » désigne les déterminants du développement internes à l'organisme et s'oppose aux acquisitions résultant des interactions avec le milieu, tel l'apprentissage. Elle permet de rendre compte de l'ordre et du moment d'apparition de certaines conduites partagées par une espèce, comme le fait, par exemple, de tenir sa tête droite vers deux mois, grâce à la maturation neuro-musculaire des muscles du cou. L'apparition du sourire en réponse au visage humain semble également dépendre de la maturation : il apparaît à 46 semaines d'âge conceptionnel, que le bébé soit né à terme ou non (Wolff, 1963).

Saint-Anne Dargassies a développé une conception précise de la maturation (1974) qu'elle oppose à celle de développement. La maturation correspond à un processus unique, commandé d'avance, au déterminisme strict, tandis que le développement se traduit par une organisation fluctuante soumise aux influences de l'âge et du milieu.

Le point de vue maturationniste ne considère pas comme exclusif, mais prévalent, le rôle de la programmation héréditaire. Il n'y a jamais une totale indépendance vis-à-vis des stimulations externes (y compris lors du développement intra-utérin). Toutefois, il met l'accent sur les conditions d'émergence de certaines conduites, ainsi que sur la constitution de répertoires de comportements élémentaires. Gesell (1952), par exemple, en réaction aux excès du behaviorisme, avait insisté sur l'ordre fixe d'apparition de certains comportements (moteurs et sensori-moteurs principalement) redevable à l'hérédité et montré que les variations interindividuelles étaient minimes et comprises dans des marges relativement étroites.

Gesell a mis en évidence le rôle de la maturation et l'inutilité des apprentissages précoces dans le domaine moteur par la méthode du jumeau témoin. Deux jumeaux monozygotes sont soumis chacun à un traitement différent : l'un des deux est entraîné plusieurs mois dans une tâche motrice (monter un escalier), l'autre, non. Lorsque le premier a acquis la nouvelle compétence, le deuxième est confronté au même exercice qu'il parvient à réussir de manière équivalente au premier, malgré l'absence d'entraînement. La maturation, que l'on peut supposer similaire chez les deux enfants puisqu'ils ont le même patrimoine génétique, serait donc la principale responsable de l'émergence de ces conduites motrices.

Le point de vue maturationniste a subi un déclin certain au profit des points de vue mettant l'accent sur l'importance des stimulations externes (apprentissage, caractéristiques physiques et psychologiques du milieu). Mais le rôle prépondérant de l'hérédité est revenu sur le devant de la scène dans les années 70, sous forme notamment du nativisme. La principale différence avec l'innéisme est que ce dernier n'infère pas de connaissances ni de compétences à la naissance. Celles-ci apparaissent au cours du temps, sous-tendues par un long processus de maturation. Le nativime, implique au contraire, l'existence dès la naissance de capacités parfois complexes (Lécuyer, 2001).

Deux auteurs sont à l'origine de ce mouvement : Chomsky et Bower. Le premier, applique ce point de vue au langage, le second aux compétences cognitives du bébé. Les travaux de Bower, très controversés à l'époque, ont donné l'impulsion à un grand nombre de recherches mettant en évidence des capacités cognitives complexes chez les bébés entre trois et six mois. Néanmoins, cette position nativiste est difficile à tenir, car les recherches portent toutes sur des bébés âgés d'au moins trois mois (par exemple pour la permanence de l'objet) et il est pratiquement certain qu'en trois mois, un bébé peut réaliser de nombreux apprentissages. Que ces capacités cognitives s'appuient sur des capacités disponibles en amont, comme la fonctionnalité des modalités sensorielles dès la fin du développement intra-utérin, ne fait aucun doute. Mais là encore, on sait que des apprentissages sont possibles in utero, puisque, par exemple, le nouveau-né reconnaît la voix de sa mère dès la naissance. Il a eu l'opportunité de l'apprendre au cours des trois derniers mois de gestation (cf. chapitre 3). On sait également que les bébés sont capables d'apprentissages rapides très précocement, comme celui qui leur permet de différencier le visage de leur mère d'une autre femme dès le premier mois de la vie. Capacité précoce ne signifie donc pas nécessairement capacité innée. Mais on admet aujourd'hui que ces capacités précoces sont possibles grâce à l'existence de structures qui, elles, sont bien innées (détection de mouvement, constances perceptives...). Le développement des compétences chez le bébé peut être avancé grâce à des entraînements ce qui confirme que l'expérience est le facteur essentiel dans leur acquisition et non la maturation.

Si la notion d'épigenèse permet de dépasser l'opposition entre inné et acquis, elle ne règle pas pour autant les problèmes soulevés précédemment. Ce terme désigne une théorie selon laquelle le développement de l'embryon se déroule selon un même plan, par différenciation cellulaire donnant naissance à des structures nouvelles. En psychologie, ce terme désigne les relations entre potentialités fournies par le génome (ensemble des caractéristiques héréditaires) et stimulations appropriées offertes par le milieu : « De nombreux faits, bien établis maintenant, attestent en effet que c'est grâce aux interactions entre le nourrisson et ses environnements familiaux, sociaux, physiques... que les préformes innées peuvent s'actualiser » (Pinol-Douriez, 1986). À ces deux déterminants, il faut en ajouter un troisième : l'activité du sujet. Au cours des trente dernières années, la limite temporelle de cette question n'a fait que reculer. Le fœtus fait lui-même l'objet d'une épigenèse psychologique puisqu'il dispose à la naissance de capacités qui se sont mises en place au cours du développement intra-utérin. Comment des conduites relativement complexes émergent à partir de caractéristiques fournies par le patrimoine génétique reste une question qui est loin d'être résolue aujourd'hui.

2. L'approche éthologique

« L'éthologie peut être définie comme la science des comportements animaux et humains, considérés sous l'angle de leur organisation biologique, de leur fonction d'adaptation aux modalités de l'environnement, de leur développement et de leur différenciation au cours de l'évolution » (Miermont, 1985).

L'éthologie (terme créé en 1856 par Geoffroy Saint Hilaire) prend sa source dans les travaux des zoologistes qui travaillant sur le terrain constatèrent que certains des comportements qu'ils observaient permettaient de classer les espèces. Pour cet auteur, la structure des comportements constituerait donc un phénotype au même titre que les caractères anatomiques ou physiologiques. Ayant pour domaines de prédilection la vie sociale et les intercommunications, l'éthologie met en avant l'importance de l'observation naturaliste initiale, étape qui peut être suivie d'une phase expérimentale.

De spécifiquement animale à son origine (fin XIXᵉ siècle), l'éthologie est devenue ensuite humaine et, par glissements progressifs, cette appellation tend à remplacer celle de psychologie dans certains domaines et tout particulièrement en psychologie de l'enfant (Zazzo, 1983). Or les objectifs de ces deux disciplines sont différents. Contrairement à l'éthologie, la psychologie de l'enfant n'a pas pour vocation de dégager des unités comportementales, leurs suites et leurs antécédents en relation avec des déclencheurs spécifiques, ni de rendre compte de comportements observés dans le cadre de la théorie de l'évolution (adaptation phylogénétique), mettant de ce fait l'accent sur l'innéité dans le déterminisme des comportements. Certaines convergences d'intérêts et de méthodes ont pu renforcer cette assimilation.

L'absence de parole chez le jeune enfant a conduit des psychologues à se tourner vers des méthodologies utilisées avec l'animal. En fait, les spécificités du bébé humain ont conduit les chercheurs à développer des techniques adaptées aux comportements et âges observés (cf. Baudonnière, 1985), mais inspirées de l'éthologie animale. C'est particulièrement le cas de l'éthologie sociale qu'il est par ailleurs difficile de séparer de la perspective écologique.

En rappelant l'importance de l'observation dans l'étude des comportements, l'approche éthologique a également permis un renouvellement de l'approche psychanalytique. En 1970, Bowlby, psychanalyste anglais, publie un article intitulé « L'éthologie et l'évolution des relations objectales », reprenant en fait le contenu d'une communication faite lors du congrès international de psychanalyse en 1959. La théorie développée par Bowlby sera exposée plus loin.

L'éthologie est responsable du renouvellement de l'étude de l'expressivité humaine. « Ce domaine a bénéficié d'un transfert de la proposition sous-tendant actuellement la plupart des travaux sur l'expressivité animale : les phénomènes expressifs dépendent directement ou indirectement (sous forme de programme d'apprentissage) de mécanismes innés de déclenchement, de programmes sélectifs d'imitation (Lorenz)... Cette hypothèse mène à considérer l'influence du milieu humain comme consistant à sélectionner et à orienter l'utilisation de certaines expressions » (Nadel, 1981).

Toutefois, la démarche consistant à faire l'observation directe du comportement et à établir le répertoire des conduites (expressives ou autres) ne constitue que la première phase de l'étude. Elle est suivie d'une démarche strictement expérimentale permettant de valider les hypothèses formulées à partir des observations. L'observation seule ne permet pas de répondre aux questions « comment » et « pourquoi ».

3. L'approche écologique

Cette dernière approche a été développée et formalisée par Bronfenbrenner (1979).

« L'approche écologique cherchera à prendre en compte le système que crée l'interrelation des différentes composantes humaines et environnementales d'un contexte ou d'un site particulier » (Legendre, 1985).

Bronfenbrenner (1979) propose un modèle de développement qui souligne l'adaptation comme l'action nécessaire d'un organisme en changement dans des milieux eux-mêmes non stables. Si le caractère réciproque de l'influence du sujet et de son milieu avait déjà été relevé par Wallon, Bronfenbrenner met de plus l'accent sur le contexte général dans lequel sont insérés ces milieux, qui entraîne lui aussi des possibilités de variations auxquelles le sujet doit s'adapter. Le modèle organisateur qu'il propose est repris aujourd'hui par beaucoup de psychologues tant chercheurs que patriciens pour structurer l'ensemble des échanges entre le sujet et son milieu.

Bronfenbrenner distingue quatre systèmes hiérarchisés et emboîtés avec lesquels le sujet interagit plus ou moins directement :

– Le microsystème, c'est l'ensemble des rapports interpersonnels que le sujet construit dans les milieux qu'il fréquente directement (famille, crèche...).

– Le mésosystème, c'est l'ensemble des échanges qui existent entre les différents milieux fréquentés par l'enfant (relations famille/crèche par exemple).

– L'exosystème est composé des milieux où le sujet n'est pas un participant actif mais où des événements peuvent survenir modifiant ou influençant les milieux où il est intégré (relations crèche/municipalité par exemple).

– Le macro-système fait référence à la cohérence générale des systèmes précédents. L'ensemble des échanges donnés en exemples se déroule dans une société ayant une politique par rapport au travail des femmes et au statut de l'enfant.

Kurdeck (1981, cité in Lehalle et Mellier, 2002) y ajoute la notion d'ontosystème, en référence au niveau de développement du sujet. Ce modèle a été réutilisé par de nombreux auteurs, entre autres dans le champ des études interculturelles, sur le divorce, la maltraitance. Nous verrons l'application qu'en propose Almodovar (1998) pour analyser le milieu familial.

4. L'approche psychanalytique

Sous ce terme coexiste une diversité d'approches associées à des auteurs différents. Parmi leurs points communs, outre leur origine freudienne, il y a la reconnaissance de processus inconscients et l'explication du comportement humain par les avatars du développement pulsionnel au cours de l'enfance.

Nous ne pouvons faire ici un exposé détaillé de la théorie freudienne : un ouvrage entier serait nécessaire et cela a déjà été fait maintes fois (par exemple Smirnoff, 1968 ; Golse, 1985). Nous rappellerons seulement la spécificité du point de vue psychanalytique et aussi en quoi il est complémentaire d'autres modèles ou approches théoriques.

D'un point de vue méthodologique, Freud a élaboré sa théorie à partir de son analyse et des entretiens qu'il avait avec ses patients en cure. Ce n'est qu'avec Anna Freud, Spitz, Winnicott et Mahler que l'observation des comportements des enfants et surtout celle des interactions entre parents et enfants vont prendre une place importante dans la psychanalyse des enfants.

Les comportements observés prennent une signification conférée par la théorie : au-delà de leur manifestation objective, le psychanalyste interprète, c'est-à-dire donne un sens aux comportements. Un exemple célèbre permet d'illustrer ce principe : Freud a observé son petit-fils âgé de neuf mois jouer avec une bobine qu'il s'amuse à lancer et que l'adulte chargé de garder l'enfant en l'absence de la mère lui renvoie. L'enfant répète de nombreuses fois la séquence. Freud interprète cette conduite comme une manifestation du contrôle qu'exerce l'enfant sur son anxiété engendrée par le départ maternel. En manipulant la bobine à sa guise, il symbolise le départ (anxiogène) et le retour (apaisant) de la mère, mais contrairement à la mère, l'enfant a tout pouvoir sur l'objet et se rassure à travers ce contrôle.

Un autre point commun entre les différents courants psychanalytiques est qu'ils sont tous issus d'informations obtenues sur des patients souffrant de troubles psychologiques. Freud a commencé d'élaborer sa théorie à partir du traitement d'hystériques, Klein s'occupait d'enfants psychotiques, Winnicott dirigeait une consultation de pédopsychiatrie dans deux hôpitaux londoniens. Actuellement, la connaissance de l'enfant par la psychanalyse n'échappe pas à cette tradition et se fait généralement à travers l'observation d'enfants amenés à consulter pour des troubles divers. L'objection suivante a souvent été faite à la psychanalyse : dans quelle mesure des relations observées dans le cadre d'une dysgenèse ou d'un dysfonctionnement peuvent-elles être généralisées à une évolution normale ? Golse (1985) compare la démarche de Freud à celle des généticiens qui étudient les gènes des chromosomes à partir de leurs mutations, de leurs variations pathologiques : « il ne viendrait à l'idée de personne de reprocher aux généticiens d'objectiver une génétique "perverse" sous le prétexte qu'ils appréhendent l'existence de gènes usuels à partir de gènes mutants ou rares ». Cependant, la complexité des déterminants du développement affectif humain rend la comparaison avec une science exacte quelque peu délicate et la question des conditions de la validité du modèle pathologique reste ouverte.

L'observation minutieuse des relations mère-enfant a considérablement enrichi l'étude du développement affectif et émotionnel de l'enfant (Stern, 1987 ; Lebovici, 1983 ; Cramer, 1988…).

La mise en évidence de compétences précoces chez le bébé vient étayer les interprétations des psychanalystes qui depuis longtemps affirmaient que le bébé, dès la naissance, établit une communication spécifique et privilégiée avec le ou les adultes qui le prennent en charge.

Les nombreux exemples de troubles psychosomatiques du bébé disparaissant soudainement après l'interprétation faite aux parents de leurs attitudes et conduites à l'égard de leur enfant confortent également le point de vue psychanalytique qui explique la souffrance de l'enfant par les projections et les mobiles inconscients sous-tendant les messages de l'adulte.

Les conduites (par exemple, gavage, sur-stimulation…) prennent alors un sens en rapport avec les expériences précoces et le développement affectif de l'adulte parent, qui revit à travers son enfant certaines expériences de son propre passé.

Pinol-Douriez a mis à l'épreuve de l'observation ses hypothèses portant sur les moyens mis en œuvre par les enfants au cours des trois premières années de leur vie pour construire leur identité définie en termes psychanalytiques (Pinol-Douriez, Hurtig, Colas, 1988).

Cet exemple de recherche reflète bien la nouvelle orientation de nombreux psychanalystes qui associent observation, voire expérimentation, et théorie psychanalytique. Là encore, il n'y a pas de consensus ; un psychanalyste comme Green considère que psychologie de l'enfant et psychanalyse constituent deux plans différents de réalité qu'il est illusoire de vouloir mettre en relation directe : l'observation ne peut conforter et encore moins valider des interprétations analytiques.

Aujourd'hui, certains pensent qu'un accord peut être trouvé entre des approches « objectives », comme l'approche éthologique par exemple et le point de vue psychanalytique. Un comportement peut faire l'objet de « lectures » différentes. L'éthologie décrira le phénomène et son contexte d'apparition. La psychanalyse recherchera une signification à ce même phénomène en faisant référence à l'histoire et à la vie psychique inconsciente du sujet et de ses partenaires. Cyrulnik (1989) insiste sur cette complémentarité qui permet à la fois de décrire et de comprendre. Car une des spécificités de l'être humain est que ses comportements manifestes sont toujours associés à une signification (fantasmatique, symbolique, culturelle). Ainsi, un événement (séparation, deuil, maltraitance…) pourra constituer une faille dans le développement, mais ce même événement prendra des sens différents selon les individus et leur histoire.

5. L'approche historico-culturelle

Contemporains des premiers écrits de Wallon et de Piaget, les travaux de Lev Vygotski ne seront connus du monde scientifique occidental qu'à partir des années 60, où est publiée la première traduction en anglais de *Pensée et Langage* (1962). Ce cadre théorique ne s'implantera réellement en France qu'à partir des années 80. Aujourd'hui, l'approche historico-culturelle qu'il propose constitue la source de nombreuses recherches en psychologie et d'applications dans le domaine éducatif.

Fils de la révolution russe (il termine ses études de droit et de philosophie en 1917), intéressé par les questions éducatives, Vygotski ne s'inscrit dans aucun des deux mouvements (classique-idéaliste/objectiviste) qui constituaient le débat chez les psychologues russes de l'époque. Le caractère novateur et indépendant du cadre théorique qu'il propose en fait le représentant pour la psychologie de la brève période de créativité post-révolutionnaire (Rivière, 1990).

La réflexion de Vygotski est centrée sur les fonctions psychiques supérieures : attention, raisonnement, mémoire… Son modèle met au premier plan le contexte social dans lequel, pour lui, s'organisent leurs développements.

Les interactions sociales sont le moteur du développement de la pensée, la source des progrès que l'enfant effectue d'abord en interaction avec autrui avant de les intérioriser et de pouvoir en disposer de façon autonome. C'est la loi de la double formation définie en 1931 : « Dans le développement culturel de l'enfant, toute fonction apparaît deux fois : dans un premier temps, au niveau social, et dans un deuxième temps, au niveau individuel, dans un premier temps entre personnes (interpsychologie) et dans un deuxième temps à l'intérieur de l'enfant lui-même (intrapsychologie). Ceci peut s'appliquer de la même manière à l'attention volontaire, à la mémoire logique et à la formation de concepts. Toutes les fonctions supérieures trouvent leur origine dans les relations avec les êtres humains. » (Vygotski, 1931).

Le développement est « historiquement et culturellement » orienté. Chaque enfant naît dans une culture particulière et va se construire dans cette spécificité contextuelle. Les fonctions psychiques supérieures qu'il va construire et développer sont tributaires des instruments et des signes produits et utilisés par les adultes de sa culture. Pour Vygotski, la capacité de créer des systèmes sémiotiques (comme le langage) caractérise l'espèce humaine. C'est l'appropriation par l'enfant des systèmes sémiotiques de sa culture qui permet le développement de son psychisme.

En France, à la même période, H. Wallon construisait un modèle théorique mettant lui aussi l'accent sur le caractère social du développement (cf. chapitre 11).

Le rôle des adultes (parents ou éducateurs) qui entourent l'enfant devient donc primordial. C'est à eux qu'il revient d'être les médiateurs de cette culture et d'accompagner sa croissance en l'engageant dans des apprentissages nouveaux. C'est à eux de sélectionner les propositions d'apprentissage adaptées. Pour Vygotski, l'apprentissage précède le développement, il en est le préalable et le facteur fondamental. Vygotski distingue deux niveaux de compétences :

– le niveau actuel de développement qui recouvre l'ensemble des éléments qui ont été intériorisés par l'enfant et qui se traduisent dans les activités qu'il est capable d'effectuer seul, sans guidage ni aide d'une autre personne ;

– le niveau potentiel de développement qui correspond aux activités que l'enfant peut réaliser en collaboration ou avec l'aide d'autres personnes.

Vysgotski dénomme Zone Proximale de Développement (ZPD) la distance qui sépare ces deux niveaux de compétences. C'est dans cette zone que se situent les apprentissages susceptibles d'être intégrés par l'enfant. En deçà, trop simples pour lui, ils ne constituent pas réellement des apprentissages et n'interviennent pas dans son développement, au-delà, trop complexes, ils ne peuvent être intériorisés par l'enfant et n'y contribuent pas non plus.

L'accent mis par Vygotski sur le caractère interactif du développement souligne le rôle fondamental de l'aspect éducatif des relations adulte-enfant. Jérôme Bruner (1975) s'inspirera de ce cadre théorique pour proposer une théorie de l'acquisition du langage ayant pour fondement les interactions sociales. Pour Bruner, il existe une continuité fonctionnelle entre la période prélinguistique et la période linguistique. C'est au cours de la première période et par le biais des interactions sociales avec l'adulte que le bébé développe ses compétences en communication en apprenant les conventions qui régissent l'usage de la langue.

6. L'approche dynamique

Cette approche récente propose de nouvelles solutions pour rendre compte de l'émergence de comportements, tâche centrale de la psychologie du développement. Elle vise notamment à dépasser l'incompatibilité entre les théories nativistes et les théories de l'apprentissage. Dans le cadre du développement affectif, cette approche s'avère particulièrement intéressante pour expliquer le développement de l'enfant dans le cadre des interactions.

Les systèmes dynamiques mettent l'accent sur le processus d'*auto-organisation* (Lewis, 2000). Ce processus n'est pas propre au domaine psychologique. Il s'applique à tout niveau, des organismes individuels à la biosphère en passant par les sociétés. Ce processus se définit ainsi : des interactions non prédéterminées entre des composants élémentaires donnent naissance à des formes d'une complexité supérieure. Ainsi, le tempérament se constituerait à partir d'interactions répétées entre les systèmes de motivation et de régulation (Derryberry et Rothbarth, 1997) ; le développement émotionnel serait le produit d'associations et d'interprétations avec les émotions de base (Lewis, 1995).

Le concept d'*émergence* constitue le principe explicatif du développement : apparition de nouvelles formes ou propriétés à partir de processus propres au système lui-même. Lewis (2000) analyse les différentes caractéristiques des systèmes dynamiques.

Les systèmes auto-organisateurs permettent la nouveauté : comme Thelen (1995) l'a montré la marche autonome chez le jeune enfant est issue des coordinations musculaires et des systèmes perceptifs. Il n'est pas besoin de faire appel aux stimulations parentales, ni à un programme moteur inné.

Les systèmes auto-organisateurs se complexifient : là encore pas besoin de faire appel à un programme préétabli, ni à une direction unique. La complexité peut prendre des formes différentes.

Les systèmes auto-organisateurs induisent des phases de réorganisation qui se produisent lors de phases transitionnelles. Des phases instables marquent la fin de la mise en œuvre d'un système antérieur et le début de la mise en place d'un nouveau. Elles sont déclenchées par des modifications des composantes du système ou par des facteurs contextuels. Les systèmes auto-organisateurs font preuve de réactivité et de stabilité. Ils prennent en compte les caractéristiques de l'environnement.

Les interactions mère-enfant sont étudiées en fonction des paramètres en jeu par exemple : tempérament de l'enfant, ajustement de la mère, facteurs de stress. On peut proposer ainsi des modélisations mathématiques qui vont simuler les variations affectant les différents facteurs et observer les conséquences sur l'enfant (Van Geert, 1994 ; Olthof, Saskia Kunnen, Boom, 2000). C'est un changement de point de vue radical. Au lieu de compter les fréquences de tel ou tel comportement et de calculer des corrélations entre, par exemple, certains comportements maternels et des comportements de l'enfant, on s'intéresse à la dynamique elle-même et on ne conçoit pas les relations entre les conduites de chaque membre de la dyade comme linéaires. Ainsi, jusqu'à maintenant, les caractéristiques de l'attachement chez l'enfant ont été principalement mises en relation avec des caractéristiques maternelles (cf. chapitre 4). L'approche en terme de système dynamique conduit à envisager l'attachement comme dépendant à la fois d'une interaction entre facteurs parentaux, situationnels (contexte, environnement) et propres à l'enfant (Coleman, Watson, 2000). Tous les éléments du système (maturation, expérience, tâche, contexte) sont impliqués dans l'émergence des conduites observables, mais ce qui est essentiel c'est de ne pas prendre en compte seulement les composantes du système mais aussi les interactions qui s'organisent entre elles et qui sont responsables de l'émergence de tel ou tel comportement (Fogel, Thelen, 1987). Selon les cas, elles produiront tantôt du changement, tantôt de la stabilité.

RÉSUMÉ

Six approches principales caractérisent l'étude psychologique du développement affectif et social de l'enfant : innéiste, éthologique, écologique, psychanalytique, historico-culturelle et dynamique. Ces approches ne doivent pas être considérées comme antagonistes, même si les divergences sont importantes.

Si, dans le passé, les tenants des différentes théories et méthodologies ont surtout cherché à définir leur spécificité les uns par rapport aux autres, cette attitude tend à disparaître au profit de la recherche d'une complémentarité. Le cas le plus frappant est celui du rapprochement de l'éthologie et de la psychanalyse. Le point de vue dynamique est le plus récent et promis à un avenir heuristique certain.

L'évolution de la psychologie contemporaine va dans le sens d'un abandon des grands systèmes théoriques au profit de l'élaboration de modèles locaux plus limités mais ayant une plus grande valeur heuristique (Netchine-Grynberg, 1999). Aucune des théories existantes auxquelles la majorité des psychologues fait référence ne peut être considérée comme simplement bonne ou mauvaise. En revanche certains postulats, quelle que soit la théorie, s'avèrent caducs. D'autres au contraire s'avèrent féconds et permettent d'établir des « passerelles » entre différents champs conceptuels.

3

Avant la naissance

1. Le développement sensoriel et moteur
2. L'enfant imaginaire

Ce chapitre est consacré à la vie intra-utérine envisagée comme « base d'échafaudage » du développement socio-affectif. Sur ce thème, beaucoup de choses sont écrites avec des statuts divers : constructions théoriques, affirmations passionnelles, projections, intuitions plus ou moins pertinentes…, peu de certitudes. La vie affective du bébé avant la naissance constitue un mystère, certes attirant, mais difficile à percer.

On peut proposer deux axes d'investigation : le premier met l'accent sur l'union mère-bébé pendant la grossesse et les échanges réels et/ou fantasmés qu'elle engendre ; le second, beaucoup plus récent prend ses origines dans nos possibilités d'observation et d'expérimentation sur le fœtus. Il met au contraire l'accent sur l'activité, sur les possibilités du fœtus « lui-même ».

Bien que non exhaustive, on peut dresser une liste des principales interrogations :

– La situation de symbiose mère-bébé avant la naissance attire et interroge. La relation organique étroite qui existe entre eux amène le fœtus à réagir à la vie émotionnelle de sa mère par le biais d'intermédiaires chimiques et neurosympathiques. Quelles traces peut (pourrait) en garder le bébé ?

– Les possibilités techniques actuelles ont permis d'observer et d'expérimenter sur le fœtus. Certains comportements fréquemment observés (succion du pouce, toucher du cordon ombilical) ne semblent pas avoir de valeur fonctionnelle. Pourquoi se produisent-ils ? Permettraient-ils la constitution de prémisses d'affects ?

– Nous disposons d'un certain nombre de certitudes concernant la sensorialité fœtale : que fait le fœtus de ces possibilités d'expérience sensorielle ? Quelles traces peut-il en garder ?

Nous ferons le point sur les éléments connus de la sensorialité et de la motricité fœtales.

1. Le développement sensoriel et moteur

Le développement technique de la fin du XXe siècle permet de réaliser des observations et expériences sur le fœtus tout particulièrement dans le domaine sensoriel.

1.1 L'audition et la vision

Même si, nous allons le voir, il demeure un certain nombre d'imprécisions, l'audition prénatale est la modalité sensorielle la plus connue actuellement. Aujourd'hui, un nombre suffisant de travaux atteste avec certitude que le fœtus entend (certes différemment de nous) et qu'il est aussi capable de discriminer après la naissance des éléments sonores perçus pendant la vie intra-utérine. Nous envisagerons l'audition prénatale en cherchant à répondre à ces trois questions : à partir de quel moment le fœtus entend-il ? Que peut-il entendre ? Que fait-il de ce qu'il entend ?

À partir de quel moment le fœtus entend-il ?

Les structures de l'oreille interne sont fonctionnelles à partir de la 25e semaine de gestation. On considère que dix semaines plus tard, les compétences auditives du fœtus sont proches de celles de l'adulte. Avec toutefois des différences dans les conditions de mise en oeuvre de ces compétences : les sons sont transmis non pas à travers le milieu aérien, mais à travers le milieu liquide ainsi que par les tissus et les os maternels.

Un problème technique a longtemps été posé aux chercheurs travaillant sur l'audition intra-utérine : dissocier la réponse du fœtus de celle de la mère, être bien sûr que la réponse enregistrée n'est pas une réactivité fœtale influencée par une réponse hormonale de la mère. Aujourd'hui, lors des expériences, les mères portent un casque et n'entendent pas la stimulation acoustique proposée au fœtus. Elles ne savent pas non plus à quel moment cette stimulation va être envoyée. Feijoo (1978) place de plus un écran entre la source sonore destinée au fœtus et la paroi abdominale afin de minimiser l'excitation des récepteurs tactiles de la mère (excitation d'autant plus importante que les stimuli sont graves).

Les enregistrements pratiqués maintenant in utero permettent de mieux cerner quelles sont les caractéristiques sonores les plus susceptibles de déclencher une réponse fœtale.

Que peut-il entendre ?

Les enregistrements intravaginaux, puis intra-utérins (Querleu *et alii*, 1981) ont permis d'éliminer toutes les idées qu'on s'était faites précédemment sur l'univers sonore du fœtus. Certains pensaient qu'il vivait dans un véritable vacarme dû aux bruits internes du corps de la mère ; pour d'autres, il s'agissait d'un grand silence. En fait, il est difficile de donner une valeur précise du niveau sonore du milieu intra-utérin car il varie selon le moment où a lieu l'enregistrement, selon la sensibilité du capteur et l'endroit où il se trouve placé (Lecanuet, à paraître). Ainsi, près du placenta, responsable d'un bruit élevé de par sa riche vascularisation, le niveau est de 60 dBA, tandis que le niveau le plus faible relevé est de 28 dBA (Renard *et alii*, 1988, in Lecanuet, à paraître).

L'univers sonore du fœtus est constitué d'un bruit de fond composé de fréquences basses (de quelques hertz à 1 000 hertz) qui proviennent de l'activité des viscères maternels et du fœtus (bruit des activités cardio-vasculaires et digestives de la mère, bruit du cordon ombilical et bruits dus aux mouvements fœtaux). Sur ce fond sonore se détachent nettement la voix maternelle et des éléments sonores provenant de l'extérieur. Ces derniers sont très atténués par les tissus maternels ; de plus, ils sont atténués de façon différentielle : les fréquences aiguës plus que les fréquences graves. Il faut donc que les bruits extérieurs possèdent des intensités suffisantes pour pouvoir émerger du bruit de fond.

Les paroles prononcées par la mère ou par d'autres personnes se distinguent mais sont déformées. Les voix sont détimbrées par manque d'aigus. Si les paroles elles-mêmes sont quasi inintelligibles, on retrouve toutefois nettement certaines caractéristiques prosodiques (rythme et intonation des voix). La voix de la mère en particulier se détache suffisamment bien du bruit de fond pour permettre au fœtus de repérer certaines de ses caractéristiques. La voix des autres personnes et notamment celle du père, sont également perçues par le bébé à condition qu'elles soient suffisamment fortes. Il en va de même pour les bruits de l'environnement autres que la voix : musique, cris, voitures... Les sons forts peuvent provoquer des réponses motrices chez le fœtus : mouvement ou sursaut.

Que fait-il de ce qu'il entend ?

C'est la question qui intéresse le plus les psychologues, mais aussi celle à laquelle il est le plus difficile de répondre. Sur ce point nous distinguerons les résultats déjà acquis avec certitude et les hypothèses faites et/ou les questions qui restent posées.

Il est évident que les stimulations sonores intra-utérines doivent jouer un rôle constructif pour l'appareil sensoriel auditif. Comme pour tout appareil sensoriel la maturation fonctionnelle ne se fait que progressivement et en liaison avec l'activité de ce système.

Un autre problème est celui de la possibilité d'apprentissage intra-utérin.

Il est bien démontré chez certaines espèces de poussins qui, après éclosion, présentent une attirance significative vers la source sonore diffusant la stimulation correspondant à celle perçue pendant la vie embryonnaire (Lecanuet, 1981).

Chez les nouveau-nés humains, divers travaux ont pu montrer le rôle joué, après la naissance, d'une stimulation auditive correspondant au bruit de fond intra-utérin :

– effet d'endormissement, de retour au calme chez les nouveau-nés (Murooka 1976) ;

– conséquences positives pour le développement pondéral des nouveau-nés (Salk 1973).

D'autres travaux (Feijoo, 1978) en particulier, mettent en évidence dans un cadre expérimental, des possibilités de conditionnement pendant la vie intra-utérine et de reconnaissance après la naissance de stimulations sonores : fragment musical, extrait de basson de « Pierre et le loup » Prokofiev, ou suite de mots prononcée par le père. En ce qui concerne la voix paternelle, celle-ci ne semble pas être préférée à celle d'autres hommes. L'hypothèse est qu'elle n'a pas fait l'objet, contrairement à la voix maternelle, d'une familiarisation pendant la vie intra-utérine (Lecanuet, Granier-Deferre et Schaal, 1993).

Hors cadre expérimental, les observations d'Ando et Hattori (1973) effectuées à proximité de l'aéroport d'Osaka montrent une différence dans les réactions des bébés au passage d'avions en fonction de leur durée de résidence dans cette zone pendant la vie intra-utérine ; ces différences peuvent avoir pour explication, selon les auteurs, une habituation fœtale. Dans ce cas toutefois il semble impossible de distinguer les éléments à mettre en liaison avec l'habituation de la mère et ceux qui relèveraient de la seule habituation fœtale.

Les recherches les plus récentes montrent que les capacités prénatales portant sur la perception de la parole humaine persistent après la naissance et qu'elles jouent un rôle à la fois dans l'établissement des liens avec les adultes et dans l'acquisition du langage.

On utilise la technique de l'habituation portant sur les réponses cardiaques pour évaluer les capacités de discrimination du fœtus. Lorsqu'on fait entendre un son au fœtus, son rythme cardiaque de base se modifie (il ralentit ou accélère). Au bout de quelques présentations du même stimulus, le cœur retrouve son rythme de base : il y a eu habituation. Si on présente un son différent et que le rythme cardiaque change, on en déduit que le fœtus a fait la différence entre le premier et le deuxième stimulus sonore. On a montré que des fœtus âgés de 36 à 42 semaines peuvent distinguer des groupes de syllabes comme babi et biba (Lecanuet *et alii*, 1993).

L'abondance des pistes de recherche citées ici témoigne de l'importance des travaux consacrés actuellement à l'audition prénatale. Les autres modalités sensorielles, elles, sont plus résistantes à notre souci d'éclairer le « mystère » intra-utérin. Les informations dont on dispose sont quantitativement bien moins nombreuses. Toutefois les quelques résultats les concernant vont toujours dans le sens d'une mise en évidence de l'activité fœtale et de sa sensibilité à l'environnement.

Pour la vision, domaine peu exploré parce que considéré *a priori* comme non sollicité, on a observé des variations du rythme cardiaque du fœtus en fonction de l'exposition à des rayons lumineux. Le système visuel se développe plus lentement que les autres systèmes sensoriels et il apparaît nettement moins achevé que les autres à la naissance.

1.2 Le goût et l'odorat

Dès la naissance, si on ajoute une solution sucrée au biberon du nouveau-né, on remarque une augmentation en fréquence et en rapidité du comportement de succion. L'ajout d'une solution amère, au contraire, entraîne une diminution voire un arrêt de ce comportement (Desor, 1973). Cette préférence pour le sucré est-elle génétiquement programmée ? Pourquoi ? D'une façon plus générale, les préférences/aversions alimentaires précoces pourraient elles avoir des origines dans la vie intra-utérine ?

Avant de répondre à ces questions, il convient de rappeler que dès la vie intra-utérine, le fœtus développe un important comportement de déglutition du liquide amniotique (2,5 litres par jour, en moyenne). Sur un plan anatomique, les bourgeons du goût sont fonctionnels in utero dès la onzième semaine de gestation. Plus nombreux que chez l'enfant et l'adulte, ces bourgeons tapissent l'intérieur des joues, la langue et le palais.

La préférence pour la saveur sucrée existe dès la vie intra-utérine puisque l'ajout d'un stimulus sucré dans le liquide amniotique augmente le comportement de déglutition du fœtus tandis que l'injection d'un composé amer entraîne une réduction de ce même comportement. Cette préférence est aussi repérée dès la naissance dans d'autres espèces animales. Elle semble être, au moins en partie, liée aux qualités énergétiques du glucose. On constate, par exemple, que si, dès la naissance, on associe la saveur sucrée à une absence d'apport énergétique (utilisation de saccharine), on éteint rapidement cette préférence. Par ailleurs, chez des rats, souriceaux nouveau-nés qui naturellement témoignent de cette même préférence pour le sucré, on a associé à cette saveur un poison léger. On crée ainsi en une seule association une aversion pour la saveur sucrée qui constitue un conditionnement très durable (Le Magnen, 1981). Il semble que cette attirance pour le sucré témoigne d'une évolution probablement phylogénétique amenant cette saveur à jouer le rôle de signal d'un apport calorique.

Au cours de la gestation, le liquide amniotique varie dans sa composition chimique en fonction du développement du fœtus, de ses activités de déglutition et de miction mais aussi en fonction de l'ingestion par la mère de certaines substances susceptibles de modifier sa composition. En déglutissant le liquide amniotique, le fœtus est donc à même de rencontrer des flaveurs variées (Mac Leod, 1981). Ainsi, les mères indiennes qui consomment beaucoup de curry ont des bébés qui reconnaissent cette odeur à la naissance. Cette imprégnation prénatale engendre une familiarisation aux odeurs qui seront retrouvées après la naissance, marquant ainsi la continuité entre le développement pré et post-natal (Lecanuet *et alii*, 1993).

La flaveur, ce que nous appelons goût est un complexe olfacto-gustatif où l'olfactif est prépondérant. Le système olfactif est fonctionnel au septième mois de gestation : des prématurés nés à cet âge réagissent par des mimiques et des mouvements à des odeurs fortes de plantes comme la menthe ou le géranium.

1.3 Le toucher et le mouvement

La sensibilité cutanée est fonctionnelle dès huit semaines et demi pour la région péribuccale, vers dix semaines et demi pour l'aire génitale, onze semaines pour la paume des mains et douze semaines pour la plante des pieds (Streri, 1994).

La surface cutanée va recevoir un certain nombre de messages. Le liquide amniotique (1 litre environ en fin de grossesse) dans lequel baigne l'embryon et qui le protège des chocs, ne permet guère de différenciation sur le plan tactile : c'est un milieu éminemment stable par sa température et par sa densité. Toutefois, au hasard de ses mouvements ou des mouvements de sa mère, de plus en plus fréquemment et en fonction de l'avancement de la grossesse, le fœtus pourra connaître de nouvelles expériences tactiles dues à son contact avec la paroi utérine. L'amnios est la gaine translucide tapissant l'intérieur du conceptus. Il se prolonge autour du cordon ombilical et arrive jusqu'à l'ombilic où il est en continuité avec la peau. Cette membrane d'une odeur particulière a pour autre caractéristique sa douceur (étymologiquement, amnios = membrane d'agneau). Pour Cornu (1986), cette première sensation tactile (des observations révèlent le fœtus touchant, caressant le cordon ombilical) pourrait être associée à des sensations positives (plaisir ?).

La sensibilité à la douleur est attestée par les mouvements de retrait lors d'une piqûre, par exemple lors d'un prélèvement amniotique.

Dans le milieu intra-utérin, le fœtus va surtout recevoir de nombreux messages correspondants à des expériences kinesthésiques. Les mouvements de la mère vont imprimer un certain nombre de mouvement à l'utérus. Ceux-ci seront ressentis par l'embryon qui connaîtra donc en fonction du rythme de vie de sa mère des moments de stabilité du milieu (correspondant aux périodes de repos ou de sommeil) et des périodes de bercement (correspondants à ses périodes d'activité).

Le fœtus lui-même produit des mouvements. Ils ont été répertoriés par de Vries *et alii* (1982). À la fin du deuxième mois de gestation, apparaissent les sursauts et les hoquets. Les mouvements du corps entier ou des membres peuvent s'observer également pendant cette période. Les mouvements de la tête apparaissent vers 9-10 semaines. C'est aussi à ce moment que l'on peut voir l'étirement et la rotation complète du corps. Cette dernière s'accompagne d'un mouvement des jambes ressemblant à la marche.

Au cours des deux semaines suivantes, les mouvements de la bouche se précisent : ouverture, succion, bâillement. À partir de la 16e semaine, les mouvements des yeux apparaissent. Le fœtus peut porter son pouce à sa bouche. Ces observations indiquent que la motricité se différencie très tôt, au cours de la première moitié de la grossesse.

Ensuite, du fait de la place disponible, les mouvements de grande amplitude diminuent tandis que les mouvements fins, notamment ceux de la bouche, des yeux et des mains augmentent. Enfin, la motricité varie selon le niveau d'éveil.

Quel est le rôle de ces mouvements, qu'ils soient spontanés ou bien en réponse à une stimulation ? Plusieurs réponses sont possibles : ils traduisent une manifestation de la maturation nerveuse sans valeur adaptative ou bien ils jouent un rôle préparatoire, permettant à l'organisme de s'exercer pour la période postnatale. Les réponses ne sont pas tranchées et varient selon le type de mouvement. Les mouvements oculaires ou buccaux par exemple, s'ils n'ont aucune valeur fonctionnelle pendant la vie fœtale, peuvent aisément être reliés aux comportements ultérieurs (de Vries, Hopkins, van Geijn, 1993).

Les similitudes entre la motricité du fœtus et celle du nouveau-né indiquent qu'il existe une continuité de développement et que la naissance ne constitue pas une rupture dans les manifestations motrices (Streri, 1994).

Toucher et mouvement du fœtus sont à la source d'une technique de « mise en relation » entre parents et futur bébé dont l'usage s'est développé en France : l'haptonomie.

L'haptonomie (*hapsis* = le toucher, *nomos* = la règle) est une technique thérapeutique introduite en France par Veldman dans les années 80. Elle est basée sur les échanges avec le fœtus à travers le toucher : par simples pressions abdominales la mère (ou le père) peut faire bouger, se déplacer le futur bébé dans l'utérus.

L'objectif de Veldman est d'établir précocement une communication entre parents et enfants ainsi que l'éveil d'une conscience affective prérelationnelle et prélogique, d'un attachement affectif prénatal très important pour la constitution de la « sécurité de base » de l'individu (Veldman, 1981). Les tenants de la guidance haptonomique stipulent des effets à long terme sur le développement moteur et affectif des enfants ayant connu cette « communication intra-utérine ». Pour le moment, nous ne disposons pas de résultats à l'appui de ces hypothèses. Il est toutefois évident que l'état de détente qu'il procure à la mère pendant les séances de toucher, que la possibilité de faire bouger le bébé, de ne pas s'opposer à sa progression, doit constituer une préparation positive à la naissance.

L'haptonomie, à la fois basée sur des observations objectives de stimulations et l'interprétation supposée de l'effet de ces stimulations, constitue une transition avec l'étude des interactions fantasmatiques menées par les psychanalystes.

2. L'enfant imaginaire

Une autre dimension va intervenir dans l'établissement des relations entre l'enfant et ses parents. Il s'agit du champ fantasmatique (Lebovici, 1983) qui va constituer chez le père et la mère dès le début de la grossesse un noyau d'attentes, de désirs, voire de rejets à l'égard de l'embryon qui se développe.

Pour les psychanalystes, l'enfant imaginaire se construit dans l'ontogenèse de chacun. Le désir d'enfant s'amorce dès le stade prégénital. Particulièrement virulent au stade œdipien où il nourrit le fantasme de posséder à soi seul le pouvoir du couple, il est ensuite sublimé, refoulé ou déplacé chez le petit garçon. Ce désir d'enfant est entretenu chez la petite fille et sera investi d'une projection narcissique importante. Son rêve sera « l'enfant idéal » épuré de toutes ses composantes agressives : « l'enfant parfait que sa mère aurait aimé avoir ». Pendant la période de latence, fille et garçon refouleront ce désir qui réapparaîtra à la puberté lorsqu'ils seront confrontés à la possibilité réelle de concevoir des enfants (Soulé, 1982).

Pour la mère, les débuts de la grossesse sont marqués par une période où l'important est « d'être enceinte » plutôt que d'attendre un enfant. C'est l'entourage par ses questions et ses sollicitations, la surveillance technique et médicale, les mouvements actifs du fœtus qui l'améneraient à sortir progressivement de cette première période. L'enfant imaginaire appartient à la vie fantasmatique de la mère. Il est lié à sa vie affective, très dépendant de sa propre histoire (relations avec ses propres parents et avec le père du bébé).

Plusieurs psychanalystes s'inquiètent de l'effet des techniques actuelles de surveillance de grossesse, l'échographie en particulier, sur l'élaboration par les parents de l'enfant imaginaire (Courvoisier, 1985). Pour certains, cette confrontation à l'image du fœtus réel, voire à sexe connu, pendant la grossesse bloque ou modifie l'évolution et la maturation fantasmatique. Soulé (1982) désigne l'échographie sous le sigle I.V.F. (interruption volontaire de fantasme). Cramer (1985) suggère que la connaissance du sexe de l'enfant pendant la grossesse, en modifiant l'évolution des fantasmes maternels, peut entraver les fondements de la bisexualité psychique de l'enfant.

Il est bien difficile aujourd'hui d'articuler les connaissances recueillies par des méthodes objectives visant à décrire les capacités du fœtus et les interprétations des psychanalystes. On peut citer comme autre voie possible celle empruntée par Marcos-Sigal (1984) à propos des attentes des femmes relatives à leur premier enfant. L'objet de cette étude porte sur les représentations que la mère se fait de son futur enfant. L'auteur recueille l'expression de l'image de l'enfant à naître lors d'entretiens au cours desquels elle présente des planches illustrant diverses situations courantes de la vie d'un enfant. Elle demande aux mères de réagir à ces planches comme s'il s'agissait de leur propre enfant. On peut imaginer que ce type d'étude pourrait être étendu à l'analyse des effets de cette représentation sur le développement affectif et social de l'enfant.

Cyrulnik (2002) souligne la liaison existant entre l'état psycho-comportemental du nouveau-né et le contenu psychique de la femme enceinte. C'est au cours des dernières semaines de vie intra-utérine qu'il situe les premiers éléments de tissage du tempérament du bébé. Ce tissage est alors rendu possible par la rencontre entre les capacités nouvelles du fœtus (cf. *supra*) et un environnement (le liquide amniotique) plus ou moins stable, plus ou moins apaisant. Pour Cyrulnik, il ne fait nul doute que les petites molécules de stress des mères préoccupées franchissent aisément le filtre placentaire et « perfusent » certains bébés. D'autres, au contraire, bébés de mères heureuses et rassurées, bénéficient dès cette fin de grossesse d'un environnement biologique stable, respectueux de leur rythme et dans lequel ils commencent à apprendre des comportements d'apaisement.

RÉSUMÉ

Situer les bases de l'échafaudage du développement affectif au cours de la vie intra-utérine peut sembler un *a priori* légitime puisque l'on sait maintenant que l'enfant mémorise certaines expériences *in utero.* L'étude des modalités sensorielles montre qu'elles sont fonctionnelles dès le dernier tiers de la vie intra-utérine.

Outre les travaux expérimentaux montrant les possibilités de réponse et de conditionnement des stimulations sensorielles, il existe une autre approche, d'inspiration psychanalytique. Elle insiste sur l'importance de cette période pour la construction des liens affectifs entre parents et enfant.

On est toutefois loin d'avoir une connaissance exhaustive de cette première partie du développement et de ses conséquences.

4

La création des liens

À partir des années 60, la psychanalyse qui, en Europe, était la principale référence pour rendre compte de la construction des liens entre mère et enfant, a été ébranlée par l'élaboration d'une nouvelle théorie remettant en question quelques-uns de ses principaux postulats : la théorie de l'attachement du psychanalyste anglais John Bowlby.

Alors qu'elle se répand rapidement dans les pays anglo-saxons, cette théorie s'implante plus difficilement en France. R. Zazzo l'introduira par un « Colloque Imaginaire » publié en 1974 dans lequel il présente un texte de J. Bowlby et les réactions que ce texte avait suscitées chez plusieurs psychologues, éthologues et psychanalystes.

La diffusion de ce cadre théorique, en France tout particulièrement, est d'abord marquée par les réticences de certains représentants du courant psychanalytique peu enclins à accepter de remettre en cause certains éléments de la métapsychologie freudienne.

Si, dans le cadre freudien, le lien du bébé à sa mère est une construction secondaire s'effectuant par étayage sur les pulsions de vie et l'objet qui les satisfait, pour Bowlby, ce lien est primaire fondé sur un besoin d'autrui présent chez un nouveau-né équipé pour l'exprimer.

Trente ans plus tard, la théorie de l'attachement est devenue une référence incontournable pour expliquer le développement affectif. Ainsi que le souligne Pierrehumbert (1998) non seulement elle est le cadre de référence essentiel des développementalistes, mais, au-delà des aspects polémiques mis en exergue les premiers temps, beaucoup de psychanalystes actuels, en particulier à la suite des travaux de Main *et alii* (1985) sur la transmission intergénérationnelle ont intégré tout ou partie des concepts de la théorie de l'attachement.

Nous présenterons dans ce chapitre cette théorie et les recherches auxquelles elle a donné lieu, après avoir discuté des modèles explicatifs utilisés par la psychanalyse et la théorie de l'attachement.

1. Modèle hydromécanique et modèle cybernétique

La théorie psychanalytique des pulsions comme l'éthologie de Lorenz expliquent le déclenchement des conduites grâce à une variété de modèle homéostatique, le modèle hydraulique ou hydromécanique qui précise le rôle respectif des facteurs internes et externes. Ce modèle décrit par Lorenz repose sur l'hypothèse d'une accumulation d'énergie (c'est la source interne) à l'intérieur de l'organisme, comme l'eau par exemple s'accumulerait dans un réservoir. Le réservoir dispose d'une valve de fermeture qui peut s'ouvrir et donc libérer le contenu du réservoir, sous l'effet conjugué de la pression interne et des stimuli externes. Si la pression interne est très forte, des déclencheurs externes ne sont pas nécessaires pour provoquer le comportement. Inversement, si la pression interne est faible, le poids des déclencheurs externes sera d'autant plus important. Une fois que le contenu du réservoir est libéré par l'exécution du comportement, il faut attendre le remplissage du réservoir pour obtenir à nouveau le comportement (cf. Ruwet, 1969).

On voit que ce modèle s'applique assez bien à la satisfaction des besoins physiologiques comme la faim ou la soif : une fois rassasié, l'individu cesse la consommation d'aliments pour ne la reprendre que lorsque la faim se fait de nouveau sentir.

Pour l'être humain, le réservoir équivaut à la motivation pour les éthologistes, aux pulsions pour les psychanalystes. Pour Freud, l'énergie – la libido – s'accumule dans l'organisme ; son écoulement, en réduisant la tension, est source de plaisir : le bébé qui a faim est l'objet d'une tension douloureuse, la mère le soulage en lui donnant le sein, ce qui va conduire l'enfant à associer mère et apaisement.

Ce modèle hydrodynamique s'est vite révélé insatisfaisant, notamment parce qu'il ne permet pas de rendre compte de la persistance de comportements alors que l'énergie qui présidait à leur effection est théoriquement épuisée : c'est le boulimique qui mange à en être obèse, l'enfant qui est inconsolable alors qu'il a retrouvé la personne à qui il est le plus attaché...

Le modèle cybernétique, à l'origine modèle mathématique formalisé par Wiener en 1948, étudie les mécanismes de traitement de l'information et connaît de nombreuses applications dans le domaine des sciences de l'homme (biologie, médecine, psychologie). Il présente de nombreux avantages et notamment celui de répondre aux insuffisances du modèle hydrodynamique et de dépasser le modèle béhavioriste stimulus-réponse.

Les propriétés fondamentales d'un système cybernétique, outre la transmission d'information, sont les suivantes :

– il est capable d'effectuer des actes orientés ;

– il fonctionne à l'aide de signaux ;

– il possède un comparateur commandant le mécanisme de rétroaction (augmentation ou réduction de l'écart entre un état A présent et un état B, objectif désigné par le système).

L'exemple souvent cité pour illustrer un tel système est celui du fer à repasser muni d'un thermostat. Le courant électrique permet une élévation de la température du fer qui au départ est froid (état A). Lorsque la température désirée est atteinte (état B), le thermostat (comparateur) coupe l'arrivée du courant afin que la température ne continue pas de monter. Celle-ci va peu à peu diminuer et dès qu'elle aura atteint un certain seuil, le thermostat déclenchera à nouveau l'alimentation électrique.

Pour l'étude du comportement humain, il n'est plus nécessaire de faire appel à la notion métaphorique d'énergie. L'organisme est un système cybernétique qui traite les informations, s'oriente vers des buts. Les différents systèmes de comportement servent à atteindre ces buts, tout en disposant de mécanismes correcteurs permettant d'ajuster ces comportements aux objectifs. C'est pour cette raison qu'on parle aussi de théorie du contrôle : « Le contrôle dont il s'agit est celui que l'organisme est capable d'exercer sur son activité en utilisant des informations en retour *(feed-back)* fournies par les résultats de cette activité » (Reuchlin, 1977).

2. Les origines de la théorie de l'attachement

Cette théorie, formulée et développée par Bowlby (1958), constitue l'aboutissement de deux champs de recherche, dont Zazzo a bien retracé l'historique (1972, 1974) ; la théorie de l'attachement marque la convergence entre les travaux d'éthologistes et ceux de psychanalystes, tous deux ayant montré les effets dramatiques de l'absence de relation à un adulte privilégié, tant chez le petit de l'homme, que chez celui du singe (macaque rhésus).

2.1 L'apport des éthologistes

Les éthologistes sont à l'origine de la théorie de l'empreinte. Lorenz, dès 1935, synthétise les résultats de nombreux travaux convergents décrivant l'établissement des liens entre congénères (Lorenz étudie plus particulièrement les oiseaux anatidés). Lorenz définit l'empreinte comme un mécanisme inné permettant au petit qui vient de naître de suivre ou de s'agripper au premier « objet » mobile qu'il voit et qui est généralement le congénère adulte l'ayant mis au monde. La fonction principale de ce comportement est d'apprendre à reconnaître les caractéristiques des partenaires sociaux de tout animal nouveau-né vers lesquels vont s'orienter les réactions instinctives sociales comme la recherche de protection auprès de l'adulte et les comportements sexuels. De nombreuses recherches ont précisé et surtout nuancé la description de ce phénomène qui doit être considéré comme un inducteur dans l'organisation des comportements sociaux et non unique responsable, « inducteur privilégié dont les effets peuvent être modulés sous l'influence des autres expériences vécues par l'animal » (Vidal, 1976). La recherche de la proximité avec le congénère adulte est fondamentale pour les petits qui, du moins chez les mammifères, présentent des signes de détresse évidents lorsqu'ils s'en trouvent éloignés. Outre une fonction de protection, l'adulte remplit le rôle d'un modèle permettant au petit d'identifier les membres de son espèce et de s'intégrer au groupe.

Harlow, à partir d'expériences faites en laboratoire avec des singes, montre que le petit rhésus cherche avant tout le contact et la proximité avec l'adulte.

La preuve en est apportée par la synthèse de diverses expériences réalisées en laboratoire. Harlow soumet de jeunes nouveau-nés rhésus à diverses conditions d'élevage (avec leur mère, en compagnie de pairs, seuls mais en présence d'un mannequin en fourrure auquel ils peuvent s'accrocher, entièrement seuls) pendant des périodes plus ou moins longues. Puis il les introduit dans un groupe constitué de rhésus d'âges divers et observe leur adaptation. Les singes élevés dans un isolement social complet présentent des troubles du comportement (auto-embrassement, balancements stéréotypés, frayeur devant la nouveauté…) qui rendent impossible leur réinsertion ultérieure dans le groupe des pairs : Harlow a créé un autisme expérimental. Les femelles qui ont été élevées dans de telles conditions sont agressives et refusent l'accouplement avec un mâle. Inséminées artificiellement, elles mettent au monde un petit qu'au mieux elles ignorent, qu'au pire, elles cherchent à tuer. Toutefois, certains parmi ces petits, parviennent à s'agripper à la mère, résistent à ses brutalités, ne se découragent pas et l'on voit petit à petit l'attitude de la mère changer, devenir moins agressive, se laisser séduire en quelque sorte par son petit, à tel point qu'Harlow a parlé de bébé thérapeute.

De plus, la célèbre expérience des « mères fil de fer » comparées aux « mères fourrure » atteste de l'indépendance entre les besoins physiologiques (nourriture) et l'attachement. Dès la naissance, de petits rhésus sont retirés à leur mère biologique et placés seuls dans une cage dans laquelle se trouvent deux leurres ; l'un est constitué d'un cylindre recouvert d'un tissu pelucheux et doux, surmonté d'une tête représentant grossièrement les yeux et la bouche tandis que, pour l'autre, le cylindre est une simple armature métallique dans laquelle est inséré un biberon. Tous les petits passent la majeure partie du temps sur la « mère fourrure » et ne vont sur l'autre que pour s'alimenter ; certains même parviennent à téter le biberon (fixe) en se penchant, tout en restant agrippés au tissu du premier leurre. C'est vers cette mère fourrure qu'en cas de stress, ils se réfugient. On observe lors de la réinsertion dans le groupe que les individus élevés dans cette condition, tout en s'adaptant moins aisément que les rhésus élevés par leur mère, présentent beaucoup moins de troubles comportementaux que les singes élevés en isolement total.

2.2 Apport des psychanalystes

Avant les éthologistes, des psychanalystes, et plus particulièrement Spitz, avaient constaté l'apparition de troubles importants du comportement lorsqu'un enfant, élevé jusqu'alors par le même adulte, sa mère, était soudain séparé d'elle, pour être placé dans une pouponnière ou un orphelinat. Ces établissements se caractérisaient par un environnement correct pour tout ce qui concerne les soins, la nourriture et l'hygiène, mais l'impossibilité pour l'enfant d'y construire une relation privilégiée avec un adulte.

À l'observation, ces enfants présentent rapidement un tableau dépressif (troubles de l'humeur, perturbations somatiques importantes : troubles du sommeil, sensibilité accrue aux maladies, arrêt, puis retard du développement physique et psychomoteur) qui peut s'aggraver si la période de séparation dépasse cinq mois. Le retard de développement s'accroît et le taux de mortalité devient très élevé étant donné la sensibilité accrue aux maladies infectieuses.

Ces descriptions catastrophiques doivent être replacées dans leur contexte historique (années 40). À cette époque, l'inexistence des antibiotiques faisait des maladies infectieuses un redoutable danger pour la vie des jeunes enfants et constituait la première cause de mortalité infantile. Aussi des précautions drastiques étaient-elles prises dans les collectivités d'enfants pour éviter les épidémies. Ces précautions consistaient à isoler les enfants les uns des autres. Placés dans des boxes individuels, les seuls échanges dont ils bénéficiaient étaient ceux qu'ils avaient avec les infirmières au moment des repas et de la toilette. Les carences importantes de stimulations tant physiques qu'affectives expliquent l'évolution dramatique de ces enfants.

La principale conséquence empirique de ces observations a été une modification des conditions d'accueil des tout-petits en pouponnière. De plus, la découverte des antibiotiques a radicalement modifié l'épidémiologie infantile à partir de la Deuxième Guerre mondiale et a facilité la suppression de l'isolement si néfaste sur le développement psychique des enfants, puisque les maladies infectieuses ne présentaient plus le même risque vital.

Pour Spitz, l'évolution dramatique de ces enfants est due à l'absence de lien affectif : « l'enfant est privé des soins maternels et des provisions affectives vitales dont il devrait normalement bénéficier grâce aux interéchanges avec la mère » (1968). Il nomme dépression anaclitique (par perte de l'objet aimé servant de support, donc de perte d'étayage) le syndrome présenté par ces enfants qui sont d'abord pleurnicheurs, puis indifférents et enfin léthargiques. Il qualifie d'hospitalisme l'aggravation du symptôme lorsque l'enfant est, plus de cinq mois, privé de relation avec un objet aimé.

Spitz, comme les autres psychanalystes ayant observé des troubles similaires chez de jeunes enfants, interprète ces faits dans le cadre de la théorie freudienne. « Le choix anaclitique (= s'appuyer sur) de l'objet est déterminé par la dépendance du nourrisson vis-à-vis de la personne qui nourrit, le protège, le dorlote. Freud déclare qu'au début, la pulsion se déploie anaclitiquement, c'est-à-dire en s'appuyant sur une satisfaction du besoin essentielle à la survie » (1968).

Spitz reste fidèle à la théorie de l'étayage et de la dépendance émotionnelle à partir de la dépendance physique : l'enfant assouvit la tension pulsionnelle grâce à la nourriture qui permet l'autoconservation. La mère en nourrissant l'enfant lui permet non seulement de satisfaire un besoin vital, mais devient un objet qui procure du plaisir.

La théorie de Bowlby intègre l'importance vitale de l'objet d'attachement soulignée par les psychanalystes et certains aspects des mécanismes de construction et de régulation du lien découverts par les éthologistes. Il va rejeter le modèle des pulsions et proposer dès 1969 un tout autre modèle pour rendre compte de l'établissement des liens du petit aux adultes qui en ont la charge. Le terme attachement remplace celui de dépendance émotionnelle. Contrairement à celle-ci, l'attachement n'est pas lié à la satisfaction de besoins physiologiques, il n'a pas pour objet exclusif la mère, il peut durer dans le temps et il suppose l'existence d'« une structure neuro-physiologique, la tendance originelle et permanente à rechercher la relation à autrui » (Zazzo, 1974). En bref, l'attachement est une construction primaire, répondant à un besoin inné et indépendant des autres besoins physiologiques de l'enfant. Le lien d'attachement fournit à l'enfant la protection et la sécurité qui lui est nécessaire pour pouvoir s'ouvrir au monde.

3. La théorie de Bowlby

Bowlby se situe dans une perspective d'adaptation évolutionniste et souligne que le bébé humain comme les jeunes primates, est intrinsèquement orienté vers des partenaires adultes (le plus fréquemment, mais pas obligatoirement les parents biologiques) dont il recherche la proximité. Le but poursuivi est la sécurité et la survie de l'individu

Bowlby appuie sa théorie sur le modèle cybernétique. Pour atteindre cet objectif : la sécurité, le bébé dispose de différents systèmes de comportement qui lui permettent d'intervenir dans la régulation de sa distance physique avec l'adulte.

Ces systèmes s'organisent différemment selon l'âge de l'enfant. Au début de la vie, l'enfant met en œuvre des comportements non rectifiés quant au but et quant à la cible (exemple : pleurs sans variations quel que soit l'endroit où se trouve la mère, l'apaisement pouvant être apporté par n'importe quel adulte), mais petit à petit, se mettent en place des comportements rectifiés (exemple : l'intensité de l'appel varie en fonction de l'endroit où se trouve la mère). À la fin de la première année, les interactions sociales que l'enfant aura construites avec les adultes de son entourage lui auront permis d'en privilégier quelques-uns. C'est de la proximité physique de ces personnes privilégiées « les figures d'attachement » que le bébé tirera la sécurité qui lui est nécessaire.

Le système comportemental d'attachement suppose un « évaluateur interne » qui signifie l'état de besoin d'une réassurance, donc pour les tout-petits le besoin de la figure d'attachement. Ce besoin n'est pas stable, il varie selon certains facteurs propres au bébé : son âge, son état interne (faim, douleur, froid) et les conditions de l'environnement (plus ou moins familier ou nouveau) dans lequel il se trouve. C'est quand le bébé a besoin de réassurance et qu'il existe une distance physique entre lui et sa figure d'attachement que s'activent les conduites destinées à obtenir et maintenir la proximité.

Ces conduites elles-mêmes varient selon l'âge et les moyens fonctionnels de l'enfant. Aux pleurs ou cris indifférenciés des premiers jours succèdent des cris plus différenciés, le sourire, la possibilité de poursuivre, de signifier que l'on veut être porté, d'appeler…

Très vite, ce système comportemental se personnalise. Les interactions que le bébé construit avec les adultes qui le maternent lui permettent de construire progressivement des « modèles opérationnels internes » qui spécifient l'organisation de son système comportemental d'attachement. Bowlby explique que c'est à travers des relations privilégiées avec une figure d'attachement que l'enfant construit progressivement un « modèle opérationnel interne », modèle de soi, du monde, et des figures d'attachement. Ce modèle permet à l'enfant de comprendre le réel, physique ou humain, d'anticiper des événements et de s'y adapter.

Les modèles opérationnels (working model) de soi et des figures d'attachement sont interdépendants : un enfant qui fait l'expérience d'une figure d'attachement aimante, disponible et émotionnellement stable construira très probablement un modèle de lui-même très positif (Bretherton, 1987). Des distorsions dans les échanges entraînent la construction de modèles perturbés chez l'enfant qui sont susceptibles d'être reproduits de génération en génération, car les parents tendent à répéter, inconsciemment, avec leurs enfants les caractéristiques relationnelles qu'ils ont expérimentées avec leurs propres parents.

Tout enfant construit un ou des liens d'attachement. Cette construction interactive ne s'exprime pas quantitativement (on ne parle pas d'un bébé plus ou moins attaché) mais en référence aux qualités de liens (sécure ou non) définies par M. Ainsworth.

Selon Bowlby (1980), ce besoin d'accès possible à certaines personnes plus « fortes et sages », leur recherche en cas de détresse subsiste tout au long de la vie. À l'âge adulte, les comportements d'attachement sont moins visibles, l'accessibilité n'est plus dépendante uniquement de la distance physique, le lien réconfortant peut cheminer par des voies plus symboliques.

Le cadre théorique proposé par Bowlby permet d'expliquer certains comportements que les modèles antérieurs ne pouvaient considérer que comme paradoxaux. C'est le cas du maintien de la recherche de proximité de leurs parents par les enfants maltraités. L'attachement remplit en premier lieu une fonction de protection : il permet au petit dans une situation de danger de venir chercher protection auprès des adultes. La situation difficile créée pour le bébé par la maltraitance parentale au lieu de les éloigner de leurs parents ne peut que les inciter à multiplier les comportements de recherche de proximité à la recherche d'un mieux-être, d'une sécurité, qui dans ce cas précis est souvent inaccessible.

4. Les types d'attachement

L'abandon du modèle hydrodynamique permet de ne plus concevoir l'attachement du petit à sa mère en termes d'intensité, mais de qualité. Depuis 1969, M. Ainsworth a contribué à valider le cadre de la théorie de Bowlby en précisant un aspect des différences interindividuelles. Elle précise la distinction qu'il convient de faire entre l'attachement et les conduites d'attachement. Le premier terme désigne une tendance durable et universelle à rechercher la proximité avec autrui, tandis que les secondes expriment les moyens mis en œuvre par l'enfant pour satisfaire cette tendance. Contrairement à l'attachement qui est durable et permanent, les conduites d'attachement sont variables et susceptibles de se modifier en fonction des caractéristiques propres de l'enfant, du contexte et aussi de l'apprentissage.

Le paradigme des études d'Ainsworth est celui de la « Strange Situation » (1971). En référence au cadre théorique de Bowlby, Ainsworth propose une situation expérimentale destinée à élever le besoin de sécurité de l'enfant – donc à ses conduites d'attachement d'apparaître – en manipulant des éléments externes : lieu inconnu, arrivée d'une personne étrangère, départs puis retours de la mère.

La Strange Situation est adaptée aux enfants de 12 mois, les enfants sont observés dans une pièce inconnue dans laquelle sont disposés des jouets. Les comportements de l'enfant sont enregistrés et analysés au cours d'une séquence composée de six épisodes différents. Chaque épisode dure quelques minutes :

– enfant seul avec sa mère ;

– arrivée d'une personne étrangère à l'enfant ;

– départ de la mère (l'enfant reste seul avec l'étranger) ;

– retour de la mère et départ de la personne étrangère ;

– nouveau départ de la mère ;

– retour de la mère.

La première étude réalisée sur vingt-trois enfants âgés d'un an a permis de discriminer deux grands groupes de bébés : le premier, que les auteurs considèrent comme ayant établi un attachement sécurisant *(secure)* et le deuxième, ayant établi un attachement perturbé *(insecure)*. C'est en effet cette dimension (sécurité) qui différencie le mieux les enfants dans toutes les situations. Ce sont les comportements que l'enfant manifeste au retour de la mère qui en constituent le meilleur indicateur.

Les enfants ayant un attachement sécurisant explorent activement l'environnement tout en conservant un contact intermittent avec la mère. Quand elle disparaît, ils présentent un état de détresse qui est remplacé par une recherche active de contact à son retour. Après le maintien d'un bref contact, les bébés se calment et se remettent à jouer (groupe B). Les enfants ayant un attachement non sécurisant sont soit résistants-ambivalents (groupe C), soit évitants (groupe A). Les premiers (groupe C) sont préoccupés par leur mère tout au long de la séquence, ils peuvent manifester de la colère, alternent à son retour recherche de contact et résistance. Le retour de la mère ne parvient pas à les calmer. Les seconds (groupe A) sont surtout intéressés par les jouets tout au long de la séquence. Ils ne manifestent pas de détresse pendant les séparations et évitent activement ou ignorent leur mère à son retour.

La difficulté de classer à partir des critères habituels le comportement de certains bébés dans une des trois catégories précédentes a amené Main et Solomon (1990) à en proposer une 4e (groupe D) : attachement insécurisé-désorganisé-désorienté. Ces enfants se caractérisent par des comportements anormaux ou contradictoires en présence de leur mère. Ils vont vers elle et s'interrompent en détournant le regard, ou peuvent rester figés en son absence et se laisser tomber en pleurs à leur retour. Tout se passe dans ce cas comme si le bébé n'avait pas su construire un modèle de fonctionnement interne efficace. De situation en situation, la réaction du bébé demeure imprévisible ne formant pas un ensemble cohérent. Ce type d'attachement désorganisé se retrouve surtout chez des enfants à risque soit du fait de leur environnement (parents maltraitants par exemple) soit parce que ce sont des enfants déficients intellectuellement. Pour ces derniers, on peut s'interroger sur leur difficulté propre à construire un modèle organisateur efficace.

La catégorisation des liens d'attachement telle qu'elle est effectuée lors de la Strange Situation a d'abord été validée par des observations effectuées au domicile des enfants. Les attachements de catégorie B (secure) étaient associés à un comportement attentif de la mère et à un bon ajustement de sa part dans les interactions de face à face. Les enfants à attachement résistant-ambivalent (groupe C) apparaissaient à domicile plus souvent anxieux, leur mère assez imprévisible avec une faible adaptation dans les interactions. Enfin, les bébés à attachement évitant (groupe A) manifestaient des colères fréquentes à l'égard de leur mère et semblaient préoccupés par ses va-et-vient. On a pu aussi observer que leurs mères se caractérisaient par la rareté des contacts physiques avec leur bébé.

Spangler et Grossmann (1993) ont pu également associer des indices physiologiques à ces catégorisations. Lors de la Strange Situation, pendant les épisodes de séparation, les bébés à attachement évitant présentent un rythme cardiaque particulièrement élevé. Les enfants à attachement désorganisé présentent eux une forte augmentation de leur taux de cortisol. Splangler et Schieche (1994) signalent chez ces mêmes enfants une chute en immunoglobuline.

Dès lors que la situation d'analyse (Strange Situation) est adaptée aux traditions culturelles dans lesquelles est élevé l'enfant, on retrouve sensiblement la même distribution de ces qualités d'attachement dans les divers pays. On constate qu'environ 65 % des bébés développent un attachement de type secure, 20 % un attachement de type anxieux, 15 % un attachement de type évitant, 5 % un attachement de type désorganisé.

On dispose aujourd'hui de diverses méthodes permettant d'évaluer la qualité de l'attachement :

La méthode « Q-sort » permet de mesurer l'axe sécurité de l'attachement à partir d'un classement, effectué par le parent ou par un observateur de 100 items correspondants à des comportements qui relèvent du domaine de l'attachement (Waters et Deane, 1985).

La tâche des histoires à compléter (Story Completion Task) est destinée à des enfants d'environ 3 ans. Le personnage de l'histoire se trouve dans des situations de détresse et l'on observe comment l'enfant envisage la réaction des autres membres de la famille à partir de la manipulation qu'il fait d'un ensemble de figurines (Bretherton *et alii*, 1990).

5. Les facteurs influençant la qualité du lien

Ainsworth a montré la relation existant entre la sensibilité de la mère aux signaux de son enfant pendant les tout premiers mois et la qualité de l'attachement (sécurisant ou non) à la fin de la première année de la vie : « L'influence de la relation mère-enfant sur le modelage du comportement de pleurs semble refléter de façon significative la qualité de la relation d'attachement » (Ainsworth *et alii*, 1972). Autrement dit, plus la mère répond aux signaux de son enfant et notamment à ses signaux de détresse, tels les pleurs, plus elle favorise un attachement sécurisant. La réponse de l'adulte non seulement rassure l'enfant, mais lui permet d'apprendre que lorsqu'il appelle, on lui répond, qu'il peut avoir confiance en quelqu'un qui est toujours là pour le soulager.

À la suite d'Ainsworth de multiples auteurs ont confirmé la contribution des adultes par rapport à la qualité du lien construit par le bébé. Sroufe (1979) a montré que la qualité du lien construit, généralement stable, pouvait varier lorsque la mère rencontrait de profondes modifications de ses conditions de vie susceptibles de faire évoluer son attitude à l'égard du bébé.

Les méta-analyses opérées par Dewol Wolff et Van Ijzendoorn (1997b) sur plus de soixante recherches obligent à considérer qu'à côté de la sensibilité, d'autres aspects du comportement maternel interviennent pour donner forme à la qualité du lien. Ces autres aspects peuvent avoir au moins autant d'influence que la sensibilité surtout après la première année : la synchronie, la chaleur, la mutualité, le support émotionnel... Les analyses témoignent de corrélations élevées entre ces différents aspects comportementaux. Elles laissent toutefois place à une gamme diversifiée d'attitudes maternelles favorables à la construction d'un lien secure avec l'enfant.

Les travaux de M. Main (1998) mettent l'accent sur l'aspect transgénérationnel en montrant un ensemble de dépendances entre les narrations des parents concernant leurs propres attachements et la qualité du lien que leurs enfants peuvent construire. Ces dépendances sont d'un apport important pour la psychopathologie développementale.

M. Main utilise une technique d'interview (AAI, Adult Attachment Interview) où il est demandé au sujet adulte de décrire les relations d'attachement de son enfance, les pertes de figure d'attachement, les séparations et leurs effets. L'entretien dure une heure environ, laissant au sujet la possibilité de se contredire ou d'enrichir son récit d'exemples.

La classification élaborée à partir de l'analyse de ces récits tient compte à la fois de l'histoire apparente du sujet mais aussi de sa coopération et de la cohérence de son discours. M. Main distingue quatre états d'esprit concernant l'attachement

– sécurisé-autonome (F), lorsque le sujet, quelle que soit son histoire (plus ou moins positive) la raconte de façon coopérante et cohérente ;

– détaché (Ds), lorsque le sujet donne un discours peu cohérent où les exemples contredisent les descriptions normatives ou positives qui sont données – ces entretiens sont souvent courts les sujets insistant beaucoup sur leur incapacité de rappel ;

– préoccupé (E), lorsque le sujet apparaît en colère, passif, confus ou craintif dans son récit – Ces entretiens sont souvent longs, peu corrects grammaticalement et abondent en propositions vagues : etc., comme ci... comme ça ;

– non-résolu-désorganisé (U-d), le discours est marqué par des perturbations du raisonnement.

Ces quatre catégories permettent de classer plus de 90 % des discours d'adulte. On note toutefois un pourcentage plus élevé de représentations inclassables dans les populations atteintes de troubles cliniques. La fidélité de ces classifications a été démontrée ainsi que leur indépendance par rapport à d'autres variables : interviewer, QI, mémoire.

La relation entre cette caractéristique parentale (la classification AAI) et la qualité d'attachement de leur bébé a été analysée sur un grand nombre de sujets (854 dyades parent/enfant) (Van Ijzendoorn, 1995). Les correspondances sont très importantes entre l'attachement de type secure (B) et un AAI parental sécurisé-autonome (F), entre un attachement évitant (A) et un AAI parental détaché (Ds), un attachement résistant-ambivalent (A) et un AAI préoccupé (E), et l'attachement désorganisé désorienté (D) et un AAI non-résolu-désorganisé (U-d). Ces liaisons soulignent la possibilité de transmission de la qualité du lien entre parent et enfant.

La liaison significative entre la qualité du lien que le bébé construit avec ses différents partenaires adultes (en particulier avec son père et sa mère) constitue, pour certains un élément de preuve du rôle joué par les caractéristiques du bébé dans la qualité de l'attachement.

Un grand nombre d'auteurs a cherché les liaisons entre tempérament du bébé (cf. chapitre 5) et qualité d'attachement. Les résultats sont contradictoires. Certains attestent de liaisons entre tempérament difficile et attachement insecure (groupe C ou A), et entre tempérament facile et attachement secure (groupe B) (Thompson et Lamb 1984).

La plupart des auteurs insistent toutefois sur le caractère interactif de la construction de l'attachement. Le tempérament oriente l'expression émotionnelle de l'attachement, mais celui-ci se construit en fonction des réponses plus ou moins adaptées que l'enfant reçoit. Le style éducatif des parents est à prendre en compte, Calkin et Fox (1992) ont montré que des enfants à tempérament « difficile » peuvent, avec des parents respectueux de leur activité et de leur indépendance construire un attachement secure. Il en va de même pour des bébés très alertés par la nouveauté si l'environnement humain qui les entoure est particulièrement sécurisant.

Cyrulnik (2001) souligne que dès les dernières semaines de grossesse, les orientations tempéramentales se trouvent modelées par l'univers sensoriel et émotionnel fourni par les parents qui tutorise cette construction. Pour lui, le tempérament, comme l'attachement lie la biologie et l'histoire parentale. Aux parents qui ont « fait naître » l'enfant, de le « mettre au monde ». L'enfant prend signification dans l'histoire de ses parents et continue à tisser son tempérament et à construire son attachement en fonction des messages conscients et inconscients qu'ils lui envoient.

6. Les figures d'attachement

Psychanalyste de formation, fortement inspiré par les positions de Freud et Spitz, Bowlby a construit sa théorie en l'ancrant fortement sur la mère et sa sensibilité spécifique. La notion de la mère comme figure privilégiée d'attachement se trouve aujourd'hui partiellement validée, partiellement remise en question.

Pour Schaffer et Emerson (cités par Bowlby, 1969), 30 % des enfants ont dès la première année de leur vie plusieurs figures privilégiées. La mère semble la figure la plus importante (76 %), suivie par le père (59 %), et un tiers des bébés dispose d'au moins une figure d'attachement supplémentaire (grand-parent, puéricultrice, voisin, ami). Van Ijzendoorn, Sagi et Lambermoon (1992) s'étant intéressés aux enfants jeunes fréquentant régulièrement des structures d'éducation collective (crèche ou kibboutz) ont constaté chez eux un nombre significativement plus élevé d'attachements sécurisés.

L'enfant est donc capable de construire des attachements multiples. Cela ne signifie pas pour autant que les différentes figures d'attachement sont totalement interchangeables. Main et Weston (1981) proposent un modèle hiérarchique qui accorde une importance différentielle aux figures d'attachement. On en a la preuve quand un enfant, en situation de détresse, ne trouve consolation qu'auprès d'une seule personne, malgré les tentatives d'apaisement des autres. Par ailleurs, Karen (1998) souligne que dans des cas d'attachement insecure avec la mère, des attachements secondaires secure peuvent pallier en partie les effets négatifs du premier.

L'attachement de l'enfant à son père a été le plus fréquemment étudié à partir d'analyses de séquences de jeu. Ce contexte non stressant pour l'enfant suscite plus de comportements affiliatifs que de réels comportements d'attachement. Grossmann et Grossmann (1998) insistent sur une attitude le « défi » ou « incitation sensible » durant le jeu. Cette attitude spécifiquement paternelle est liée à d'autres indicateurs attestant d'une adaptation et d'une sensibilité positive au bébé : AAI (F) du père, présence lors de l'accouchement, intérêt pour le bien-être de l'enfant... Cette « incitation sensible » apparaît prédictive des mêmes comportements que ceux qui sont prédits par la sécurité de l'attachement à la mère. En revanche, les catégorisations effectuées dans la Strange Situation avec les pères apparaissent peu déterminantes.

Grossmann et Grossmann relient ce résultat aux deux versants sécurité-exploration caractéristiques de la théorie de l'attachement. Ils interprètent ces résultats en reconnaissant une spécificité et une complémentarité aux deux parents : le rôle de la mère étant d'apporter au bébé la sécurité nécessaire pour qu'il puisse suivre son père dans une ouverture aux autres et au monde.

Pour Fivaz et Corboz (1999) le développement affectif du bébé se comprend dans une situation triangulaire où chacun des protagonistes à sa fonction et son rôle à jouer. La famille est étudiée comme un système en action, une unité fonctionnelle où chaque action de l'un provoque des réactions des deux autres. Elles distinguent quatre types d'alliance qui rendent compte de la plus ou moins bonne qualité de fonctionnement du système :

– Les familles coopérantes. Chacun des trois partenaires coordonne ses actes avec les deux autres. Résoudre un problème que pose l'enfant va pouvoir être résolu par les deux autres partenaires. Les trois profitant de la résolution du problème.

– Les familles stressées où la mère ne tient pas compte des signes de désir d'intervention du père. Elle cherche à résoudre seule le problème rencontré avec son enfant. Le père reste au second plan.

– Les familles abusives. L'alliance se fait au détriment d'un tiers dans la situation triangulaire. La mère s'occupe du bébé manifestement plus intéressé par son père. Il y a mise en action d'une mésentente et d'une compétition parentale.

– Les familles désorganisées.

7. Les conséquences de l'attachement

L'analyse du comportement des enfants à un an dans la Strange Situation témoigne que pour chaque qualité d'attachement (excepté les attachements D), les bébés ont construit un système comportemental organisé leur permettant de faire face aux divers épisodes. Si les enfants à attachement sécure (B) utilisent bien leur mère comme base de sécurité, les autres ont eux aussi élaboré une stratégie organisée pour faire face aux situations stressantes : soit en détournant leur attention de leur mère, stratégie évitante (A), soit en montrant une grande dépendance à son égard, assortie d'un comportement ambivalent (C). Tout se passe comme si ces derniers bébés essayaient désespérément d'influencer une mère imprévisible.

Ainsworth avait mis l'accent sur la relation qui existe entre qualité de l'attachement et qualité de l'exploration et du jeu chez l'enfant. Cette relation a été confirmée de nombreuses fois depuis, et bien au-delà d'un an. La qualité de l'attachement apparaît prédictive d'un grand nombre d'aspects développementaux, et l'on a pu observer dans divers domaines les effets favorables d'un attachement secure jusqu'à 15 ans environ (Carlson et Sroufe, 1995).

De plus, Bigras (2002) constate une liaison entre l'insécurité de l'attachement (évaluée à l'aide du Q-sort) et la perception par les éducateurs de difficultés adaptatives, tout particulièrement dans le domaine socio-affectif en jardin d'enfants.

Les enfants ayant connu un attachement sécure (B) ont plus de compétences sociales et exploratoires. Ils se montrent plus entreprenants et enthousiastes dans une tâche difficile à résoudre tout en acceptant aisément le soutien qu'on leur offre (Matas, Arend et Sroufe, 1978).

Les enfants à attachement évitant (A) ont appris pendant leur petite enfance à désactiver leur système d'attachement. Ils peuvent devenir des personnes ayant appris à « n'avoir pas besoin d'amour » qui évitent soigneusement toute situation ou tout sujet susceptible d'activer les besoins d'attachement.

Les enfants à attachement ambivalent (C) restent très dépendants de leur figure d'attachement et auront tendance à reproduire cette dépendance à l'égard de leurs figures ultérieures d'attachement. Ils deviennent des personnes émotives continuant à dépenser une bonne part de leur énergie à tenter d'être aimés, ce au détriment d'autres intérêts pour le jeu ou l'étude par exemple (Main et *alii*, 1985).

Les bébés à attachement désorganisé (D) apparaissent à 6 ans avoir développé avec leurs parents une réaction particulière avec inversion des rôles. Ils apparaissent contrôlants ou punitifs à l'égard de leur parent (Main, 1995). À l'âge scolaire, ils présentent plus fréquemment un comportement perturbateur-agressif (Lyons-Ruth, 1996) et, à l'adolescence et à l'âge adulte, des troubles mentaux (Carlson, 1995).

Les recherches longitudinales font apparaître qu'en dehors de l'association jamais démentie entre sécurité de l'attachement et qualités ultérieures d'adaptation du comportement et des émotions, bien d'autres éléments interviennent pour moduler les effets de l'attachement primaire : sexe, événements de la vie, figures d'attachement secondaires, peut-être héritage génétique. Bowlby lui-même mettait en garde contre le fait d'accorder une valeur prédictive trop importante aux résultats de la situation étrange. La théorie de l'attachement reconnaît une importance particulière à la petite enfance, pas une importance décisive.

8. La résilience

Ce concept désigne la capacité dont disposent certains sujets pour faire face et résister à l'adversité du milieu. L'apparition de cette notion dans le champ de la psychologie modifie profondément notre compréhension des conséquences des expériences traumatiques précoces. Elles ne sont pas forcément et irrémédiablement fatales. Certains sujets disposeraient d'un « ressort interne » leur permettant par exemple de résister à la désorganisation qu'induit habituellement un choc traumatique et de le surmonter dans un processus de reconstruction (Bacqué, 2000). Sublimation, altruisme, humour, rencontre avec des substituts affectifs permettent de triompher des malheurs (Korf-Sausse, 2002).

Le terme de résilience fait référence à un processus développemental. mettant en jeu facteurs de risque et facteurs de protection qui s'articulent selon divers modèles théoriques :

– « compensatoire » où les facteurs de protection neutralisent les facteurs de risque, mais n'interagissent pas avec eux ;

– « challenge » où les facteurs de risque constituent des potentiels suscitant le développement de compétences augmentant les facteurs de protection ;

– « facteurs de protection » où les ressources propres du sujet s'articulent avec les facteurs de risque pour produire les comportements d'adaptation sociale (Fortin, 2000).

La nouveauté du champ de cette étude et les applications qu'on en espère conduisent aujourd'hui à tenter de cerner les caractéristiques qui agissent en facteur de protection. L'une d'elles est décrite sous forme d'un trait de personnalité : l'*ego-resiliency* : « chaleureux, apte aux relations intimes ; capable de percevoir le cœur de problèmes importants ; valorise l'indépendance et l'autonomie personnelle ». La plupart des auteurs considèrent que ce trait constitue un des éléments contribuant à la résilience, mais en interaction avec d'autres : l'affection, le soutien des proches, voire la chance, et dans un processus développemental (Lecomte 2002). Paradoxalement, Korf-Sausse (2002) insiste sur les aspects positifs de la souffrance post-traumatique qui peut donner lieu à des sublimations qui seraient facteurs ou résultats de la résilience. Cyrulnik (2001) accorde une importance primordiale à l'acquisition de ressources internes pendant la première enfance. Il parle d'un « tempérament charpenté par un attachement sécure » qui permettrait en cas d'épreuve de partir à la quête d'un substitut efficace. C'est de cette possibilité de rencontre et de confiance en autrui qu'émergeraient les possibilités d'adaptation.

Pour Cyrulnik, la force des résilients est mise en œuvre lors des « épreuves » mais dépend d'un ensemble de dispositions affectives et comportementales marqué par une attention particulière portée aux personnes. Un attachement de type sécure est à la base de ces dispositions.

9. Critiques et perspectives

La théorie de l'attachement a souvent été vue et critiquée comme un système explicatif trop, voire uniquement comportemental. Il est vrai que c'est ce versant qui a d'abord été mis à l'étude. Les premiers travaux ont visé à éclaircir le système comportemental d'attachement. Outre les travaux féconds d'Ainsworth qui a pu, grâce au paradigme de la Strange Situation cerner les différents types d'attachement, l'accent mis sur l'interactivité a été un puissant moteur pour que se développent des études visant à évaluer correctement les compétences interactives néo-natales (Néonatal Behavioral Assesment Scale, 1973) et les caractéristiques interactives du bébé et de sa mère, voire du bébé et de ses deux parents. Certains résultats obtenus dans ce premier versant (surtout comportemental) ont d'ailleurs amené les auteurs à nuancer quelque peu le modèle.

Le concept de dépendance, antérieur historiquement à celui d'attachement, avait été rejeté par Bowlby et Ainsworth parce que, issu des théories de l'apprentissage, il désignait d'une part l'établissement d'une relation à autrui grâce aux renforcements, et d'autre part, un trait de personnalité. Pierrehumbert *et alii* (1986) rappellent que l'originalité du point de vue développé par Bowlby consistait justement à concevoir l'attachement comme indépendant de tout autre besoin fondamental, comme la nourriture ou les pulsions sexuelles.

Quant à Ainsworth, elle insiste sur l'aspect constructif de l'attachement qui n'est pas un trait propre à l'enfant, mais la résultante de comportements en interaction avec l'environnement. L'attachement implique un choix parmi les partenaires possibles, contrairement à la dépendance qui serait indifférenciée.

Des recherches conduisent à reconsidérer le concept de dépendance. Ainsworth a mis en évidence la relation entre la qualité de l'attachement sécurisant ou non sécurisant et l'exploration du milieu environnant, tant humain que physique. Des enfants non sécurisés évitent le contact avec autrui et explorent peu ; d'autres, au contraire, ne semblent avoir aucune difficulté à entrer en contact avec autrui, mais la séparation d'avec la mère les plonge dans la détresse et ils sont inconsolables à son retour. Pour ces enfants, le terme de dépendance peut être utilisé et donc réintroduit dans la théorie de l'attachement. Cette dépendance peut même être comparable à la celle qui est provoquée par les drogues opiacées. La présence d'autrui est une source de satisfaction intense, tandis que sa perte entraîne une détresse sévère (MacDonald, 1992).

La recherche de proximité est un des principaux indicateurs des conduites d'attachement. La fonction de cette recherche est de supprimer la détresse de l'enfant lorsqu'il est éloigné d'une figure d'attachement. Du point de vue ontogénétique, la recherche de proximité favorise la construction de l'objet d'attachement ; du point de vue phylogénétique, le maintien de la proximité avec l'adulte joue un rôle protecteur pour la survie de l'enfant et donc de l'espèce. Bowlby établit l'analogie avec l'empreinte comme conduite sélectionnée par l'évolution pour assurer la protection contre les prédateurs.

Cependant, les constats établis lors de certaines expériences, comme l'absence de poursuite de la figure d'attachement, particulièrement dans l'environnement familier de l'enfant, ont conduit à dégager d'autres fonctions de la recherche de proximité. Pour Hay (1980) par exemple, la recherche de proximité n'est pas un indice fiable d'attachement à une personne particulière. Plusieurs recherches prouvent que dans de multiples situations, notamment dans des contextes physiques familiers, l'enfant est capable de rechercher la proximité avec d'autres personnes que les objets d'attachement. En revanche, cet auteur montre que cette conduite fournit à l'enfant l'opportunité d'un grand nombre d'expériences, physiques et sociales. À travers la recherche d'autrui, l'enfant a la possibilité d'expérimenter les conséquences des interactions avec diverses personnes et d'explorer des environnements physiques nouveaux.

Sroufe et Waters (1977) insistent sur l'absence de valeur absolue des différentes conduites d'attachement, comme la recherche de proximité. Selon le contexte, selon l'âge de l'enfant, une même conduite peut prendre des significations différentes et, inversement, des conduites différentes peuvent servir le même objectif. On l'a déjà dit auparavant, en s'élargissant, le répertoire de l'enfant permet à celui-ci d'emprunter plusieurs chemins pour atteindre un même but.

Par ailleurs, MacDonald (1992) fait remarquer que ce sur quoi on met l'accent avec le paradigme de la situation étrange, c'est un ensemble de comportements motivés par la peur qui néglige les émotions positives. Il faudrait distinguer deux systèmes indépendants : un qui vise à la suppression des émotions négatives et un qui renforce l'attrait et l'expression de la chaleur émotionnelle. En clair, une mère qui est efficace pour rassurer son enfant n'est pas nécessairement une mère chaleureuse. Elle peut savoir le consoler, mais ne pas être ajustée dans les autres types d'échange : elle peut être intrusive, surstimulante, etc. Ces deux systèmes auraient une base biologique et varient selon les cultures, tout comme leur combinaison. Cela pourrait expliquer les pourcentages différents de patterns d'attachement observés dans différents pays (Keller, Völker et Zach, 1997), tout comme la présence de conduites d'attachement chez des enfants dont les parents n'expriment aucune chaleur, voire même maltraitent leurs enfants. Cependant, recherche de proximité en cas de détresse et partage émotionnel ne sont probablement pas indépendants et influencent tous deux le type d'attachement construit par l'enfant (de Wolff et Van Ijzendoorn, 1997, MacDonald, 1992). Il conviendrait de préciser les relations entre ces deux dimensions et leurs effets sur le développement à long terme, car des recherches indiquent déjà des liens entre des troubles du comportement social et la carence émotionnelle parentale, tout comme avec le type d'attachement évalué avec la situation étrange.

L'accès aux représentations d'attachement adulte telle qu'elle a été initiée par M. Main et I. Breteherton ouvre aujourd'hui les chercheurs à un autre versant d'étude dans ce champ théorique : celui des représentations, donnant forme au concept de « working internal model » énoncé par Bowlby. Les premiers résultats dans ce domaine valident d'abord certains des résultats obtenus dans les recherches comportementales – les catégories de l'AAI de Main correspondent aux qualités d'attachement énoncées par Ainsworth – et proposent des axes explicatifs aux mécanismes de transmission intergénérationnelle : il existe des corrélations très fortes (environ 80 %) entre le type de réponse de la mère à l'AAI et le type d'attachement de son bébé tel qu'il apparaît dans la Strange Situation (Golse, 1999). Toutefois, deux questions se posent à la lecture des travaux de Main. La première concerne la question du déterminisme, la seconde concerne les relations entre langage et mémoire et donc de la continuité entre l'attachement chez l'enfant et chez l'adulte. « Vraisemblablement, les continuités et les discontinuités sont liées à la manière dont les représentations d'attachement basées sur le langage s'établissent au cours du développement » (Grossmann et Grossmann, 1998, p. 60). L'attachement se construit dès les premières semaines de vie, tandis que le langage se développe pendant l'enfance et intègre des propriétés complexes comme l'abstraction et la réflexion. On peut légitimement faire l'hypothèse que le langage risque de déformer les expériences émotionnelles, voire de les exclure. Cela dit, pour Main, les représentations de l'attachement dépendent de la construction du vécu en relation étroite avec les parents. Les événements vécus, heureux ou malheureux pourraient donner lieu à des narratifs cohérents ou non avec ces événements. Ainsi, l'expérience d'une mère insensible pourrait être suivie d'une construction de narratifs positifs des relations d'attachement. C'est ce que Main appelle le groupe des « sécurisés acquis » (Grossmann et Grossmann, 1998).

La procédure de codage des narratifs maternels de Main est calquée sur la catégorisation de l'attachement d'Ainsworth. On peut se demander si ce codage ne « force » pas (Pierrehumbert, 2000) les données dans le sens des hypothèses de l'auteur et il n'est alors peut-être pas surprenant de trouver des corrélations aussi élevées.

Enfin, chaque individu construit sa propre histoire non seulement en fonction de ce qu'il a vécu mais aussi en fonction de ce que les événements représentent pour lui. À partir des travaux de Bowlby et de Damasio, Pierrehumbert (2000) propose de distinguer « un soi épisodique (fondé sur la remémoration épisodique des événements) et un soi sémantique (le soi de l'histoire que le sujet se raconte de lui-même et dont il est à la fois l'auteur et le héros) » (p. 43). Il peut y avoir un écart entre le soi épisodique et le soi sémantique.

S'il y a une relation entre l'attachement vécu par une mère avec ses parents et l'attachement développé par son propre enfant, ce n'est certainement pas une relation simple et directe. Les aspects culturels jouent un rôle comme l'ont montré Sagi, Van IJzendoorn *et alii* (1997) dans une étude portant sur les enfants élevés en kibboutz. Une correspondance de 76 % entre l'AAI et la classification à la situation étrange est trouvée chez les enfants qui rentrent dormir tous les soirs chez leurs parents. Elle n'est que de 40 % chez ceux qui restent dormir au kibboutz.

Le rôle du père, peu étudié dans cette problématique, ne semble pas être le même que celui de la mère. Pierrehumbert (2000) fait l'hypothèse que ce dernier jouerait surtout un rôle dans la construction du soi sémantique.

Certains psychanalystes spécialistes du bébé : Cyrulnik, Stern, Fonagy n'hésitent pas à s'appuyer sur certains concepts de la théorie de l'attachement pour développer leur pratique clinique. C'est vraisemblablement dans ce champ de la psychopathologie développementale que dans les années à venir, le cadre théorique de l'attachement sera amené à connaître de nouveaux développements.

RÉSUMÉ

La théorie de l'attachement formulée en 1958 par Bowlby décrit les mécanismes rendant compte de l'établissement des liens entre le petit et sa mère. Cette théorie est inspirée des travaux éthologiques sur l'empreinte, conduite innée permettant au petit de suivre le premier objet mobile qu'il voit et qui est généralement la mère. La valeur adaptative de ce comportement est évidente puisqu'il permet au petit, en favorisant la proximité avec le congénère adulte, d'être protégé, d'apprendre les caractéristiques des membres de son espèce, mais aussi de s'intégrer au groupe social, d'en apprendre les règles.

L'attachement repose sur des mécanismes similaires à ceux de l'empreinte : les caractéristiques innées du bébé lui permettent de favoriser la recherche de proximité avec l'adulte. Les observations de psychanalystes comme Spitz montrent les effets perturbateurs sur le développement de l'enfant lorsqu'il y a l'impossibilité d'établir ou de maintenir un attachement privilégié.

Les travaux ultérieurs ont confirmé non seulement la nécessité pour l'enfant de l'établissement de liens privilégiés, mais ont montré également les variations qualitatives qui pouvaient exister dans l'attachement, variations liées entre autres aux caractéristiques des modalités de réponse de l'adulte. Ils témoignent aussi de l'influence de la qualité du lien sur de nombreux aspects développementaux.

À la suite des travaux de Main éclairant certains phénomènes de transmission transgénérationnelle, la théorie de l'attachement est devenue une référence en psychopathologie développementale.

CHAPITRE

5

Les conditions du développement affectif

1. L'équipement neurologique de base
2. Les modalités sensorielles

Quelle que soit l'orientation théorique des auteurs, il existe un consensus pour reconnaître que l'affectivité de l'enfant et la construction de sa personnalité se font grâce et par les interactions avec autrui.

Un second accord porte sur la reconnaissance de l'activité du bébé dans l'organisation des interactions. Cette activité, comme on le verra, est soutenue, enrichie, ou entravée par les adultes qui s'occupent de l'enfant.

La grande impéritie du bébé, l'absence de techniques permettant de mettre en évidence les compétences du nouveau-né, l'asymétrie extrême entre le répertoire de l'adulte et celui du bébé, ont longtemps conduit à considérer celui-ci comme un être passif, entièrement soumis à ses états organiques et disposant seulement comme activité volontaire de la capacité d'exprimer ses états de malaise par des cris et des pleurs.

Cette double nécessité – non suffisante – d'une activité autonome et d'interaction conduit à faire de l'enfant un portrait mettant l'accent sur ses compétences à communiquer.

En fait, cette option n'est pas récente puisque Wallon, dès 1934, décrivait le bébé comme un être orienté vers le milieu humain de par ses caractéristiques biologiques. Il avait même établi une relation causale entre l'incapacité du petit de l'homme à subvenir à ses propres besoins et la dépendance à l'égard de l'adulte, la première condition engendrant la seconde : faute de pouvoir satisfaire ses besoins les plus élémentaires, du moins le bébé dispose de la capacité à les exprimer, de les indiquer à autrui.

« Donc les premiers gestes qui soient utiles à l'enfant, ce ne sont pas des gestes qui lui permettront de s'approprier les objets du monde extérieur ou de les éviter, ce sont des gestes tournés vers les personnes, ce sont des gestes d'expression » (Wallon, 1952).

Depuis Wallon, de nombreux chercheurs ont étudié ces différents moyens d'expression qui constituent le répertoire des comportements de base du bébé ; leur morphologie, leurs déclencheurs, leur évolution, leurs fonctions sont bien connus.

Nous allons présenter ces différents moyens, conditions essentielles du développement affectif.

La description du répertoire de ces moyens ne suffit pas à rendre compte de leur fonction et de leur objectif. Les recherches dans ce domaine ne manquent pas. Psychologues, éthologues et psychanalystes s'intéressent aux conditions de mise en œuvre de ces moyens, en fonction de l'âge, du partenaire, du contexte, à la signification que prennent les messages aussi bien pour le receveur que pour l'émetteur, c'est-à-dire l'enfant lui-même. Le rôle des moyens d'expression dans la construction de la personne et dans la différenciation moi-autrui sera abordé dans le chapitre 10.

1. L'équipement neurologique de base

S'il est évident que le répertoire comportemental du bébé est plus pauvre que celui de l'enfant plus âgé, il est aussi, et paradoxalement, plus riche. En effet, au cours des premières semaines de vie, le bébé possède des montages réflexes qui disparaîtront progressivement sous l'effet de la maturation. Certains parmi ces réflexes dits archaïques (ou automatismes primaires) ont une valeur adaptative évidente, comme les réflexes buccaux ou d'évitement.

Nous n'avons pas l'intention de décrire ici l'ensemble de ces réflexes. Nous renvoyons à des ouvrages de référence pour une présentation détaillée (Koupernik et Dailly, 1968 ; Saint-Anne Dargassies, 1979, 1982).

Toutefois, on ne peut comprendre comment vont s'organiser les échanges avec le milieu si on ne tient pas compte de l'équipement réflexe que le bébé a à sa disposition. De même on ne peut négliger les caractéristiques toniques et posturales étroitement liées elles aussi à la maturation neurologique et qui ont une forte incidence sur la nature et la qualité de la communication adulte-enfant.

Ainsi, il nous paraît nécessaire d'évoquer le rôle de la motilité, des rythmies, des réflexes archaïques, du tempérament et du niveau de vigilance dans l'organisation des échanges avec autrui puisque toutes ces composantes constituent la base neurophysiologique du nourrisson à partir de laquelle l'affectivité va s'échafauder.

1.1 La motilité

On a vu (cf. chapitre 3) que les mouvements spontanés des nouveau-nés sont similaires à ceux que l'on peut observer in utero. La posture se caractérise par une grande hypotonie axiale (dos mou) et une grande hypertonie des muscles fléchisseurs au niveau des membres (bras et jambes pliés). Toutefois, l'extension des membres s'observe, notamment pendant les périodes de repos.

L'hypotonie de l'axe corporel pendant les premiers mois de la vie entraîne une dépendance totale de l'enfant à l'égard de l'entourage, puisque non seulement il ne peut se déplacer, mais il ne peut même pas changer de posture seul. Cette incapacité suscite de fréquentes prises dans les bras et manipulations par l'adulte. On sait que c'est pendant les six premiers mois que le contact proximal est le plus fréquent. L'autonomie posturale acquise après six mois permet à l'enfant d'être plus indépendant dans ses déplacements (à quatre pattes) et modifie aussi les conduites alimentaires : il peut être nourri assis sur une chaise et non plus seulement dans les bras de l'adulte. Les progrès posturaux permettent donc un début d'éloignement avec l'adulte favorisant l'autonomisation de l'enfant.

L'acquisition de la marche va considérablement modifier les rapports que l'enfant entretient non seulement avec l'environnement physique mais aussi avec son entourage, car il va être confronté de manière répétitive à des interdits formels qui visent à assurer sa sécurité, mais qui sont souvent frustrants pour lui.

L'évolution, si elle est la même pour tous les membres de l'espèce humaine, s'accompagne de variations interindividuelles. Ainsi, on distingue des enfants hypertoniques (plus raides, plus actifs et vifs) et des enfants hypotoniques (plus mous, placides). Stambak (1963) observe que ces deux types d'enfants développent des modalités d'échange différentes avec l'entourage qui lui-même ne réagit pas de la même manière selon que le bébé est hyper ou hypotonique. Le premier, plus remuant, sollicite plus les adultes, alors que le second est plus observateur, cultive l'échange à distance.

Les caractéristiques de l'enfant ne suffisent pas à rendre compte des modalités d'échange. Chaque adulte réagit de manière particulière à tel ou tel type d'enfant et renforcera ou bien ira à l'encontre de la réactivité de l'enfant.

1.2 Les rythmies

Il s'agit de conduites stéréotypées et répétitives qui concernent différentes parties du corps : ouverture-fermeture de la main, coups de pied, flexion-extension du bras ou de la jambe, roulements de tête… Leur rôle dans le développement de la motricité n'est pas clair, mais il est évident que les rythmies sont prises en compte par les adultes et influencent leurs interactions avec le bébé. Certaines rythmies sont associées à l'arrivée d'un adulte et sont interprétées comme des manifestations d'excitation positive. Inversement, d'autres sont clairement associées à des états désagréables et incitent l'adulte à les faire cesser (Streri, 1994).

1.3 Les réflexes archaïques

Ils jouent un rôle essentiel dans l'évaluation de la normalité neurologique de l'enfant qui vient de naître. Certains de ces réflexes, comme le réflexe de Moro, ou le réflexe de marche automatique, sont recherchés systématiquement même s'il est normal de ne pas les retrouver chez tous les enfants ni sous leur forme complète ni sous leur forme stéréotypée. Les indices cliniques qu'ils fournissent renseignent sur une éventuelle immaturité ou lésion du système nerveux central.

Dans les cas où ils sont normalement présents, ils traduisent les premières réponses de l'individu aux stimulations de l'environnement.

Ces réponses constituent un puissant renforçateur pour l'adulte. Par exemple, celui-ci va remarquer que lorsque la tétine du biberon ou le mamelon du sein heurte la commissure des lèvres ou le menton, le bébé va tourner sa tête en direction de la stimulation, rendant ainsi possible la saisie et de ce fait la succion alimentaire. Ce réflexe des points cardinaux a donc valeur de compétence aux yeux de l'adulte qui ira jusqu'à prêter à l'enfant une intention. Nous verrons que c'est à travers le sens que l'adulte confère aux conduites réflexes – donc sans conscience ni intentionnalité – qu'il permet à l'enfant de commencer d'identifier ses propres sensations. De même, le *grasping reflex,* qui provoque la fermeture automatique des doigts de l'enfant sur tout stimulus touchant sa paume, favorise un contact tonique avec l'adulte, lorsque celui-ci place un de ses doigts dans la main du bébé.

Outre leur valeur fonctionnelle, ces réflexes participent aussi à l'instauration des échanges avec autrui, bien qu'ils n'en constituent pas le support privilégié.

1.4 Le tempérament

L'équipement neurophysiologique inné se traduit très précocement de manière globale dans le tempérament. Ce terme désigne de façon générale les relations entre les caractéristiques physiologiques innées d'un individu et ses comportements. Toutefois, ces aspects constitutionnels vont êtres soumis aux avatars du développement et des expériences sociales.

Une typologie des tempéraments a été construite à partir de l'équilibre entre les quatre humeurs fondamentales décrites par Hippocrate (tempérament sanguin, colérique, nerveux, lymphatique). L'abandon de la théorie des humeurs n'a pas empêché que l'on continue de rechercher des typologies basées sur les caractéristiques neurophysiologiques. À partir des années 50, Thomas, Chess *et alii* (1963, 1968) ont lancé une étude longitudinale portant sur 133 sujets, suivis de la naissance à l'âge adulte. Ils déterminent un ensemble de traits permettant d'établir des différenciations nettes entre enfants :

– 1 : établissement des rythmes (faim, veille-sommeil),

– 2 : réaction d'approche-retrait (réaction à un stimulus nouveau),

– 3 : adaptabilité (adaptation aux situations nouvelles),

– 4 : qualité des émotions,

– 5 : intensité des réactions émotionnelles,

– 6 : activité motrice,

– 7 : persistance des capacités d'attention,

– 8 : distractibilité (réaction à l'interférence entre deux stimuli),

– 9 : seuil de réactivité.

Parmi ces neuf traits, les cinq premiers permettent de situer l'enfant sur un axe « facile-difficile ».

Les auteurs distinguent trois groupes d'enfants :

– les enfants faciles : ils s'adaptent rapidement et facilement aux situations nouvelles, ont des émotions positives en majorité et d'intensité modérée ;

– les enfants difficiles : leurs rythmes sont irréguliers, les émotions négatives et intenses, leur adaptation aux changements, difficile ;

– les enfants lents à réchauffer : ils présentent des réactions de faible intensité, un faible niveau d'activité, une adaptation lente à la nouveauté.

La dimension longitudinale de l'étude a permis de montrer que les enfants présentant un tempérament difficile présentaient plus que les autres des difficultés à l'âge adulte. Ces résultats ont été confirmés par des recherches plus récentes (Caspi *et alii*, 1996) : un tempérament difficile pendant les premières années permet de prédire des difficultés psychosociales à l'adolescence et à l'âge adulte. Les enfants évalués à 3 ans (ils sont nés en 1972 et 1973) le sont de nouveau à 21. La dépression à l'âge adulte est associée au tempérament inhibé à 3 ans, tandis que les comportements antisociaux sont liés au tempérament difficile. Les deux groupes ont pour point commun à l'âge adulte de faire plus de tentatives de suicide que les sujets ayant un tempérament facile.

Pour ces auteurs, il va de soi que ces caractéristiques tempéramentales ne peuvent expliquer à elles seules les comportements de l'enfant et la qualité des interactions avec autrui. Leur modèle est interactionniste : ce qui influence le développement psychologique de l'enfant ce sont les spécificités des pratiques et attitudes parentales, ainsi que les facteurs de l'environnement intra et extrafamilial en interaction avec les caractéristiques tempéramentales et autres variables organismiques de l'enfant. On imagine assez bien que les trois types d'enfants décrits plus haut ne suscitent pas chez les adultes qui s'en occupent les mêmes types de réaction. Selon sa personnalité, son expérience, ses attentes, l'adulte atténuera ou renforcera certains traits de l'enfant. Un enfant « lent à réchauffer » pourra faire l'objet d'une relative négligence vu son peu de sollicitation et la faiblesse de ses réactions ou au contraire d'une surstimulation visant à le faire réagir à tout prix. Selon les moments, un même adulte sera disponible et sensible aux signaux ténus émis par l'enfant ou au contraire indifférent.

Aujourd'hui, le tempérament est inclus dans le domaine plus général de la personnalité. Il désigne les différences interindividuelles dans les processus psychologiques de base constituant les dimensions affectives, attentionnelles et réactionnelles de la personnalité et de son développement.

Rothbart et Bates (1998) définissent le tempérament comme les caractéristiques constitutionnelles d'un individu en matière de réactivité émotionnelle, motrice et attentionnelle, ainsi que d'autorégulation. Le terme constitutionnel souligne les bases biologiques du tempérament, influencées par le patrimoine génétique, la maturation et l'expérience.

Une des questions qui se pose concerne les changements des systèmes impliqués dans le tempérament au cours du développement. Les tout premiers systèmes de réactivité émotionnelle et d'approche sont remplacés par deux autres systèmes liés entre eux. Le premier implique l'inhibition de l'action et l'expression émotionnelle et il est lié à la peur (timidité) à la fin de la première année de la vie. Le second, qui concerne le contrôle de l'attention se développe au cours de la période préscolaire et au-delà. Outre ses liens avec l'attachement (cf. p. 47), le tempérament a également été étudié en relation avec l'ajustement (cf. p. 88). Ce dernier est en effet considéré comme régulateur du tempérament. Toutefois, on ne dispose pas aujourd'hui de modèle mettant clairement en évidence l'interaction entre tempérament et ajustement au cours du développement (Rotthbart et Bates, 1998).

Les neuf dimensions d'origine sont réduites à quatre : affect positif et approche, affectivité négative, contrôle de l'attention et orientation sociale. Ces grandes dimensions sont sous-tendues par des composantes plus étroites comme, par exemple, dans le registre négatif, la peur, la tristesse, la détresse face à la séparation... De nombreuses questions restent encore sans réponse : quels sont les effets des expériences, négatives ou positives, sur une éventuelle modification du tempérament ou du moins de certaines de ses dimensions (Jetté *et alii*, 2000) ? Quels sont les soubassements neurochimiques de ces dimensions... ? Si on ajoute à ces réflexions les problèmes posés par l'évaluation du tempérament, on peut conclure qu'il s'agit encore aujourd'hui d'un concept flou, mais probablement utile, ne serait-ce que parce qu'il est à l'origine d'un champ de recherche ouvert et fécond.

1.5 Le niveau de vigilance

Le niveau de vigilance joue un rôle important dans l'établissement des interactions. Wolff (1964) a décrit six états allant du sommeil profond (1) à l'agitation motrice accompagnée de cris (6). C'est au cours de l'état de veille attentive (4) et secondairement de veille active (5) que le bébé est le plus disponible pour communiquer avec l'entourage.

Cet état de veille attentive est rare et de courte durée à la naissance, mais augmente progressivement dès les premières semaines ; il faut donc en tenir compte lorsque l'on cherche à établir un contact avec le bébé. Lebovici (1983), après Brazelton, fait remarquer que les états du bébé constituent une communication en tant que telle, car à travers les changements d'état, l'adulte peut observer les effets de ses propres stimulations sur son enfant.

Il existe des différences individuelles importantes non seulement pour les niveaux de vigilance, mais aussi pour l'irritabilité et la consolabilité. Korner (1974) décrit des enfants pleurant beaucoup plus que les autres ; la fréquence de ces pleurs a des répercussions sur les interactions : plus un bébé pleure, plus l'adulte lui répond. Toutefois, cette dimension est inséparable de la consolabilité, c'est-à-dire de la résistance des pleurs du bébé aux réconforts de l'adulte. Un enfant difficile à consoler, quels que soient les moyens mis en œuvre, peut entraîner chez l'adulte des réactions de culpabilité, d'échec, voire de rejet, altérant la qualité des échanges et aggravant les difficultés de l'enfant (cf. *supra*).

2. Les modalités sensorielles

Elles sont toutes fonctionnelles dès la naissance – on a vu que la plupart le sont déjà *in utero* – même si elles continuent de se développer après, sous la double influence de la maturation et de l'expérience (stimulations fournies par le milieu humain et physique).

Les propriétés des capacités sensorielles et perceptives, conditions de l'échange avec autrui, indiquent une orientation préférentielle vers les caractéristiques de l'humain. Autrement dit, les meilleurs stimuli pour susciter une réponse chez le bébé sont des stimuli produits par les congénères.

2.1 L'olfaction

Le bébé reconnaît très tôt sa mère grâce à l'olfaction. Ainsi, les travaux de McFarlane (1975) montrent que dès six jours les bébés tournent préférentiellement la tête vers une compresse imprégnée de l'odeur du sein de la mère. En utilisant la même méthodologie, c'est-à-dire en comparant les orientations de la tête du bébé vers une compresse placée de chaque côté de son visage (l'une étant imprégnée de l'odeur de sa mère, l'autre de celle d'une autre femme ou bien sans odeur), Schaal (1986) constate en outre, dès le troisième jour de vie, une diminution de l'activité motrice du bébé, indice d'apaisement, quand on lui fait sentir une compresse portée par sa mère, diminution significativement plus importante que lorsqu'on lui fait sentir une compresse portée par une autre femme.

Ces compresses sont imprégnées de l'odeur de la peau du cou qui comporte l'odeur des sécrétions naturelles, mais pas du lait, et aussi celles des cosmétiques (savons, crème, parfum), susceptibles d'être utilisés par chaque mère.

On peut penser que cette discrimination précoce intervient pour renforcer le contact proximal avec l'adulte qui perçoit en retour l'effet positif de cet échange avec son bébé.

En ce qui concerne l'odeur du lait, les bébés marquent aussi leur préférence pour l'odeur du lait de leur mère (Schaal, 1986) et même les bébés nourris au biberon préfèrent l'odeur du lait maternel à celle du lait qu'ils consomment (Schaal *et alii*, 1996).

Schaal (1986) étudie également la reconnaissance de l'odeur du bébé par sa mère. Elle apparaît dès le deuxième jour de vie de l'enfant. Les mères qui ont le plus de difficultés pour discriminer l'odeur de leur bébé sont celles qui n'ont pas bénéficié d'un contact prolongé avec lui, immédiatement après l'accouchement. L'évaluation positive de l'odeur du bébé est une condition favorable aux interactions de bonne qualité avec l'enfant, lui-même apaisé par l'odeur maternelle.

Cet effet dure plusieurs années. Montagner (1978) a montré que les enfants jusqu'à 2-3 ans sont réconfortés par la présence d'un mouchoir ou d'un *tee-shirt* porté par leur mère. La conservation avec eux d'un tissu imprégné de l'odeur de la mère leur permet de s'apaiser lorsqu'ils ont été victimes d'une agression par exemple.

Les réactions aux odeurs sont le résultat de familiarisations et d'apprentissages ante et post-natals. Les recherches expérimentales de Soussignan et Schaal (2001) mettent en évidence les réactions positives à l'odeur d'anis chez des bébés dont les mères ont consommé des produits anisés pendant les dix derniers jours de grossesse. L'odeur a imprégné le liquide amniotique et les bébés non seulement reconnaissent cette odeur, mais y réagissent positivement, contrairement aux nouveau-nés du groupe contrôle qui n'ont pas été familiarisés à ce parfum et qui y réagissent négativement (mimiques de dégoût).

2.2 La sensibilité gustative

Cette modalité, ignorée il y a encore peu de temps chez les enfants, est maintenant bien connue et s'avère jouer un rôle non négligeable dans le répertoire des moyens expressifs de l'enfant. Toutefois, les connaissances actuelles seront soumises à révision dans la mesure où elles font référence à la distinction classique du goût en quatre saveurs de base, alors qu'on sait maintenant qu'il s'agit d'un continuum sensoriel dans lequel il est arbitraire de délimiter des frontières nettes (Faurion, 1996).

Steiner en 1973 décrit une réaction réflexe présente dès la naissance, provoquée par chacune des quatre saveurs de base que l'organisme humain est capable de discriminer (en fait, il semble que ce soit Preyer, qui le premier a décrit ces quatre réactions réflexes dès 1897, découverte tombée dans l'oubli jusqu'en 1973).

Chaque saveur déclenche une mimique spécifique identique pour tous les enfants, que Steiner nomme le réflexe gusto-facial. Chiva (1985) observe des enfants de la naissance à 2 ans et retrouve dès les premières heures de vie ces quatre réponses :

– sucré : visage détendu, ébauche de sourire, tétée ou clappement de langue ;

– acide : yeux plissés, froncement de la racine du nez, protrusion des lèvres ;

– amer : bouche ouverte, plissement du front, mouvements comme pour vomir ;

– salé : froncement du nez, plissement des lèvres, mouvements des joues et de la bouche.

Toutefois, des travaux récents indiquent que les bébés ne présentent pas de réactions négatives aux solutions salées pendant les six premiers mois de vie (Ton Nu, 1996). Il est vrai que le sel est un nutriment indispensable pour l'organisme et si, à partir de 18 mois, les enfants rejettent de plus en plus les solutions salées, leur attrait pour les aliments salés augmente (Streri, 1999).

Il est bien confirmé cependant que le sucré est la seule saveur à déclencher une réponse positive et que son appétence est génétiquement programmée. Les autres goûts déclenchent des mimiques qui sont immédiatement interprétées par l'adulte comme négatives : le bébé « n'aime pas » le salé, l'amer et l'acide. C'est cette interprétation des réponses de l'enfant par l'adulte qui rend compte de l'inscription du réflexe dans une relation et sa transformation en une conduite plus ou moins intentionnelle, comme on va le voir.

Dès 6 mois, parfois 4, des différences interindividuelles commencent à apparaître, certains enfants réagissant aux substances beaucoup plus fortement que d'autres, qui présentent des réponses plus atténuées. Mais pour chaque enfant, les modalités de réactivité changent peu.

En revanche, la mise en œuvre et l'utilisation de ces réponses vont considérablement changer au cours des deux premières années. Chiva distingue trois périodes. La première, jusqu'à 6 mois, est celle où le réflexe est automatiquement déclenché après la stimulation et n'est pas orienté vers autrui. La seconde, de 9 à 14 mois, où la réponse réflexe s'atténue, se module. La troisième période apparaît vers 16 mois et « le changement est spectaculaire. Jusqu'alors l'enfant semblait subir la situation, maintenant c'est lui qui paraît prendre l'initiative… on assiste à l'utilisation délibérée par l'enfant de ses mimiques » (Chiva, 1985, p. 146).

Souvent la mimique est exagérée, délibérément tournée vers l'adulte, explicitement utilisée comme moyen de se faire comprendre et de solliciter une réponse.

2.3 La sensibilité tactile

Cette modalité constitue une composante essentielle de l'interaction avec les adultes et depuis longtemps on sait qu'elle joue un rôle important dans la régulation de la vigilance (apaisement du bébé ou au contraire augmentation de la réactivité). Cependant, c'est une modalité peu étudiée dans sa dimension affective et de communication, alors qu'elle fait l'objet de nombreux travaux dans le domaine cognitif (perception et saisie des objets). Il est vrai que le toucher implique de nombreuses composantes qui en font un stimulus complexe : durée, intensité, localisation, fréquence, température de la peau et qu'il faut également le mettre en relation avec la réceptivité et l'état émotionnel du bébé (Hertenstein, 2002). Enfin, toute stimulation tactile intervient dans un contexte puisqu'elle n'est jamais isolée. Elle s'accompagne de stimulations faisant intervenir d'autres modalités sensorielles (vue, audition, olfaction). On comprend dans ces conditions que bien qu'admettant le rôle essentiel du toucher dans la communication, la majorité des chercheurs l'ignorent dans leurs travaux (Muir, 2002).

Des travaux expérimentaux montrent que dès les premiers mois de la vie les bébés différencient leur mère d'une autre personne, en adoptant des réponses posturo-cinétiques en fonction de chacune d'elles (Widmer-Robert Tissot, 1981). L'enfant n'adopte pas les mêmes postures selon la personne qui le prend dans ses bras : avec la personne qui lui est la plus familière, et c'est généralement la mère, les bébés se moulent sur le corps de l'adulte et se blottissent contre elle. Ces observations soulignent l'intérêt de ne pas séparer, même s'il s'agit de sensibilités différentes, toucher et sensibilité kinesthésique.

Robin (1986a) compare les comportements tactiles de la mère envers son nouveau-né selon différents paramètres : mère primi ou multipare, bébé fille ou garçon, prématuré ou né à terme. La seule différence significative au cours de la première semaine concerne le sexe : les mères caressent plus les filles que les garçons. En particulier, les contacts non utilitaires, c'est-à-dire, liés ni à l'alimentation ni au change, sont deux fois plus nombreux pour les filles (caresses du visage et des mains).

Des recherches récentes mettent en évidence que des stimulations tactiles ajoutées à d'autres stimulations, visuelles et auditives, déclenchent plus de sourires et de vocalisations chez des bébés âgés de un mois et demi à trois mois et demi que les seuls renforcements visuels et auditifs, comme la vue du visage et la voix de l'adulte (Pelaez-Nogueras *et alii*, 1996, cité in Hertenstein, 2002).

Mais le toucher n'échappe pas aux effets de contexte comme le montre une recherche de Koester (1995, 2000, cité in Muir, 2002) portant sur la communication entre bébés sourds et leur mère. Les stimulations tactiles prodiguées par les mères semblent intenses, voire intrusives pour un public tout venant. Et pourtant les bébés sourient et semblent engagés dans une interaction très positive. Il est probable que ces mêmes stimulations seraient inadaptées pour des enfants entendants, comme si l'absence d'une modalité sensorielle entraînait une compensation avec d'autres modalités.

Des émotions ressenties par l'adulte peuvent être transmises au bébé par l'intermédiaire du toucher. Ces émotions positives et négatives semblent avoir des répercussions à long terme sur l'adaptation sociale des enfants (Hertenstein, 2002). Toutefois, on peut se demander si cette variable à elle seule rend compte de leurs émotions et de leurs conduites ultérieures. On peut faire l'hypothèse qu'elle ne constitue qu'un élément dans un ensemble dont les multiples caractéristiques vont influencer, positivement ou négativement, le devenir des enfants.

Ajuriaguerra (1989) souligne l'importance de l'éthologie et de la psychanalyse dans la reconnaissance de l'importance du toucher pour le développement harmonieux de l'enfant. Les travaux sur les animaux, et notamment les primates, montrent la fonction sécurisante du contact peau à peau.

Ce même auteur souligne la nécessité d'élargir pour le petit de l'homme la notion de toucher lors de l'interaction et d'inclure l'agrippement (qui est manuel, mais aussi visuel), l'embrassement (au sens de tendre et prendre dans les bras), le baiser, les blettissements…

Chez les psychanalystes, ce sont surtout Winnicott et Anzieu qui ont conféré un rôle essentiel à la peau et à la sensibilité tactile.

Winnicott a souligné l'importance dans le développement de l'affectivité et de la personnalité de l'enfant du *handling* et du *holding*. Le premier terme désigne la manière dont l'enfant est manipulé, le second la manière dont il est porté. En fait, ces deux notions englobent un ensemble d'expériences essentielles au début de la vie du nourrisson qui ne se limitent pas aux seuls aspects tactiles et kinesthésiques. Dans la manière de porter l'enfant, l'adulte exprime ses dispositions, sa sensibilité à l'égard du bébé.

Anzieu, en forgeant le concept de « moi-peau » (1985) reste proche des conceptions de Winnicott puisque parmi les neuf fonctions qui définissent le « moi-peau », les deux premières désignent explicitement le *holding* (le « moi-peau » sert à la maintenance du psychisme) et le *handling* (il constitue l'enveloppe de l'appareil psychique). Les pulsions de l'enfant et les attitudes des adultes à l'égard du toucher vont influencer la construction de cette enveloppe, à la fois réalité biologique et psychique.

D'autres fonctions sont attribuées par Anzieu au « moi-peau » (par exemple pare-excitation, individuation…), conférant une importance majeure à cette modalité sensorielle qu'est la sensibilité tactile, trop négligée au profit de la vision et de l'audition. La peau est avant tout une frontière entre soi et le monde extérieur et, à ce titre, la sensibilité tactile intervient donc directement dans la construction de l'identité. Mais en tant que frontière, la peau est aussi un « interface » qui permet d'entrer en relation avec le monde extérieur et d'être le lieu de symptômes inscrivant à ce niveau précis la souffrance psychique de l'individu.

2.4 L'audition

On connaît bien les réactions postnatales des bébés à différents stimuli auditifs. On sait qu'ils constituent le meilleur moyen, avec la stimulation cutanée, pour éveiller l'enfant, de maintenir un haut niveau de vigilance.

Les sons, présentés de chaque côté de la tête dès la naissance, déclenchent souvent des réactions d'orientation : le bébé tourne la tête et les yeux en direction du stimulus.

Les chercheurs utilisent notamment la technique de la succion non nutritive pour étudier les capacités de discrimination auditive des bébés : le rythme de la succion d'une tétine reliée à un ordinateur change en fonction des stimuli que le bébé identifie. On a pu montrer que dès les premiers jours de vie, le bébé présente une possibilité de discrimination des sons du langage aussi fine que celle des adultes (Mehler, 1978). Il semble particulièrement sensible aux caractéristiques prosodiques du langage, à l'intonation en particulier. Ce sont ces caractéristiques qui jouent un rôle important dans la reconnaissance précoce par le bébé de la voix de sa mère (Mehler, 1978). En effet, si on les modifie artificiellement (ralentissement de la cadence, inversion de l'ordre des mots), il n'y a plus reconnaissance. De plus, l'enfant ne préfère la voix de sa mère que si elle s'adresse réellement à lui. Si elle lit un texte de droite à gauche, ou sans signification, le bébé se désintéresse rapidement de ce stimulus.

Les travaux de De Casper et Fifer (1980) sur des nouveau-nés de 1 à 3 jours mettent en évidence la discrimination entre un texte connu (parce qu'entendu plusieurs fois pendant la vie intra-utérine) et un texte nouveau. Le comportement du bébé irait dans le sens d'une préférence pour le connu. Pour De Casper, l'interprétation va dans le sens d'une familiarisation prénatale à certains sons déterminant une hiérarchie des préférences acoustiques après la naissance : voix maternelle, voix féminines, voix paternelle, voix masculines.

Une autre recherche de De Casper et Spence (citée par de Boysson-Bardies, 1996) indique que le fœtus sait reconnaître un poème qu'il a « appris » in utero avec la voix maternelle, même lorsqu'il est lu par une autre femme. En revanche, ils ne réagissent pas à un autre poème lu par la mère.

On peut donc en conclure qu'une familiarisation avec la langue maternelle a lieu dans les derniers mois de la vie prénatale. Cet « entraînement » est à relier avec l'acquisition de la langue qui aboutira à la production des premiers mots à la fin de la première année de la vie.

Si l'on peut penser que la discrimination des sons constitue une base pour l'acquisition des phonèmes de la langue, la discrimination des intonations et structures rythmiques joue un rôle dans l'échange affectif avec l'adulte, notamment parce qu'elle permet de différencier et donc d'identifier autrui.

2.5 La vision

Étant donné le rôle majeur qu'elle joue dans l'espèce humaine, c'est la modalité sensorielle la mieux étudiée, même si certaines propriétés du système visuel restent encore à préciser.

Entre les croyances qui supposaient que le bébé naît aveugle ou à l'inverse que sa vision était proche de celle d'un adulte, les faits semblent se situer entre ces deux extrêmes.

Comme tous les autres sens, celui-ci est fonctionnel dès la naissance, bien que l'inachèvement de la maturation rende certaines fonctions absentes ou incomplètes, comme la poursuite oculaire qui s'effectue de manière saccadée : l'œil « saute » pour suivre un objet qui se déplace. Toutefois la fixation est possible. L'acuité visuelle est faible, elle augmente rapidement jusqu'à 6 mois. À 4 ans, elle est identique, voire meilleure que celle des adultes. La perception des couleurs semble présente dès la naissance et possède à 4 mois, les mêmes caractéristiques que celle des adultes (Streri, 1994).

Le bébé est particulièrement attiré par les stimuli complexes, contrastés, mobiles et brillants. *A contrario*, il s'endort quand on lui présente un champ vide et homogène. Il est également sensible à la symétrie. Ce dernier point a des conséquences évidentes pour la perception des visages, mais joue aussi un rôle dans la perception des objets, notamment pour la compréhension de la tridimensionnalité (Streri, 1994).

Les propriétés des stimuli les plus efficaces pour attirer l'attention de l'enfant correspondent de manière privilégiée à celles du visage humain. De nombreuses recherches montrent la préférence pour le visage humain, quand on propose à l'enfant le choix entre un visage normal et un visage dans lequel les éléments sont placés de manière aberrante.

À la naissance, la reconnaissance des visages s'appuie sur les contours et notamment ceux de la chevelure. Le port d'un foulard, qui masque la limite front-cheveux, empêche la reconnaissance du visage maternel. À deux mois, la reconnaissance d'un visage familier s'appuie sur la configuration interne des traits (de Schonen et Livet, 1999). Mais des progrès restent encore à accomplir : reconnaître un visage sous un angle nouveau, avec des accessoires inconnus…

Les stratégies d'exploration visuelle semblent préprogrammées et procèdent, comme chez l'adulte, par fixation des angles, des frontières et saccades horizontales (Trevarthen *et alii*, 1975).

L'enfant semble disposer très précocement de la capacité à discriminer et à identifier les formes.

Bower (1978) souligne l'importance des capacités d'attention, et leur évolution, dans l'organisation perceptive. Ainsi, pour preuve « l'augmentation progressive du nombre d'éléments du visage nécessaires pour susciter le sourire » (p. 103).

Seuls les yeux sont nécessaires au début, mais, vers 24 semaines, la bouche largement étirée de l'adulte est nécessaire, puis l'enfant se concentrera sur l'expression faciale avec différenciation progressive des visages (30 semaines).

Certaines compétences visuelles vont se développer au cours de la première année, favorisant aussi bien l'exploration du monde environnant que la complexité des échanges avec autrui (élargissement du champ visuel, capture rapide d'un stimulus pour l'amener dans la région fovéale, poursuites oculaires rapides et complexes…).

2.6 Les coordinations sensorielles

L'enfant naît avec un ensemble de coordinations intersensorielles, qui ne sont pas encore toutes élucidées par les chercheurs.

Le réflexe d'orientation, c'est-à-dire le fait de tourner la tête et les yeux dans la direction d'une stimulation sonore, est l'exemple le plus évident d'une de ces coordinations, qui semble exister in utero (Haith, 1980, cité in Streri, 1994). Cette coordination a la particularité d'évoluer sous forme de courbe en U entre la naissance et 6 mois. La fréquence des réponses passe de 100 % à 45 % à 3 mois, pour atteindre de nouveau 100 % à 6 mois (Muir et Hains, 2000). Ce phénomène est concomitant avec l'augmentation significative du sourire social, c'est-à-dire, déclenché beaucoup plus par la vue d'un visage humain que par la voix.

Les relations intermodales favorisent une meilleure connaissance du monde extérieur : reconnaissance visuelle d'un objet perçu tactilement par exemple. La plupart des stimuli, qu'ils soient physiques ou humains, sont généralement susceptibles d'être appréhendés par plusieurs sens. La traduction d'informations sous différentes formes sensorielles permet une appréhension plus complète des objets ou des personnes et ainsi en accélère l'identification.

Les relations entre la vision et l'audition qui se construisent au cours des premiers mois de la vie assurent au bébé une cohérence dans les événements qu'il rencontre. C'est ainsi que les émotions sont perçues à travers ces deux modalités sensorielles. Si on présente à des bébés de 5 et 7 mois, une femme qui parle tristement et une femme qui parle gaiement, ils préfèrent regarder la personne dont la voix est cohérente avec l'événement filmé (Walker-Andrews, cité in Streri, 1999).

Pour la reconnaissance d'autrui, il est indispensable de faire référence à l'intermodalité sensorielle. Comme le souligne Lécuyer (1989), si la personne humaine, et en particulier le visage, constitue un des stimuli les plus attractifs pour le bébé, c'est qu'il permet une prise de connaissance multi-modale. On l'a vu précédemment, autrui est reconnu par l'odeur, la voix, le toucher et la vue (grâce au mouvement). Cette diversité des registres en jeu favorise une différenciation et une reconnaissance précoce des partenaires. C'est elle aussi qui permet dès l'âge de cinq semaines la discrimination entre les objets et les personnes : les premiers suscitent surtout des regards, tandis que les secondes déclenchent sourires et vocalisations.

En conclusion, la mise en œuvre dès la naissance de modalités sensorielles et de signaux constitue la base indispensable à l'établissement de tout échange avec autrui. L'ensemble des travaux récents indique qu'il y a une étroite correspondance entre les propriétés de l'humain et celles des modalités sensorielles : « Parce qu'ils rassemblent les caractéristiques structurales auxquelles l'équipement sensoriel et nerveux du nourrisson est particulièrement sensible, le visage, la voix humaine et sans doute l'odeur du lait humain, rencontrent chez le bébé des conditions privilégiées de réception » (Decerf, 1987).

RÉSUMÉ

Le développement affectif et social du jeune enfant est conditionné par son équipement neurologique et sensoriel, déterminé par l'hérédité.

L'équipement neurologique de base s'exprime à travers les caractéristiques toniques et posturales, le tempérament et le niveau de vigilance. Il conditionne la nature des échanges avec l'adulte : les manifestations du bébé constituent des indices pour les interventions de l'adulte. De plus, si l'on peut décrire un équipement commun pour tous les enfants, on observe des différences interindividuelles importantes aussi bien dans le tonus, que la vigilance et le tempérament. Ces différences sont responsables de l'organisation spécifique des échanges avec autrui dans la mesure où l'adulte ne réagit pas de la même manière à tous les types d'enfants.

Les modalités sensorielles jouent un rôle central dans la connaissance du monde extérieur et en particulier dans la connaissance des partenaires humains. La sensibilité gustative constitue un bon exemple de la transformation d'un réflexe en une action volontaire ayant un objectif de communication.

6

Les interactions adulte-enfant

1. Méthodes d'étude

Elles sont diverses, mais, depuis une trentaine années, l'intérêt pour l'étude des interactions s'est renouvelé grâce à la convergence entre différentes méthodes qui, jusque-là, coexistaient, voire s'ignoraient.

D'une part, il y a les observations directes, faites dans le milieu naturel ou en laboratoire. On peut y rattacher également les études expérimentales proprement dites. D'autre part, il y a les informations recueillies lors de psychothérapies d'enfants ou d'adultes, s'inscrivant principalement dans un contexte psychanalytique.

Ces deux méthodes – observation et analyse clinique – ont permis un nouvel éclairage des interactions adulte-enfant, tout particulièrement concernant la première année de la vie.

La première méthode décrit les interactions en terme de comportements manifestes sous forme de séquences d'échange entre deux partenaires ; disposant de compétences différentes mais également actifs. On peut ainsi décrire certains styles d'interaction caractérisant les couples mère-enfant ou père-enfant. L'accent est mis sur les comportements que l'on peut objectivement décrire : mouvements, mimiques, postures, langage, etc.

La seconde méthode recherche la signification latente des conduites manifestes, tout en qualifiant les affects véhiculés à travers les conduites :

angoisse, agressivité, fusion, etc. Mais à cause de son origine et de ses objectifs, elle met plus l'accent sur les troubles et perturbations au sein des interactions. Toutefois, des interactions harmonieuses ont aussi été décrites et étudiées par ces cliniciens, surtout par ceux qui sont à l'origine de cette nouvelle approche associant observation et analyse clinique psychanalytique : Stern, Brazelton, Cramer, Lebovici, Stoléru...

Ces auteurs ont reconnu la nécessité des observations objectives mais en ont aussi souligné les limites. On ne peut réellement comprendre ce qui s'instaure entre l'adulte et l'enfant, si l'on se contente des descriptions de type éthologique, car on néglige alors une dimension fondamentale de toute interaction humaine qui est l'affectivité. Celle-ci est considérée comme ayant une double composante, consciente et inconsciente. La mère s'adresse à son enfant réel, mais aussi à un enfant imaginaire, issu de ses rêveries et projections conscientes, et à un enfant fantasmatique, c'est-à-dire perçu à travers ses projections inconscientes, avatars de son propre développement et de sa propre histoire infantile (Lebovici, 1983).

Les psychosomaticiens ont montré l'intérêt de ce point de vue en psycho-pathologie du nourrisson. L'interprétation des conduites maternelles suffit dans bien des cas à faire disparaître les symptômes de l'enfant (coliques, insomnie...).

Cette option accorde un poids très (trop ?) lourd à la mère. Cependant, des travaux de plus en plus nombreux cherchent à préciser la spécificité des relations avec le père, ainsi qu'avec les autres adultes susceptibles de s'occuper de l'enfant *(caregiver)*.

Enfin, l'approche systémique considère l'ensemble des relations qui se tissent entre les différents membres de la famille, chacun des partenaires, bébé compris, recevant son rôle de l'ensemble du groupe : toute modification touchant un des éléments du groupe familial entraîne des changements et des réorganisations chez les autres membres.

S'appuyant sur le modèle écologique-systémique de Bronfenbrenner, Almodovar (1998) propose une conceptualisation descriptive du système familial. Il distingue le couple conjugal, extérieur à l'enfant où les relations du couple sont tournées l'un vers l'autre (exo-système pour l'enfant) du couple parental (microsystème) où les relations de ce même couple sont en référence à leur fonction parentale. Il identifie le groupe fraternel comme un autre microsystème pour l'enfant à l'intérieur de la famille. Couple parental et groupe fraternel constituant un méso-système du fait de l'articulation complexe entre ces deux milieux.

Le système familial serait donc un méso-système de second ordre composé pour chaque enfant d'un exo-système (le couple conjugal) et d'un méso-système de premier ordre : le couple parental en articulation avec le groupe fraternel. Une des caractéristiques de ce méso-système de premier ordre étant d'avoir une dimension verticale (microsystème parental) et une horizontale (microsystème fraternel). La distinction des réseaux relationnels que propose ce modèle constitue une référence importante dans les thérapies familiales sytémiques. Malheureusement cette approche est surtout appliquée aux adultes et enfants plus âgés et pourtant on voit quel parti on pourrait tirer de la systémique appliquée à l'interaction mère-enfant considérée par beaucoup comme premier système d'échange à partir duquel les autres vont se construire. Nombreux sont ceux qui décrivent des styles d'interaction, définis par les répétitions aisément repérables de séquences émises par l'adulte au cours des échanges, auxquelles répondent, après quelques mois, les répétitions de l'enfant, répétitions non pas en écho de celle de l'adulte mais différentes, propres au répertoire de l'enfant. Émissions de l'adulte, réponses de l'enfant sont propres à chaque dyade et la caractérisent.

2. Les moyens mis en œuvre dans les interactions

Les caractéristiques propres de chacun des partenaires doivent être prises en compte pour comprendre comment s'organisent les interactions au sein de chaque dyade. La grande asymétrie des deux partenaires confère aux interactions des propriétés particulières que l'on connaît bien maintenant, grâce à l'étude des différents signaux utilisés conjointement par l'adulte et le bébé.

Ces signaux sont disponibles dès la naissance et leur rôle dans l'établissement des échanges avec autrui est reconnu depuis longtemps. L'étude de leur signification, lancée par Darwin en 1872 dans sa recherche sur l'origine des émotions, quelque peu abandonnée par la suite, connaît depuis quelques années un nouvel essor. Les publications portant sur la communication non verbale et l'expression des émotions abondent.

Avant de décrire ces différents signaux, il faut noter qu'ils subissent tous le même changement de statut au cours du développement de l'enfant : ils passent « de la fonction indicatrice à la fonction conventionnalisée de l'expression » (Nadel, 1981). Les différents signaux sont expressifs en ce sens qu'ils sont porteurs d'expression pour le récepteur, mais pas obligatoirement pour l'émetteur. Progressivement, la distinction entre contenu exprimé et moyen d'expression va s'instaurer et la mise en œuvre de ces moyens répondra à l'intention de provoquer une réaction, une réponse du destinataire.

La distinction entre signifiant et signifié peut présenter des degrés différents. Elle est à son apogée quand la signification du geste est arbitrairement fixée par une convention et relève donc d'un apprentissage (contrairement aux signaux innés comme le sourire par exemple), tel qu'applaudir ou serrer la main (salutation).

L'influence du milieu s'exerce aussi sur les signaux innés : certains seront renforcés, imités, d'autres dévalorisés en fonction de normes psychosociales. L'enfant apprendra à les mettre en œuvre dans des situations diversifiées, moins stéréotypées, à les combiner, les nuancer.

2.1 Le regard

Il constitue le moyen de communication privilégié entre la mère et l'enfant. En se développant, les propriétés innées de la perception visuelle vont permettre au regard d'acquérir des capacités enrichissant, nuançant la valeur de communication et d'émotion de ce signal. Par exemple, le fait pour l'enfant de pouvoir fixer longuement son regard induit une autre qualité dans l'échange et le sentiment d'attachement, comparé aux fixations fugaces du bébé de moins de six semaines.

Robson et Moss (1975) notent que le regard du bébé fixant sa mère donnait à celle-ci l'impression de s'adresser vraiment à une personne. Ajuriaguerra parle à ce propos de « regard sortilège » pour le distinguer du « regard vision » d'ordre sensoriel (cité par Le Camus, 1985).

Avant ce contact œil à œil (Robson, 1967), les mères n'ont pas l'impression d'établir un véritable contact avec leur bébé. Dès qu'il les fixe, les mères peuvent aller jusqu'à penser que leur enfant les reconnaît. Même si cette compétence n'est effective que quelques mois plus tard, on imagine l'importance affective de cette interprétation qui repose d'ailleurs sur un des principes de base du développement humain : l'adulte traite toujours l'enfant comme s'il était doté de compétences supérieures à celles dont il dispose effectivement. Vigotsky a désigné sous le terme de « zone proximale de développement » l'écart entre compétence réelle et attentes à l'égard de l'enfant.

Lézine et alii (1976) constatent que, chez les enfants de 3 à 10 mois, le regard est le principal signal aussi bien pour solliciter l'adulte que pour lui répondre. Le regard de l'enfant à sa mère prolonge la durée de l'interaction. On peut se demander quelles sont les conséquences de l'absence de réponse par le regard tant du point de vue du bébé que de l'adulte.

Fraiberg (1974) décrit la difficulté que ressentent les mères de bébés aveugles à communiquer avec eux. Elles évoquent un sentiment d'étrangeté face à l'absence de regard mutuel et ont du mal à utiliser d'autres modalités d'échange, comme le contact physique, pour compenser cette déficience sensorielle, tant est forte la prégnance de la vision chez l'espèce humaine.

Les enfants dont les parents sont aveugles développent un syndrome particulier : l'évitement de la fixation du regard. Des mesures doivent donc être prises pour éviter à ces enfants de développer ce trouble du regard : il suffit tout simplement qu'ils aient la possibilité d'avoir des échanges visuels mutuels.

2.2 Le sourire

Ce signal, à valeur hautement positive, a fait l'objet de nombreuses recherches. De ce fait on connaît bien maintenant les caractéristiques du sourire, de son évolution et de ses déclencheurs.

Une des premières études est celle de Wolff (1963). Le sourire est présent dès la naissance, mais ne présente pas les caractéristiques morphologiques définitives. À cette période, il se présente sous la forme d'un simple relèvement des lèvres, sans participation des muscles oculaires. Ce sourire apparaît fréquemment pendant les états d'endormissement et semble en relation avec des sensations internes et l'activité électrique du système nerveux central. Depuis ces observations, on a confirmé que les premiers sourires interviennent pendant le sommeil. L'analyse de leurs caractéristiques permet de distinguer deux types de sourire : le sourire de Duchenne (en référence à un médecin français du XIXᵉ, pionnier de l'étude des expressions faciales) et le sourire bouche ouverte. Le premier, qui consiste en un étirement bilatéral des commissures des lèvres et un relèvement des joues, est beaucoup plus fréquent que le deuxième (Messinger *et alii*, 2002). La fréquence des sourires de Duchenne varie selon les enfants et l'on ne sait pas aujourd'hui s'il y a une relation entre ces manifestations pendant le sommeil et le sourire produit lorsque l'enfant est éveillé, en réponse à un stimulus social. Est-ce que les bébés qui au cours du premier mois sourient le plus lorsqu'ils dorment sont-ils ceux qui sourient également le plus quand ils sont éveillés ?

Dès la deuxième semaine, les bébés sourient en période d'éveil et la voix humaine devient de plus en plus efficace pour déclencher le sourire.

Au deuxième mois, le sourire est maintenant accompagné du plissement des yeux, d'un regard vif et d'un franc étirement des commissures des lèvres. À partir de six semaines, la vue d'un visage est un des meilleurs déclencheurs du sourire. Tout d'abord, la configuration yeux-front suffit à le déclencher. Au fur et à mesure que l'enfant grandit, il devient plus exigeant envers le stimulus qui doit être complet (yeux et bouche souriante). Wolff (1987) signale le changement de contrôle moteur dans l'apparition du sourire au cours des premiers mois. Vers un mois, le sourire apparaît lorsque l'immobilité des membres est totale, alors que deux ou trois mois plus tard, le sourire est souvent accompagné de mouvements des membres et de vocalisations. Plus l'enfant grandit, plus le sourire varie dans la forme, la fréquence et le lien avec d'autres manifestations expressives (plissement du nez, soulèvement des sourcils, clignements d'yeux…) ce qui permet d'exprimer une grande variété de sentiments et d'émotions (Fogel et Thelen, 1987).

Ce sourire au visage humain est considéré comme un sourire social. Toutefois, Dufoyer (1987) note que le premier sourire ne disparaît pas avec l'arrivée du sourire social. L'adulte même manifeste encore ce sourire discret dans des circonstances diverses : après un repas, en écoutant de la musique… On peut donc se demander si on doit considérer le sourire comme une réponse unique ou bien s'il faut différencier deux conduites, « l'une qui serait une simple réaction de détente, de bien-être, liée, comme dirait Wallon, au libre écoulement du tonus, l'autre qui serait communicative, un véritable acte moteur dirigé, une authentique relation sociale et émotionnelle » (Dufoyer, 1987).

C'est, avec le regard, un des signaux les plus recherchés et valorisés par l'adulte. Les adultes sourient eux-mêmes beaucoup pour déclencher cette réponse chez l'enfant. Après six mois, le sourire est perçu comme un signe positif de socialisation (Lézine *et alii*, 1976). Il s'intègre d'ailleurs dans un ensemble de mimiques faciales qui permet une grande richesse et des nuances variées d'expressions émotionnelles.

L'enfant perçoit les effets de son sourire sur autrui et en tire les bénéfices.

Les théoriciens de l'attachement font du sourire l'équivalent moteur des conduites de poursuite chez les petits d'animaux. Faute de pouvoir se déplacer pour maintenir la proximité avec l'adulte, le petit de l'homme dispose du sourire pour atteindre le même objectif.

Le sourire est un comportement inné, mais les renforcements apportés par le milieu humain contribuent à le développer. On a émis l'hypothèse que l'enfant réagissait avant tout à des stimulations visuelles et auditives complexes, et non à des stimulations humaines spécifiques. La configuration du visage humain est un excellent déclencheur du sourire, pas seulement à cause de sa complexité physique mais aussi parce que c'est un stimulus mobile et polysensoriel (cf. la partie traitant de la vision). Si l'enfant est préadapté à répondre, il lui faudra recevoir autre chose que des stimulations physiques pour permettre un développement normal du sourire. La réponse sourire de l'adulte va bien au-delà d'une simple configuration perceptive : elle accompagne et traduit un affect, et la réponse identique du bébé constitue déjà un début de la mutualité qui s'établit entre les partenaires.

Le rire, parfois considéré comme un prolongement du sourire (Darwin), a été très peu étudié. Wolff (1987) considère qu'il s'agit d'une expression émotionnelle qualitativement différente du sourire, tant du point de vue de sa morphologie (bouche ouverte, vocalisations explosives, participation motrice du tronc et des membres supérieurs, susceptibilité de pleurs et de perte de contrôle vésical), que des stimuli déclencheurs. Dans les premiers mois de la vie, ce sont les stimuli physiques, tel le chatouillement, qui déclenchent le rire. Ensuite ils font intervenir une dimension cognitive et une signification sociale : ce qui provoque le rire dans une situation dépend de la perception de certains traits qui relèvent d'une analyse intellectuelle et de l'appartenance à une culture. Le rire intervient sans aucun doute dans l'échange émotionnel, mais sa moindre fréquence, comparée aux autres signaux, et ses propriétés n'en font pas un élément essentiel de l'échange affectif ou social.

2.3 Les autres expressions faciales

Depuis Darwin, elles ont fait l'objet de nombreuses études. Leur répertoire est bien connu, ainsi que leur contexte d'utilisation.

Leur grande diversité dès la naissance témoigne de la complexité des coordinations neuromusculaires (réflexes). Elles suscitent chez l'adulte des interprétations qui, bien qu'elles ne correspondent pas à la réalité psychique du bébé (« air sérieux, ironique, rusé… »), l'introduisent immédiatement dans le monde humain des significations émotionnelles et des différences interindividuelles de personnalité (caractérisation psychologique).

Dans le chapitre précédent, on a vu que le bébé manifestait dès la naissance des réactions différenciées face aux quatre saveurs. Mais, fait remarquable, les mères reproduisent sur leur visage – et bien souvent sans s'en rendre compte – les mimiques suscitées par la saveur testée chez le bébé. Zazzo interprète cette réaction, qui se fait souvent en l'absence de regard réciproque (l'enfant ne voit pas sa mère lorsqu'il goûte les saveurs), comme un phénomène d'induction, de contagion émotionnelle. Il s'agit de mimétisme et non pas d'imitation consciente (Zazzo, 1985). Ce mimétisme maternel peut jouer le rôle de renforçateur pour les réponses de l'enfant et l'inciter à les utiliser dans les échanges avec autrui. On voit bien, là encore, comment une composante biologique se transforme en moyen de communication, grâce au sens, à l'interprétation conférés par l'adulte à des émissions d'origine réflexe.

De plus, les adultes réagissent à l'expression des préférences et dégoûts alimentaires de l'enfant, et selon leur personnalité, leurs expériences antérieures, ils seront plus ou moins tolérants à l'égard de ces manifestations. Des conflits peuvent surgir dans le cas d'un enfant jugé comme étant « difficile » par des parents considérant qu'un enfant doit manger de tout.

On a également recherché si les adultes utilisaient un répertoire particulier d'expressions faciales. La mère présente selon Stern (1977) cinq expressions utilisées de manière fréquente et stéréotypée dans l'interaction avec son enfant : la simulation de surprise (yeux écarquillés, bouche en O) ; le sourire ; le froncement de sourcils et le détournement de la tête et du regard (marque la fin de l'interaction) ; visage neutre et sans expression (marque l'évitement de l'interaction) ; l'expression « ô mon pauvre… » qui traduit la compassion en combinant expression de surprise simulée et froncement de sourcils.

2.4 L'imitation

L'imitation constitue un puissant moyen de communication et est mise en œuvre aussi bien par le bébé que par l'adulte.

Déjà Zazzo, en 1957, rapportait une série d'observations faites sur son fils à l'âge de 25, puis 37 jours. Il montrait que celui-ci tirait la langue en réponse à une émission identique de la part de son père.

Depuis les années 70, de nombreuses recherches ont confirmé l'existence de capacités imitatives chez les nouveau-nés (Meltzoff et Moore, 1977). Les imitations ne portent pas uniquement sur la protrusion de la langue, mais aussi sur l'ouverture de la bouche, des mouvements de la tête et des mains. Cette capacité serait innée (elle ne fait pas l'objet d'un apprentissage puisqu'elle est présente dès la naissance) mais elle ne correspond pas pour autant à un réflexe puisqu'elle peut être différée : les bébés sont capables de reproduire le mouvement qui leur a été présenté la veille, alors que l'adulte reste impassible devant eux (Meltzoff et Moore, 1999). De même, les bébés sont capables par approximations successives d'améliorer la qualité de leur reproduction. Le fait que cette imitation « disparaisse » vers 2-3 mois pouvait renforcer l'hypothèse d'un réflexe de type archaïque. Or, des recherches ont montré que si cette forme d'imitation ne pouvait plus être sollicitée chez les bébés c'est parce que ceux-ci ont entre temps appris de nouvelles manières de communiquer, beaucoup plus variées. En revanche, après avoir établi une familiarité dans la communication avec un bébé de trois mois, si on lui propose un modèle à imiter, il le reproduira (Meltzoff et Moore, 1992).

Comment expliquer alors cette compétence si précoce, alors que le bébé ne peut voir son visage et qu'il n'a probablement pas une connaissance des sensations proprioceptives (fournies par les mouvements) du modèle ? Meltzoof et Moore (1999) font l'hypothèse que l'imitation repose sur un processus de représentation intermodal. Les bébés utiliseraient leur *feed-back* proprioceptif pour comparer ce qu'ils ressentent à ce qu'ils voient. À cet âge, cette comparaison est possible parce que la perception (vue du modèle) et l'action (la reproduction du modèle) seraient traitées par un système commun supramodal. Autrement dit, tout stimulus perçu à l'aide d'une modalité trouve automatiquement sa correspondance dans une autre modalité (la perception visuelle de la langue de l'adulte initiant une équivalence proprioceptive : bouger sa propre langue).

Cette analyse ne fait pourtant pas l'unanimité. Elle ne tient pas compte notamment du fait que les bébés tirent la langue en réponse à un autre modèle que l'action similaire de l'adulte, par exemple un stylo animé de mouvement d'avancée et de recul. On voit bien que c'est la structure du mouvement, identique dans les deux cas qui a provoqué la réponse des bébés. Vinter (1993) fait l'hypothèse qu'il ne s'agit donc pas d'imitation au sens strict (reproduction sélective d'un modèle particulier) mais de l'expression d'une correspondance entre une information sensorielle et une efférence motrice. Cette correspondance terme à terme se traduirait par une réponse automatique du bébé en termes de mouvement. Le développement ultérieur permettrait un traitement perceptif précis des modèles engendrant une transformation qualitative radicale.

Quelle que soit l'hypothèse explicative, on peut cependant se demander quelle est la (ou les) fonction de cette imitation. Elle semble être éminemment sociale. Elle permettrait notamment au bébé de reconnaître ses partenaires et de progresser dans la différenciation moi-autrui. En faisant le lien entre ce qu'il voit chez l'autre et ce qu'il ressent, le bébé établit une similitude entre lui et les autres êtres humains, d'autant que les adultes sont prompts à imiter également les expressions du bébé. La correspondance qui s'établit entre les partenaires permet de comprendre la spécificité des actes humains et leur communauté. À partir de l'imitation néo-natale, le bébé apprendra que l'autre est comme lui non seulement du point de vue des actions (gestes, mimiques…) mais aussi de phénomènes psychiques plus complexes comme les désirs, les croyances et les intentions.

2.5 Les cris, les pleurs et les vocalisations

Les productions vocales et sonores du jeune enfant évoluent rapidement au cours des deux premières années de la vie. Les premières manifestations apparaissent dès la naissance avec le cri, expression physiologique de la respiration aérienne qui se met en place.

Wolff (1967, cité in Cukier-Hémeury, 1992) distingue plusieurs types de cris en dehors du cri de naissance : le cri de faim, le cri de douleur, le cri de malaise ou de tristesse. Si les adultes reconnaissent en général ces différents types de cris, des expériences ont montré que les mères sont plus compétentes pour les identifier, à l'exception du cri de douleur, identifié par tous les adultes (Cukier-Hémeury, 1992).

D'autres travaux ont montré la spécificité des cris de nourrissons à risque (prématurés notamment) : ils sont plus aigus et plus prolongés que ceux des bébés normaux. Les adultes différencient également bien ce type de cris qui déclenchent des réactions émotionnellement plus fortes.

Il existe de grandes différences entre nouveau-nés : certains crient beaucoup et sont difficiles à apaiser dès la naissance. Cette irritabilité constitutionnelle, considérée comme faisant partie du tempérament, peut être à l'origine de difficultés relationnelles avec les adultes qui se trouvent démunis, impuissants face à de tels enfants. La difficulté, voire l'impossibilité d'apaiser un bébé peut provoquer des émotions négatives chez l'adulte, qui peuvent aller parfois jusqu'à l'hostilité, voire déclencher des conduites dangereuses pour le bébé. Inversement, la capacité de consoler un bébé est une preuve pour la mère de sa compétence et augmente sa confiance en elle.

Outre les caractéristiques propres à chaque enfant, les réponses apportées par la mère aux cris vont influencer la fréquence et la nature des émissions sonores. L'effet de l'attitude maternelle est particulièrement net aux troisième et quatrième trimestres de la première année : les mères qui répondent rapidement aux cris et pleurs de leur enfant au cours des deux premiers trimestres ont des enfants qui pleurent moins que ceux dont les mères ont ignoré les cris pendant la même période. Non seulement ils crient moins, mais ils ont en outre développé d'autres moyens de communication, enrichissant leur répertoire qui ne se limite plus aux simples cris-pleurs.

La meilleure réponse pour apaiser l'enfant est le contact physique : 86 % cessent de pleurer quand on les prend dans les bras (Ainsworth, Bell, Stayton, 1972).

La morphologie des cris continue d'évoluer au cours de la première année et ensuite. Ils se complexifient, alternant phases paroxystiques et phases plus régulières, dans lesquelles la respiration joue un rôle important, ce qui implique le développement de capacités respiratoires absentes pendant la première année de vie (Fogel et Thelen, 1987). Les enfants peuvent ainsi beaucoup mieux moduler le rythme, l'intensité et la durée de leurs cris.

À partir de 2 mois apparaissent les vocalisations qui vont progressivement se moduler. Les voyelles apparaissent d'abord (sons a-e), puis les consonnes gutturales et enfin les labiales. Les sons émis par l'enfant ne correspondent pas exactement aux sons de la langue maternelle. Certains sons nécessitent une coordination très précise des organes phonatoires dont le bébé n'est pas encore capable. En revanche, il sera capable d'émettre des sons que l'on retrouve dans d'autres langues que celle qu'il entend et qu'il parlera. Le langage de l'adulte effectue une sélection, en renforçant dans la production du bébé ce qui se rapproche le plus de la langue utilisée (Moreau et Richelle, 1981).

Même rudimentaire, le babillage possède une grande valeur de communication ; l'adulte répète, en le modulant, en l'enrichissant le « discours » de l'enfant, tout en respectant la structure habituelle du dialogue : l'enfant vocalise, l'adulte répond, attend la reprise des émissions de l'enfant...

3. L'organisation des interactions

Pour qu'il y ait interaction, il faut que certaines conditions soient réunies et qui tiennent aussi bien à l'enfant qu'à l'adulte. Outre les conditions évoquées précédemment (vigilance, compétences sensorielles... pour le bébé, mise en œuvre de signaux adaptés à l'enfant pour l'adulte), il en est d'autres qui organisent, voire seulement rendent possible l'échange.

C'est tout d'abord l'ajustement postural. Ajuriaguerra a mis l'accent sur l'aspect tonico-postural des échanges : le dialogue tonique traduit le partage émotionnel par le biais d'une adaptation posturale réciproque harmonieuse. Par exemple, le bébé pris dans les bras de l'adulte moule son corps sur celui-ci, blottit sa tête dans le cou... Mais il peut y avoir des difficultés dans l'établissement de ce dialogue : mère « raide » qui évite un contact trop proche.

Des différences ont été constatées entre les mères. Elles sont dues à leur propre personnalité (cf. comparaison des postures maternelles lors de l'allaitement au sein, Cukier-Hemeury *et alii*, 1979), mais aussi aux caractéristiques de l'enfant. Par exemple, les petites filles suscitent chez les mères des postures plus enveloppantes et plus de postures face à face favorisant l'échange visuel que les garçons (Robin, 1986a). À partir de 3 mois, les filles font l'objet de contacts tactiles beaucoup plus fréquents que les garçons (Le Maner-Idrissi, 1997).

Sur le plan langagier, les différences sont également présentes très tôt. Pères et mères commentent deux fois plus les états physiques et émotionnels de leur fille que de leur garçon. Ce dernier a plus souvent droit à des considérations sur des événements extérieurs à la situation présente, témoignant d'une plus grande décontextualisation (Pêcheux, Labrell et Pistorio, 1993).

La synchronie est une condition essentielle au bon déroulement des interactions. Lorsque le bébé habitué à un échange télévisé avec sa mère (ou tout autre adulte) voit celle-ci présentée en léger différé, il présente des réactions caractéristiques qui témoignent d'un profond malaise. Ce phéno-mène, observable dès 9 semaines (Nadel *et alii* 1999, in Nadel, 2001) a tendance à diminuer au cours de la première année, probablement parce que le bébé a été confronté dans la vie quotidienne à des moments de non-synchronie et qu'il a appris à ne pas en tenir compte (Muir et Hains, 2000).

3.1 L'intersubjectivité primaire et secondaire (Trevarthen)

Trevarthen et Hubley (1978) développent un point de vue nativiste concer-nant la communication. Les bébés, dès la naissance sont tournés vers autrui et disposent d'intentions à communiquer. Ils considèrent d'emblée les partenaires humains comme des interlocuteurs qui leur permettront de manifester au cours du temps différents types d'échange.

Au cours des trois premiers mois de la vie, les bébés mettent en place des échanges avec leur partenaire, centrés sur les états émotionnels et affectifs. L'adulte répond au bébé sur le même plan : il commente ce que ressent le bébé, explique au bébé ce qu'il fait, le console… Il n'y a pas de place dans ce type d'échanges pour les objets et le monde physique extérieur. En revanche, à partir de 8 ou 9 mois, un tiers va médiatiser la relation adulte-bébé : l'objet. Ce dernier intéressait le bébé en tant que tel depuis un moment déjà. Mais la nouveauté tient au fait que le bébé devient capable maintenant de tenir compte simultanément de l'objet et du partenaire humain, dont il prend en compte les états psychologiques. Lorsque l'enfant lâche exprès une balle au sol et que la mère répond sur un ton faussement courroucé : « Non mais dis donc ! » tout en lui redonnant la balle, l'enfant réitère plusieurs fois la séquence en fixant le visage de la mère et en riant de plus en plus. Les deux partenaires partagent la même intention ludique et s'ajustent mutuellement sur le plan émotionnel.

On peut toutefois se demander si le point de vue de Trevarthen rend bien compte de la réalité en prêtant au bébé de véritables intentions de commu-niquer dès la naissance. Diverses expériences semblent plutôt indiquer que l'intentionnalité se construit peu à peu, à partir d'une sociabilité initiale mais involontaire. La construction de règles au sein de l'échange peut être mise en évidence par leur violation. Dès l'âge de 6 semaines, le bébé réagit négativement au visage impassible qu'un adulte (mère, père ou étranger) lui présente pendant un long moment (Tronick *et alii*, 1978 in Nadel, 2001). Habitué à voir un visage mobile et sonore, il ne comprend pas ce nouveau langage et très vite le bébé présente des signes évidents de détresse. Cette réaction ne permet pas de mettre en évidence d'intention de la part du bébé, mais indique qu'il a construit un système d'attentes à partir des schémas habituels de communication. Par ailleurs, on sait à quel point les adultes interprètent les signaux du bébé bien au-delà des contenus strictement physiologiques ou émotionnels. Ce sont donc les adultes qui vont attribuer une capacité intentionnelle au bébé qui, parfois, dépasse de loin les capacités du bébé, tel ce père qui disait à son fils de 7 mois qu'il voyait rire aux éclats : « tu riras moins quand tu devras payer des impôts ! » (Labrell, 1997). Cet exemple illustre un procédé souvent mis en œuvre dès la première année de la vie de l'enfant : l'adulte formule une anticipation qui inscrit l'enfant dans le futur.

3.2 Les formats (Bruner)

Au cours des échanges qui se mettent en place entre l'adulte et l'enfant, on peut noter des régularités. Bruner utilise la notion de « format » pour en rendre compte. Les formats désignent la structure d'un échange entre deux partenaires : comment s'organise l'alternance des émissions et des réponses, l'ordre des messages, les délais pour les réponses... « Il s'agit d'un microcosme régi par des règles et dans lequel l'enfant et l'adulte interagissent » (Bruner, 1984, p. 22). Une des caractéristiques essentielles des formats est la contingence : toute action d'un des partenaires dépend d'une action de l'autre. Le format « donner-prendre » permet d'illustrer les propriétés et le rôle des formats. Ce jeu, instauré par l'adulte, consiste à donner à l'enfant un objet. Ce dernier peut ou non avoir fait l'objet d'une demande par l'enfant. Une fois que celui-ci tient l'objet, il ne le garde pas, mais le tend à son tour à l'adulte, qui le plus souvent, remercie l'enfant et lui tend à nouveau. Cette véritable coopération n'est pas définitivement fixée. Un même format peut évoluer, se transformer. Par exemple, l'enfant peut apprendre à attendre que la mère demande l'objet avant de lui rendre. Et bien sûr, l'enfant lui-même va devenir l'initiateur de ce format. C'est lui qui donne d'abord un objet et attend qu'on lui retourne, avec ou sans variantes.

Pour Bruner, ces formats jouent un rôle essentiel dans l'acquisition du langage. Mais il convient, indépendamment de cet objectif, d'insister sur leur mise en place au cours de la première année. À ce titre, ils constituent des organisateurs prédominants des échanges qui permettent d'acquérir les règles de base de toute communication, qu'elle soit non verbale ou verbale.

3.3 La théorie de l'esprit, l'intentionnalité et l'attention conjointe

Depuis longtemps, la question se pose de savoir à partir de quel âge les enfants comprennent qu'autrui est doté d'un esprit, donc de désirs, d'intentions et qu'il est possible d'influencer cet esprit de manière délibérée. Cette question est résumée dans l'expression « théorie de l'esprit ». Elle est due à

Premack et Woodruff qui s'interrogeaient sur la capacité des singes à attribuer des états mentaux à autrui (*Does the Chimpanzee have a « Theory of Mind »* ?, 1978, cité in Deleau, 1999).

Si dès la naissance les enfants peuvent partager des émotions, il faut attendre plusieurs années pour qu'ils puissent partager des connaissances, c'est-à-dire se représenter ce qui se passe dans l'esprit de l'autre. Dès la deuxième année, les enfants ont compris qu'il se passait quelque chose dans la tête de l'autre, mais il faudra encore du temps pour qu'ils puissent expliciter, sans erreur, ce qui s'y passe. À la base de ces compétences, l'intersubjectivité secondaire (Trevarthen, Hubley, 1978), puis la communication verbale. Bruner souligne « notre formidable disposition à l'intersubjectivité, l'aptitude humaine à comprendre l'esprit d'autrui, que ce soit au travers du langage, des gestes ou de tout autre moyen » (1996, p. 37).

Aujourd'hui la question reste entière de savoir si le bébé dispose d'un module inné lui permettant d'emblée de comprendre les états psychiques d'autrui, les progrès dans ce domaine étant dus à la maturation, ou bien si cette compréhension fait l'objet d'un apprentissage progressif, s'appuyant sur des compétences spécifiques précoces, mais qui ne constituent que des précurseurs (Ricard, Cossette, Gouin-Decarie, 1999). Une autre approche met l'accent sur les interactions comme facteur essentiel du développement des théories de l'esprit chez l'enfant. On peut facilement imaginer que des échanges émotionnels et verbaux riches soient favorables à une compréhension des états mentaux, qu'il s'agisse d'échanges avec des adultes ou avec des pairs (Tremblay-Leveau, 1999).

Bruner puis Deleau (1990) ont indiqué comment, à travers les routines, se mettent en place des régularités qui permettent au bébé non seulement d'anticiper ce qui va arriver mais de comprendre les états affectifs et mentaux de son partenaire, en même temps qu'il découvre sa propre activité mentale.

Bruner fait l'hypothèse d'une théorie de l'esprit « protolinguistique » (1991, p. 87). Avant même de pouvoir parler, le bébé sait qu'autrui est animé d'une vie mentale qui se traduit notamment par l'expression d'intentions, de désirs qui n'utilisent pas le support du langage. Aujourd'hui, si l'on ne peut pas situer chronologiquement l'apparition de cette compétence, on dispose néanmoins de nombreuses recherches permettant de parler de précurseurs de la compréhension de l'esprit d'autrui vers la fin de la première année de la vie et de manifestations plus explicites dans la deuxième année (Poulin-Dubois, 1999).

La perception visuelle semble jouer un rôle essentiel comme l'explique Baron-Cohen dans son modèle (1999). Deux mécanismes sont au premier plan : la détection de la direction du regard et l'attention partagée. Le premier mécanisme est utilisé dès la première année. Il permet d'évaluer dans quelle direction se tourne le regard d'autrui et de comprendre que si l'autre regarde ailleurs, par exemple dans la direction d'un objet, il voit cet objet. Il subsiste encore des divergences quant à l'âge auquel se manifeste cette compétence, en grande partie à cause du choix des critères définis par les chercheurs. Si pour Muir et Hains (2000), les bébés de 3 mois sont déjà très compétents pour suivre la direction dans laquelle l'adulte tourne son regard, il faut attendre 18 mois pour Corkum et Moore (1995). Entre 10 et 18 mois, les enfants ne peuvent suivre que les mouvements de la tête. C'est seulement dans le courant de la deuxième année qu'ils deviendraient capables de tenir compte des mouvements des yeux. Quant à l'attention partagée, elle traduit l'existence de relations triadiques : elle permet de vérifier que l'enfant et son partenaire regardent bien la même chose, objet ou personne. Ce mécanisme apparaît plus tard, dans la deuxième année.

Toutefois, pour Tomasello (1999), l'intentionnalité apparaît à 9 mois et sous une forme complète. Il en fait même la condition d'apparition de l'attention conjointe.

Lewis et Ramsay (1999) considèrent que les intentions dont bébé est capable ne sont pas de même niveau que celle de l'enfant qui peut analyser ses pensées ou ses actions. Il y a donc une évolution au cours des premières années de la vie.

Bruner a particulièrement étudié l'attention conjointe notamment à travers la conduite référentielle de pointage du doigt. Les bébés sont capables de pointer de l'index dès deux mois dans le cadre d'une interaction avec la mère. Mais jusqu'à 10 mois environ, ce pointage ne s'accompagne ni d'extension du bras, ni de regard coordonné avec l'adulte (Fogel et Thelen, 1987). En revanche, vers 10-11 mois, l'extension du bras est présente et le geste est intentionnel. En moins d'un an, le bébé est passé d'un geste exploratoire à un geste référentiel, articulé avec le comportement du partenaire adulte.

À la fin de la première année de la vie, le bébé comprend que la direction du regard de l'adulte peut indiquer quelque chose d'intéressant à regarder. Ensuite, il devient capable de regarder une cible tout en contrôlant visuellement que le partenaire regarde bien dans la même direction. Quand l'enfant pointe du doigt pour désigner un motif intéressant, il regarde d'abord l'objet. Mais à partir de 14 mois, il regarde longuement l'adulte avant et en même temps qu'il réalise le geste de pointage (Fanco et Butterworth, 1990, 1991, cité in Marcos, 1998). Le regard de l'enfant se tourne alternativement vers l'objet et vers l'adulte. Bates, Camaioni et Voltera (1975) qualifient ces manifestations de comportements proto-déclaratifs et traduisent une véritable intention de communication. L'enfant a pris conscience que l'autre dispose d'une capacité attentionnelle qu'il est possible de modifier (Tourrette, 1999).

Ultérieurement, les vocalisations qui accompagnent les pointages seront remplacées par des mots qui permettront d'accomplir cet acte de désignation en évitant l'imprécision du geste.

Plusieurs chercheurs font l'hypothèse que ces conduites sont le témoin d'une attribution et d'une compréhension des états mentaux du partenaire. Conjointement, l'enfant prend conscience de ses propres intentions et de son influence sur le comportement d'autrui. En effet, même si la mère ne donne pas l'objet pointé et convoité (il est trop lourd, trop fragile, trop dangereux…), elle répond indirectement à la demande de l'enfant en parlant de cet objet. Et, comme l'a montré Bruner, le discours sur les objets constitue une des sources d'acquisition du langage. L'enfant apprend que les objets sont non seulement des choses à manipuler mais aussi à contempler et dont on peut parler. Notamment en les nommant. Cette conduite de référenciation permettra de communiquer avec l'adulte à leur propos, même en leur absence. Ce « partage » des esprits est déjà présent dans les échanges des premiers mois basés sur les émotions. Mais à partir de la fin de la première année, ce partage prend de nouvelles dimensions.

3.4 L'ajustement

Cette notion, traduction approximative de l'anglais « *responsiveness* », décrit la prise en compte par l'adulte des caractéristiques de l'enfant au cours des échanges et comporte quatre dimensions (Pêcheux, 1990) :

– La réactivité : l'adulte modifie son activité en fonction des demandes de l'enfant, que la demande soit ou non explicite. Ne pas répondre aux pleurs du bébé qui expriment la faim ou une douleur traduit une absence d'ajustement.

– La contingence : les comportements de l'adulte dépendent des demandes de l'enfant. La contingence se traduit par une réponse rapide, voire immédiate aux demandes du bébé.

– L'adéquation ou pertinence : la réponse doit être appropriée quant à sa nature et à sa qualité. Offrir un gâteau au bébé qui pleure parce qu'il veut être pris dans les bras n'est pas une conduite ajustée.

– La régularité : une même demande doit être suivie d'une réponse identique ou tout au moins similaire.

L'ajustement n'est pas un trait de personnalité, même si on peut penser que certaines mères ou certains adultes en général sont mieux ajustés que d'autres. L'ajustement doit être conçu comme un système dyadique pour deux raisons. Tout d'abord, tous les bébés ne sont pas identiques. Certains sont très peu expressifs et réactifs, d'autres au contraire plus irritables et difficiles à apaiser sont jugés comme étant difficiles. L'ajustement parental est mis en défaut dans ces cas-là. Par ailleurs, les bébés changent et l'ajustement implique une adaptation permanente à ces changements. En clair, une réponse immédiate et correspondant à une demande explicite à 3 mois est probablement indispensable pour une construction psychique satisfaisante : le bébé apprend que ses signaux produisent des effets, qu'il peut avoir confiance dans ses partenaires dont il peut prévoir les interventions. En revanche, à 3 ans, l'ajustement consistera peut-être à ignorer les pleurs pour favoriser chez l'enfant la prise en charge de ses difficultés afin de construire son autonomie (Pêcheux, 1990).

3.5 La régulation de la communication

Une des constantes chez le bébé, dans une séquence de communication, est l'alternance de phases de réponses et de retraits. L'enfant, après avoir regardé l'adulte (regard accompagné ou non de mimiques et de vocalisations), se détourne pendant quelques secondes et reprend ensuite la « conversation ». Brazelton (1982) insiste sur le respect de ces pauses qui permettent au bébé de contrôler ses états internes et de réguler l'afflux de stimulations fournies par le monde extérieur.

Pour Stern (1977), « l'attention et l'excitation de l'enfant croissent et décroissent en fonction des variations du stimulus présenté par la mère » (p. 100). Les stimulations offertes à l'enfant n'ont pas de valeur absolue, elles seront reçues positivement à un certain niveau d'excitation, non perçues ou évitées à un autre. Généralement mère et enfant adaptent mutuellement stimulation et excitation dans des cycles que Stern a baptisés « pas de danse ».

L'enfant peut contrôler son propre niveau d'excitation, s'adapter – au sein de certaines marges – aux variations des stimulations. Toutefois, les seuils de tolérance varient selon les sujets et pour des motifs divers, une mère par rapport à un enfant donné pourra être trop ou pas assez stimulante. Dès lors, il y a discordance entre messages émis par le bébé et réponses de la mère et développement d'un sentiment d'impuissance chez l'enfant qui échoue à contrôler le monde extérieur, comme son monde intérieur.

Le développement de la conscience de soi est inséparable pour Stern des interactions avec les personnes privilégiées pour l'enfant. Les travaux récents des expérimentalistes confirment que dès la naissance, le bébé dispose de moyens permettant « un sens émergent de la conscience de soi » (Stern, 1989). C'est au cours de ses expériences quotidiennes que l'enfant construit sa représentation de soi et des autres. Dès 2-3 mois, l'enfant est capable de distinguer ses propres actions des actions des autres sur lui. À 9 mois, il comprend que son expérience subjective peut être partagée avec d'autres, ce que les mères sentent bien et expriment à travers « l'accordage affectif ». Ceci traduit une correspondance généralement transmodale entre les manifestations de l'adulte et celle de l'enfant, basée sur un appariement des états internes des partenaires. L'accordage n'est pas une simple imitation, car ce qui est reproduit, ce n'est pas la forme du comportement, mais sa structure et la sensation qu'il exprime. Stern cite l'exemple d'une mère qui à l'aide d'onomatopées (« kaaaaa-bam, kaaaaa-bam ») accompagne le geste de son fils qui lève son bras pour frapper joyeusement sur un jouet : « kaaaaa », correspond au balancement préparatoire du bras, « bam », au coup frappé (1989).

L'apparition du langage chez l'enfant renforce le partage de l'expérience avec autrui et réorganise celle de l'enfant par l'objectivation et la distance par rapport à l'expérience intime qu'implique la verbalisation.

4. Le langage des adultes adressé aux enfants

On a observé depuis longtemps que le langage verbal de l'adulte possédait certaines caractéristiques qu'il n'utilise que lorsqu'il s'adresse à un enfant : énoncés courts, répétitifs, très modulés, à la syntaxe très simplifiée, accompagnés de mimiques du visage très accentuées. On peut penser que si tous les adultes, quelle que soit leur langue, adoptent les mêmes façons de s'adresser aux bébés et aux jeunes enfants, c'est probablement pour s'adapter aux compétences langagières inexistantes ou faibles de leur interlocuteur, mais aussi pour remplir des fonctions au service du développement.

Comme le fait remarquer Stern (1977), le plus frappant, lorsqu'on écoute une mère parler à son enfant, n'est pas tant ce qu'elle dit que comment elle le dit : le timbre de la voix est plus élevé que lorsqu'elle s'adresse à un adulte, les variations du grave à l'aigu sont plus fréquentes et plus brusques. Certains mots sont accentués (ooooh, le jooooli bébé !...), répétés de nombreuses fois... C'est ce que les Anglais nomment le *motherese* : langage maternel adapté aux bébés en particulier au niveau de la prosodie et de la modulation de la voix.

Le LAE (langage adressé aux enfants) se distingue également par des propriétés lexicales et syntaxiques (Robin, 1986b). Le vocabulaire est réduit, simple, concret. Les répétitions sont nombreuses, ainsi que l'emploi de petits noms et d'onomatopées. Sur le plan syntaxique, les phrases sont simples, courtes (la longueur moyenne des énoncés est réduite) et les phrases interrogatives sont très nombreuses. L'emploi du « nous » ou du « on » remplace le « je » ou le « tu ».

Ces caractéristiques ne sont d'ailleurs pas propres aux mères. Tout adulte, quelle que soit son expérience, et même les jeunes enfants, adopte spontanément ces modalités d'expression lorsqu'il s'adresse à un bébé, exprimant une adaptation immédiate aux caractéristiques du destinataire.

Jusqu'à 6 mois, ces caractéristiques du langage se modulent en fonction de la structure et des rythmes du comportement du nourrisson, ensuite en fonction du niveau verbal et des possibilités d'action sur le monde physique (Kaye, 1980, cité par Gouin-Decarie et Poulin-Dubois, 1985).

Cela se conçoit assez bien, puisque, à partir du deuxième semestre, les vocalisations de l'enfant s'organisent en séquences assez longues, dans lesquelles on peut déjà reconnaître l'influence de la langue adulte à travers les caractéristiques suprasegmentales : intonation, hauteur, courbes d'intensité, répertoire phonétique... (de Boysson-Bardies, 1983).

Condon et Sanders (1974) ont montré l'adaptation réciproque de la mère et de son enfant à travers la synchronisation de la parole et des mouvements du corps et du visage de l'enfant. Pour Stern comme pour Stoléru cependant, ce phénomène n'est ni général ni permanent.

C'est à partir de 2 ans que ces caractéristiques changent : dès que l'enfant commence à parler, les adultes adoptent un langage qui tient compte de ses progrès. Toutes ces caractéristiques se retrouvent également chez les pères (Labrell, 1997). Toutefois ces derniers présentent des caractéristiques qui les différencient des mères, en particulier dans la deuxième année de la vie. Le père fait plus de demandes de clarification que la mère et se montre plus exigeant. Moins familier que la mère aux productions déformées de l'enfant, il demande une expression plus conventionnalisée pour être mieux compris (Labrell, 1996).

Quand on replace le langage adressé à l'enfant dans le contexte des interactions, on observe qu'il constitue un support essentiel, complémentaire au registre non-verbal (postures, mimiques, gestes) pour l'organisation des échanges. En particulier, les pseudo-dialogues confèrent au bébé un statut de véritable interlocuteur. En lui posant des questions, auxquelles la mère n'attend évidemment pas de réponse, elle fait « comme si » le bébé pouvait réellement lui répondre. Les nombreuses imitations que l'adulte produit constituent non seulement une sorte de miroir pour le bébé, mais l'incitent à les reproduire au sein d'un dialogue qui inclut rapidement les vocalisations. À travers ces conversations, non seulement l'enfant en apprend les règles (alternance émission-réponse, intentionnalité, réciprocité), mais il construit son identité de sujet parlant et interagissant avec autrui.

5. Les interactions fantasmatiques

Cette notion a été définie par des psychiatres-psychanalystes (Kreisler et Cramer, 1981 ; Lebovici, 1983) et désigne le rôle que joue la vie fantasmatique de la mère dans la perception de son enfant et de ses conséquences sur le développement psychique de celui-ci.

Cette fantasmatisation interagit avec la vie fantasmatique primitive du bébé. Outre l'interaction réelle, qui s'exprime à travers des comportements objectifs, il faut prendre en compte « la qualité de la relation d'objet et des investissements qui la sous-tendent... Par ce terme (interaction fantasmatique), nous entendons les caractéristiques des investissements réciproques, ainsi que celles des projections et identifications réciproques » (Kreisler et Cramer, 1981).

La vie fantasmatique des parents s'exprime inconsciemment à travers gestes, mimiques et langage. La preuve de l'existence et de l'importance de ces échanges fantasmatiques est donnée par les auteurs à travers l'efficacité thérapeutique du dévoilement de cette fantasmatisation. Cramer (1985) cite l'exemple d'un petit garçon de quelques mois souffrant de fréquentes régurgitations alimentaires et qui suscite une telle anxiété chez sa mère qu'elle pense qu'il va mourir. Alors que la mère évoque le souvenir de son propre frère, mort d'un cancer intestinal à la fin de sa grossesse, cancer occasionnant des régurgitations, le bébé sur ses genoux présente à ce moment une régurgitation qui conduit le psychanalyste à dire : « Votre bébé fait une régurgitation comme votre frère. » Bouleversée, la mère évoque alors l'angoisse provoquée par cette mort, pleure et amorce un travail de deuil impossible jusqu'alors. Les régurgitations du bébé cessent presque complètement et la crainte de la mort du bébé disparaît.

Si certains psychanalystes comme Dolto pensent que l'enfant comprend le discours de l'adulte, c'est-à-dire que les mots en eux-mêmes sont signifiants pour l'enfant, l'hypothèse la plus communément admise pour expliquer ces relations entre vie psychique de l'adulte et troubles de l'enfant est celle d'une perturbation des échanges. Sont donc concernés tous les canaux véhiculant les messages expressifs. L'adulte préoccupé, déprimé, nourrissant une hostilité inconsciente à l'égard de son enfant, émet des signaux contradictoires, ne répond pas à l'enfant lorsque celui-ci est engagé dans l'échange, ou au contraire le surstimule.

Les effets de la vie psychique des parents, comme les modalités d'échange, n'ont pas d'effet absolu, indépendant de la réactivité de l'enfant et des attentes que les parents ont à l'égard de leur enfant. Les caractéristiques somatiques et tempéramentales de l'enfant vont infléchir les dispositions des adultes en les intensifiant ou les minimisant. Par exemple, un enfant petit mangeur exaspérera une mère anxieuse ou, au contraire, rassurera une mère très préoccupée par l'obésité.

Les conduites manifestes et le discours des parents révèlent la vie inconsciente de ceux-ci et ses effets sur l'enfant. Jusqu'à maintenant, la conceptualisation et l'étude des interactions fantasmatiques concernent essentiellement la compréhension des pathogenèses chez l'enfant, mais peuvent aussi bien s'appliquer à l'enfant normal. Cette perspective répond en partie à la critique de Husquinet (1983) qui reproche aux études expérimentales de ne pas prendre en compte les affects dans la relation mère-enfant : ici, non seulement les affects conscients, mais aussi inconscients sont interprétés.

RÉSUMÉ

L'étude des interactions relève principalement de deux approches, l'une basée sur les observations et expérimentations, l'autre se situant dans le contexte psychanalytique.

On dispose maintenant d'une bonne connaissance du répertoire des signaux utilisés par l'enfant et l'adulte lors des interactions. Le regard, le sourire, les diverses expressions faciales et les vocalisations constituent les principaux moyens mis en œuvre par les partenaires pour la communication. De nombreux auteurs ont décrit des *patterns* d'interaction qui se retrouvent de manière assez générale dans toute dyade adulte-bébé, ces régularités permettant au bébé d'établir des règles de communication et facilitant l'identification des partenaires (chaque adulte développant un « style » de communication).

La psychanalyse met l'accent sur les affects qui accompagnent l'émission de ces signaux et tente de comprendre les relations entre perturbations des échanges et troubles chez l'enfant. En adoptant les méthodes des éthologistes, certains psychanalystes décrivent des séquences d'échange entre la mère et son enfant et constatent qu'il y a une dysharmonie dans l'émission des signaux : la mère regarde l'enfant au moment où il se détourne et réciproquement, par exemple. Mais la compréhension de ces perturbations repose sur la théorie psychanalytique et relève donc de l'interprétation.

7

Le milieu familial

1. Les fonctions du milieu familial
2. Les caractéristiques du milieu familial
3. La structure du groupe familial
4. La répartition des fonctions dans le groupe familial
5. La fratrie

Dans les chapitres précédents, nous avons vu que notre vision du nouveau-né s'était profondément modifiée au cours de ces dernières décennies. L'accent n'est plus autant mis sur son inachèvement, son aspect démuni, sa malléabilité mais plutôt sur ses compétences précoces. Le bébé apparaît comme étant préprogrammé pour développer des échanges dans le milieu humain. Plusieurs cadres théoriques (Wallon, Vygotski) insistent sur le rôle formateur du milieu dans lequel se déroulent ces échanges. C'est la famille qui va être pour la grande majorité des enfants le premier cadre institutionnel.

L'importance prépondérante du milieu familial découle de deux de ses caractéristiques :

– sa position chronologique : la famille est le premier milieu de vie de l'enfant, le lieu de ses premières émotions, de ses premiers échanges ; les membres du groupe familial sont les premiers « autres » auxquels le nouveau né sera confronté ; c'est dans ce premier milieu que va se constituer le fondement de son organisation comportementale ;

– la durée pendant laquelle elle constitue le principal milieu d'appartenance. Certes en grandissant l'enfant intègre d'autres milieux, d'autres groupes (la crèche, l'école, des groupes d'activités sportives ou culturelles…). Il n'empêche que tout au long du développement la référence à la famille reste essentielle. Du fait de la stabilité de certaines de ses composantes, le milieu familial expose l'individu à la répétition de situations plus ou moins analogues. Ces deux caractéristiques, durée et répétition, contribuent à accentuer l'importance de ce premier milieu.

1. Les fonctions du milieu familial

Nous allons préciser d'abord trois des fonctions essentielles du milieu familial. Dans la suite de ce chapitre, nous verrons comment certaines caractéristiques de ce milieu jouent pour spécifier la façon dont chacune d'entre elles peut être exercée.

La première fonction du milieu familial est le corollaire de l'état d'impéritie du nouveau-né humain, de sa dépendance et de sa faiblesse pendant ses premières années de vie. Le milieu familial doit donc lui fournir les soins nécessaires à sa survie tant physiologique que psychologique. Il doit soutenir son premier développement, le protéger des agressions.

L'ensemble des comportements relevant de cette fonction a été traditionnellement dénommé « maternage » dans la mesure où, de fait, cette fonction était exclusivement remplie par la mère. Des mouvements d'abord à l'initiative des femmes (mouvements féministes) puis à celle des hommes (nouveaux pères) tendent à la qualifier de « parentage » et affirment l'égalité des deux parents par rapport à l'accomplissement de cette fonction. Nous reviendrons plus loin sur la réalité de ce partage et sur les problèmes théoriques qu'il peut poser. D'une manière générale, on constate que les pères d'aujourd'hui s'adonnent plus qu'autrefois à des comportements répondant à cette fonction : ils nourrissent, changent, donnent des soins aux tout-petits.

Une seconde fonction du milieu familial consiste à ouvrir l'enfant à la vie humaine dans toute sa complexité, à accompagner son intégration dans le milieu social.

La famille est le lieu de multiples apprentissages. L'enfant y apprend à utiliser aussi bien les objets que les signes (la langue en particulier). C'est dans la famille que l'enfant rencontre une variété de situations, de problèmes nouveaux par rapport auxquels il apprend à développer des comportements adaptés.

Les membres de la famille sont les premiers « autres » auxquels est confronté l'enfant. C'est avec eux qu'il aura ses premiers liens affectifs. C'est dans le milieu familial qu'il fera ses premières expériences de plaisir et de déplaisir, d'amour et de haine.

Les membres de la famille constituent aussi un premier groupe social, un système dans lequel chacun possède une fonction et un rôle particuliers. Né dans un groupe, l'enfant aura à s'y construire en tant qu'individu social ayant lui aussi rôle et fonction spécifiques.

Une troisième fonction du milieu familial est celle d'acculturation, de transmission de représentations et de valeurs collectives. Chaque groupe familial s'inscrit dans une société qui possède et diffuse un système de valeurs (idéologie dominante). Mais la société n'est pas « une », chaque famille y occupe une position spécifique du fait de son statut économique et culturel, de ses origines ethniques, de ses options politiques, de ses croyances religieuses... Chaque groupe familial sécrète donc un système de valeurs spécifique influencé par ses divers milieux d'appartenance. C'est ce premier système de valeurs qui sera transmis à l'enfant par le biais des attitudes éducatives des membres de la famille à son égard. L'enfant se construira donc une première hiérarchie de valeurs (ce qui est valorisé, toléré, à éviter) et des représentations entièrement dépendantes du système de valeurs en cours dans son groupe familial.

2. Les caractéristiques du milieu familial

Certaines variables d'ordre matériel et physique influencent le mode de vie de la famille et en conséquence les stimulations et les expériences qui seront proposées à l'enfant.

2.1 Le niveau socioculturel

Les conditions d'existence du groupe familial dépendent d'un ensemble de caractéristiques : niveau d'étude et profession des parents, importance des revenus, confort de l'habitat... Si chacun de ces indicateurs pris indépendamment peut engendrer une particularité dans les conditions d'existence, d'une façon plus générale, on constate qu'ils sont très liés entre eux. Ils définissent une communauté de conditions de vie partagées par certains groupes familiaux et pouvant se synthétiser en une variable dénommée selon les auteurs : niveau social (Chiland, 1971), niveau socioculturel (Zazzo, 1978), classe sociale (Lautrey, 1980).

Ces conditions d'existence déterminent la quantité et la nature des stimulations que la famille propose à l'enfant. Elles engendrent des possibilités d'expériences et des représentations du monde dont le poids différenciateur apparaît primordial pour le développement ultérieur. Il ne peut être question de citer ici l'ensemble des secteurs de développement où cette variable apparaît jouer un rôle important. Nous nous contenterons de signaler que dans tous les secteurs (moteur, intellectuel et social), l'influence va dans le même sens à savoir à l'avantage des enfants de haut niveau socioculturel.

Les recherches actuelles insistent toutefois pour dépasser les grandes catégorisations socioculturelles assez peu explicatives. Afin de mieux repérer les mécanismes d'action, elles cherchent plutôt à identifier avec précision les composantes du milieu qui produisent un effet direct ou indirect sur le développement et la construction de la personnalité de l'enfant. On distingue ainsi les variables proximales (qui ont un effet direct : le nombre de jouets par exemple) des variables distales qui n'agissent que secondairement par le biais, entre autres, du stress parental. Il convient aussi de spécifier quels sont les secteurs de développement concernés. Une variable proximale peut jouer un rôle de frein du développement dans un secteur et être sans influence, voire accélératrice dans un autre.

De nombreuses recherches attestent toutefois des conséquences négatives sur le développement des enfants d'une pauvreté familiale. Les principaux résultats de ces recherches mettent en évidence, à tout âge, l'impact de la pauvreté sur la réussite scolaire et sur l'adaptation sociale. McLoyd propose un modèle situant la détresse parentale comme le médiateur entre les difficultés économiques et la possibilité de parentalité. Entravés par les difficultés économiques, les parents seraient moins capables d'être sensibles et adaptés à leurs enfants. (Mistry *et alii*, 2002).

Kellerhals et Montandon (1991) trouvent une liaison entre les types de fonctionnement social des familles et leur origine socioculturelle. Les familles « bastion » caractérisées par l'intensité des relations internes et une faible ouverture sur l'extérieur se rencontrent plutôt dans les milieux populaires. Les familles « association » (faible fusion interne, forte ouverture sur l'extérieur) et les familles « parallèles » (faible fusion interne, faible ouverture) dans les milieux socioculturels élevés. Les familles « compagnonnage » (forte fusion interne et forte ouverture), les plus nombreuses se retrouvant dans tous les milieux sociaux.

2.2 Conceptions et attitudes parentales

Les conceptions sont les idées que les parents se font sur le développement de l'enfant et sur les attitudes éducatives à avoir à son égard. Cet axe de recherche s'est développé en liaison avec les interrogations des professionnels de l'enfance qui témoignaient de la difficulté à amener certaines familles à modifier leurs pratiques éducatives inadéquates lorsqu'elles étaient ancrées sur des conceptions fortes. Sabatier (1999) insiste sur la nécessité de leur prise en compte lors de la constitution de programmes d'intervention à l'égard de familles issues de cultures différentes.

La proximité entre conceptions parentales et théories et connaissances scientifiques est discutée. Pour Vandenplas-Holper (1987), le lien est très étroit, marqué essentiellement par une différence de langue, pas de contenu. Neyrand (2002) constate que les représentations profanes actuelles ont pour caractéristique de se nourrir de conceptions savantes vulgarisées. Il critique le système de circularité des « savoirs sur les enfants » du scientifique au profane qui les simplifie et les réintègre plus ou moins dans ses attitudes à l'égard des enfants... que le scientifique observe. Cette circularité des savoirs rend difficiles, voire impossibles, la rupture épistémologique entre « savoirs scientifiques » et « savoirs profanes » et le respect de l'objectivité scientifique.

Quoi qu'il en soit, les connaissances scientifiques intégrées dans les conceptions parentales risquent de connaître de nombreuses modifications, du fait de la vulgarisation plus ou moins correcte de ces connaissances et de la façon dont chacun peut ou non les intégrer, souvent seulement en les aménageant, pour les rendre cohérentes avec leur propre système de croyance.

Le lien entre conceptions et pratiques n'est de plus pas direct, il est modulé par un grand nombre de variables : contexte de vie, âge de l'enfant, sexe...

Les pratiques éducatives constituent un ensemble de variables proximales mises en jeu dans le développement de l'enfant. Les données recueillies de diverses manières (observation des interactions parent-enfant en situation de jeu, ou en situation de vie quotidienne, entretiens avec les parents sur leurs pratiques éducatives) ont permis de les catégoriser en quatre styles différents (Bukakto et Daehler, 1992) :

Les parents autoritaires imposent à leurs enfants un cadre éducatif très structuré et exigent son respect. Ils valorisent l'obéissance stricte et contrôlent le comportement par des méthodes plutôt coercitives, ils sont assez peu attentifs aux besoins spécifiques de leurs enfants ;

Les parents démocrates, eux, privilégient l'explication et le dialogue. Ayant comme les précédents beaucoup d'exigences à l'égard de leur enfant, ils leur signifient clairement leurs attentes et les limites. Leurs méthodes sont plutôt axées sur la récompense des comportements corrects et ils se montrent plus attentifs que les précédents ;

Les parents permissifs sont attentifs à leurs enfants mais ont peu d'exigences, le cadre éducatif est peu présent et laisse à l'enfant une grande latitude pour agir à sa guise.

Les parents désengagés sont plus centrés sur leurs propres problèmes que sur les questions concernant l'éducation de leurs enfants. Ils ne sont ni exigeants, ni contrôlants ni attentifs à leur égard.

Ces quatre catégories ne constituent que des points de repère utiles à l'analyse des pratiques éducatives. Chaque famille a son propre style éducatif plus ou moins proche d'une des quatre catégories présentées.

Les analyses effectuées témoignent de l'intérêt sur le développement social des pratiques éducatives démocratiques, les enfants élevés ainsi développent des rapports plus aisés aussi bien avec leurs pairs qu'avec les adultes. Ils développeraient une grande autonomie. Les enfants de familles autoritaires se caractériseraient eux par de la tristesse, voire de l'agressivité pour les garçons. Les enfants de familles permissives et désengagées auraient peu d'autocontrôle et de confiance en eux (Lehalle et Mellier, 2002).

Pour Lautrey (1980), les pratiques éducatives sont soumises à une détermination directe par les conditions matérielles d'existence de la famille et orientées par le système de valeurs des parents. Les parents de milieu populaire se caractérisent par l'importance acccrdée aux valeurs de soumission, de conformité à la norme : politesse, propreté, obéissance. Les parents de haut niveau social insistent plus sur les valeurs d'initiative, d'originalité, de détermination individuelle : curiosité d'esprit, respect des autres, esprit critique. Les principes éducatifs qui s'assortissent à ces systèmes de valeurs opposent le contrôle externe et immédiat du comportement de l'enfant (milieu populaire) et des formes de contrôle moins immédiat et laissant plus de place à l'initiative de l'enfant.

S'intéressant aux enfants de l'immigration ou de minorités ethniques, le modèle d'Ogbu (cité par Sabatier, 1999) met l'accent sur le poids dans les pratiques éducatives de l'organisation, des valeurs et des représentations de la culture d'origine. En référence au modèle de Bronfenbrenner, l'on dira que les valeurs de la famille (microsystème) peuvent ne pas être en grande cohérence avec celles du milieu d'accueil (macrosystème). Le maintien de pratiques éducatives qui peuvent apparaître en total décalage serait pour lui moins le reflet de contraintes économiques que du mode de réponse adapté à ces contraintes dans la culture d'origine. Même inadéquates, elles illustreraient le souci de réussite des parents pour leur enfant.

3. La structure du groupe familial

La famille, groupe humain, peut se caractériser par sa composition : nombre d'individus, statuts et répartition des fonctions de chacun dans le groupe.

En France, la famille nucléaire composée uniquement des parents et de leur(s) enfant(s) a été le modèle familial de référence pendant toute la première moitié du XXe siècle. Depuis 1960, on constate une évolution, marquée entre autres par l'augmentation des divorces non suivis de remariages et par celle des naissances hors mariage (Festy, 1988). La conséquence de cette évolution amène une diversification des formes de famille à l'intérieur desquelles naissent et sont élevés les enfants. On peut citer :

– Les familles nucléaires (36 % des ménages français – INSEE 1990) (parents/enfants) qui peuvent être biologiques ou recomposées : enfant(s) vivant avec un de ses parents biologiques et le partenaire de ce parent (lui-même pouvant avoir un ou des enfants). Les familles recomposées (700 000 en France à la fin du XXᵉ siècle) présentent un contexte totalement nouveau pour nos sociétés occidentales où il n'existe aucun modèle permettant à ceux qui vivent dans de telles familles de se repérer dans les formes de liens nouveaux qui s'y constituent. Pour Burguière (cité par Théry, 1995) ces familles recomposées n'ont rien à voir ni avec les remariages suite à un veuvage de l'époque traditionnelle, ni même avec ceux plus récents après divorce du début du XXᵉ siècle. Dans ces deux cas, le modèle de référence restait uniquement la famille traditionnelle, le remariage ne recomposait pas la famille, il la remplaçait.

– Les familles monoparentales représentent 14 % des familles ayant des enfants à charge (INSEE, 1996). Sur les 7 millions de familles monoparentales que compte l'Union européenne – sans le Danemark et la Suède –, plus de 8 parents isolés sur 10 sont des femmes. Le plus souvent dans des situations difficiles. On constate dans ces familles monoparentales un niveau d'instruction moins élevé, une activité professionnelle moins stable (plus de chômage), générant des revenus inférieurs d'1/4 à ceux des femmes mariées.

Cette diversification des formes de famille constatée aujourd'hui s'accompagne d'une moins grande stabilité des groupes familiaux marquée entre autres par la diminution de l'institutionnalisation (diminution des mariages) et l'augmentation des divorces, avec pour conséquence fréquente un certain éloignement des pères (30 % d'enfants de divorcés ne le voient jamais, 30 % moins d'une fois par mois – INSEE 1990). Pour l'enfant, elle peut avoir pour conséquence, en cours de développement, des modifications importantes et parfois répétées des groupes familiaux de référence. La métaphore de cellule familiale (unité géographique : le foyer d'un couple conjugal et de ses enfants) est de plus en plus remplacée par celle de constellation familiale rendant compte de la complexité du réseau de foyers dans lesquels circulent les enfants de couples séparés. Pour Théry (1995) l'absence totale de cadre juridique, de normes sociales collectives, voire d'un vocabulaire adéquat (beau-père est un terme polysémique, et marâtre, très connoté négativement) renvoie chaque famille recomposée à la nécessité de créer son propre système relationnel. Celui-ci ressemblant pour les populations les plus fragiles plus à une désorganisation totale qu'à une recomposition. De nombreux thérapeutes soulignent également les effets pervers de cette absence de cadre pour « nommer » les liens et définir les obligations qui en résultent. Ils interpellent le législateur, car dans le « no man's land » (Winter, 1995) actuel, la place des « beaux-parents » est essentiellement régie par ce que le parent biologique (absent du nouveau couple) désire et/ou accepte qu'elle soit. Cette situation apparaît être fortement source d'angoisse et de conflit dans les familles recomposées.

En dépit de cette diversification, le modèle familial nucléaire (parents et enfants) a pu et tend aujourd'hui encore à être considéré dans notre société comme la « seule » bonne forme de famille, ou tout au moins « la plus apte » à offrir l'ensemble des caractéristiques adaptées au développement socio-affectif harmonieux de l'enfant.

La recherche elle-même s'est, dans un premier temps, construite en référence à cette norme en se centrant sur les « manques », les « perturbations », qui devaient résulter d'une éducation en dehors de ce cadre. Si aujourd'hui l'absence de résultats cohérents des travaux menés dans cette voie amène les chercheurs à poser autrement le problème, on doit souligner que dans la société, et en particulier chez bon nombre de travailleurs sociaux et d'éducateurs, la croyance à la supériorité du cadre nucléaire pour l'éducation des enfants reste très forte et continue d'influencer directement et indirectement bon nombre de pratiques à leur égard. Prenons pour exemple, entre autres :

– l'importance accordée à ce facteur explicatif face à certaines difficultés présentées par les enfants dans le cadre scolaire (influence indirecte) ;

– le refus allégué par certaines associations d'adoption face à des demandes émanant de célibataires (influence directe).

Aujourd'hui pourtant, il apparaît inutile de rechercher des relations univoques entre telle forme de groupe familial, ou telle forme de rupture ou de modification de ce groupe, et ses conséquences pour le développement de l'enfant. La plupart des études montrent qu'en fait, chaque situation est spécifiée par un ensemble de facteurs.

Par exemple, pour les enfants de divorcés, on constate une impossibilité de généralisation. Ainsi que l'analyse Almodovar (1984), la plupart des études ont abordé le divorce comme une situation unitaire ayant des effets univoques sur l'enfant en se référant à deux entités : le divorce et l'enfant de parents divorcés. Ceci pose la situation des familles divorcées comme déviante ou pathologique en contraste avec un modèle familial « normal ». Pour Almodovar, l'étude des effets du divorce doit se construire en rupture avec cette forme de recherche. Il convient d'admettre d'abord que la situation de divorce crée une situation psychologique qui peut être surdéterminée par des composantes sociales et économiques. Il importe aussi de considérer l'étude des effets du divorce dans le cadre d'une perspective longitudinale. La « crise du divorce » est transitoire et suivie d'une période de résorption au cours de laquelle vont intervenir des mécanismes adaptatifs qui peuvent ou non être facilités par de nouveaux événements survenus dans la vie de l'enfant.

Les études de Wallerstein et Kelly (1980) témoignent de modifications importantes de la réaction de l'enfant au moment du divorce en fonction de son âge. Les petits de 2 ans et demi à 3 ans réagissent souvent par une régression comportementale évoquant les états de détresse par séparation, les enfants de plus de 3 ans et demi n'ont pas tendance à régresser mais à développer plutôt un comportement de pleurs, de crainte, voire des phobies.

Pour les psychanalystes, le traumatisme psychique dû au divorce sera beaucoup plus intense dans la mesure où il se situe à un moment clé du développement affectif : stade du miroir, huitième mois, triangulation œdipienne (Liberman, 1985). C'est en particulier pendant cette dernière période qu'ils situent le risque de plus grande culpabilité pour l'enfant, surtout si ce dernier est pris à parti dans un processus d'hostilité engagé entre ses parents.

Dans tous les cas, le divorce constitue une rupture d'équilibre pour l'enfant et est donc porteur de souffrances. Les récupérations de chacun, outre les événements socio-économiques cités par Almodovar, se négocient en fonction des dispositions structurales de chacun.

4. La répartition des fonctions dans le groupe familial

Telle qu'elle est fréquemment envisagée dans la littérature psychologique, la répartition des rôles entre père et mère recouvre un double plan, à la fois social et psychique (Hurstel, 1987). Cette confusion des plans a été entretenue jusqu'à la moitié du XXᵉ siècle par une correspondance assez étroite entre « rôle social de la mère » et « fonction maternelle » et « rôle social » du père et « fonction paternelle ». Il convient aujourd'hui de les distinguer dans la mesure où de profondes évolutions sociales modifient la répartition des rôles sociaux entre père et mère et posent la question des éventuelles modifications des fonctions maternelles et paternelles.

4.1 Approche psychanalytique

La théorie psychanalytique insiste sur la nécessité de différencier les deux fonctions : maternelle et paternelle. Une préoccupation constante des auteurs, aujourd'hui encore, insiste sur la nécessité, la complémentarité et la non-confusion de ces deux fonctions.

La mère joue un rôle spécifique et primordial pendant la première année de la vie. Elle est alors le personnage le plus important pour le développement psychique de l'enfant en étant l'objet privilégié de ses investissements pulsionnels.

Pour Winnicott (1969), pendant cette première période, le père a une importante fonction indirecte dans la mesure où sa relation avec la mère va contribuer à la qualité de l'environnement du bébé. C'est lui qui permettra à la mère de développer un état spécifique indispensable au développement des expériences d'omnipotence du bébé.

Le père, lui, va jouer un rôle essentiel dans l'organisation de la personnalité de l'enfant en venant rompre le système dyadique mère/enfant au moment de la triangulation œdipienne. Il assumera et incarnera l'interdit, sera le représentant de l'autorité et de la loi.

L'accent est donc mis sur :

– la présence, la disponibilité de la mère auprès du tout jeune bébé ;

– la valeur plus symbolique de la fonction paternelle qui n'intervient que plus tardivement et « à distance » dans le psychisme enfantin.

Ajoutons aussi que, dans cet axe théorique, le père joue un rôle symbolique et spécifique de rattachement à la lignée (don du nom) et qu'il présente une importance toute particulière dans le développement psychique du petit garçon dans la mesure où il lui fournit un modèle de virilité.

4.2 Approche sociologique

Jusqu'à la moitié du XXᵉ siècle, la répartition des rôles sociaux entre le père et la mère à l'intérieur de la famille nucléaire correspond bien à cette différenciation des fonctions. Tels qu'ils sont décrits dans le cadre de la Sociologie fonctionnaliste (Parsons et Bales, 1955), le rôle « instrumental » du père consiste, du fait de son activité professionnelle, à insérer le groupe familial dans la société. Le rôle « expressif » de la mère consiste à gérer les affaires affectives au sein de ce groupe.

Certes, cette présentation peut paraître fort schématique, il n'empêche qu'une grande partie de la réflexion sur l'étude de la répartition des fonctions est menée plus ou moins explicitement en référence à ce modèle. Ainsi que le rappelle Almodovar (1985), ce modèle a été qualifié de « normal » ou de « naturel » dans la mesure où il semble satisfaire aux besoins biologiques (de reproduction, de soins aux jeunes, de stabilité nécessaire compte tenu de la longueur de l'enfance humaine). Dans la recherche, ce modèle a servi de cadre de référence par rapport auquel les écarts étaient interrogés en termes de déviance. Dans la pensée commune, il a souvent été compris comme le « bon » modèle d'environnement familial, le seul adapté au développement affectif et social harmonieux de l'enfant.

La répartition des rôles entre père et mère à l'égard de l'enfant, telle qu'elle apparaît dans les résultats d'études empiriques, témoigne qu'au-delà d'une certaine évolution des pratiques (peut-être moins importante qu'elle n'est médiatisée), chacun garde sa spécificité, d'autant plus que le milieu socioculturel est bas.

Tout d'abord, il apparaît que les pères sont peu disposés à aménager leur carrière professionnelle pour se consacrer davantage à leur enfant.

– Une enquête menée en France en 1986 dans trois ministères (PTT, Finances, Éducation nationale) montre le peu de cas que les pères font de la possibilité de prendre un congé parental pour se consacrer à l'éducation de leur enfant (sur ces trois administrations, moins de 1 % des demandes totales de ce type de congé). En 2000 (sondage CSA), 87 % des pères reconnaissent n'avoir aucunement aménagé leurs conditions de travail pour se consacrer à leur bébé. Les mères rentrent plus tôt le soir (69 %), et en cas de maladie de l'enfant, ce sont elles qui restent au domicile (71 %).

– Une évaluation du temps consacré hebdomadairement par chacun des deux parents à leur enfant laisse apparaître (que la mère travaille ou non) de grandes différences. Chez les salariés, le père consacre à l'enfant 1 h 20 mn par semaine, la mère 7 h 10 mn ; pour les professions indépendantes, le père, 40 mn, la mère 7 h 05 mn. On remarque donc qu'en dépit de l'activité extérieure des mères, elles restent le principal partenaire interactif familial du bébé. Un rapport de l'INSEE (1999) souligne le cas particulier des pères d'un premier enfant qui lui consacrent plus de temps (3 heures par semaine).

On doit remarquer que si le travail limite le temps que les mères consacrent à leur enfant (12 h 35 mn en moyenne pour les mères qui ne travaillent pas), cela ne se répercute guère chez les pères qui, même lorsque leur femme reste à la maison, consacrent à peu près le même temps aux activités avec leur enfant que ceux indiqués *supra* (50 mn) (Gisserot 1988).

D'après un rapport de l'INSEE (1999), on note peu d'évolution depuis les années 80 où l'on constatait une nette distinction des tâches : les mères se chargeant plutôt de la nutrition et de l'hygiène, les pères se cantonnant plutôt dans des activités de jeu avec leurs jeunes enfants (Lamb, 1977 ; Parke, 1979). Pères et mères d'aujourd'hui paraissent un peu plus interchangeables. Les réponses des mères à un sondage CSA (2000) attestent de la confiance qu'elles sont dans la capacité de leur compagnon à prendre le relais en cas d'urgence (93 %). Au quotidien, on remarque vraisemblablement moins de changement : 67 % des pères disent que leur activité principale avec l'enfant est le jeu. L'investissement particulier des pères d'un premier enfant (cf. *supra*) se répartit sur toutes les tâches : 92 % de ces papas donnent régulièrement le biberon et 73 % se chargent quotidiennement des soins d'hygiène (bain et change). Le maintien de cette distinction semble convenir à tous : 87 % des mères estiment suffisante la place de leur compagnon avec leur enfant.

4.3 Spécificités paternelles

Depuis le célèbre article de Lamb (1975), les pères ne sont plus les agents oubliés du développement. De nombreuses recherches ont souligné l'apport spécifique du père dans la construction de l'enfant, tant sur le plan cognitif qu'affectif et social.

Un premier groupe de résultats met l'accent sur l'égalité de compétence entre la mère et le père, les rendant tous deux aptes à devenir des figures d'attachement (Kotelchuck, 1975). Hommes et femmes seraient aussi sensibles aux signaux de l'enfant (Parke et Suomi, 1980), tels que les pleurs, les sourires et les vocalisations. Ils seraient aussi compétents pour en discriminer la source et aussi aptes à y répondre de façon adéquate. Ils disposent de la même compétence pour capter l'attention du bébé et pour ajuster leur rythme aux particularités de l'enfant (Parke et Sawin, 1980). De même, Golinkoff et Ames (1979) signalent que père et mère modifient de la même façon leur comportement verbal à l'égard de l'enfant, en lui parlant plus lentement, avec des phrases plus courtes et de nombreuses répétitions.

Cette égalité de compétence interactionnelle amène l'enfant à pouvoir construire un lien d'attachement sécurisant avec ses deux parents. Une question encore controversée actuellement concerne la hiérarchie éventuelle entre père et mère par rapport à ce lien :

– D'un côté, un ensemble de recherches basées sur l'observation met en évidence que, à partir de 7-9 mois, les enfants protestent de la même façon au départ de leur père ou de leur mère, qu'ils manifestent la même excitation à leur retour et que la présence de l'un des deux suffit à annihiler les protestations au départ de l'autre parent (Kotelchuck, 1972).

– De même pour Lamb (1976), entre 7 et 12 mois, il apparaît que l'enfant préfère nettement ses parents aux étrangers sans distinction entre le père et la mère.

– En revanche, Cohen et Campos (1974) signalent que c'est d'abord auprès de sa mère que l'enfant recherche chaleur et réconfort, le père ne venant qu'en seconde position avant les adultes étrangers.

Le Camus résume l'ensemble des travaux récents (1997) et qui s'inscrivent dans des champs théoriques différents.

Chez le bébé, Le Camus reprend la notion wallonienne de dialogue tonico-émotionnel qui rend compte du dialogue mère-enfant, centré sur l'expression des émotions et crée la notion de dialogue phasico-motionnel pour définir la communication père-bébé. « Phasique veut dire discontinu, transitoire et aussi, par extension, vigoureux et perturbateur, stimulant et compétitif, incitant à la prise de risques et à l'ouverture vers le milieu social » (Le Camus, 1997, p. 79).

Les travaux qui s'inscrivent dans le cadre de la théorie de l'attachement confirment que le père constitue une figure d'attachement comme la mère. Mais cette figure d'attachement présente des caractéristiques propres : elle se construit secondairement, le père est un peu moins sécurisant que la mère dans les situations de détresse. L'implication paternelle va également moduler les caractéristiques de l'attachement qui se tisse avec l'enfant, tout comme le tempérament de ce dernier. C'est pour cela que l'on peut observer un attachement sécurisant avec l'un des parents et pas avec l'autre (Grossmann *et alii*, 1981, cité in Le Camus, 1997).

Des recherches récentes semblent montrer que le paradigme de la situation étrange n'est probablement pas adapté aux pères pour évaluer la qualité de l'attachement chez l'enfant. En revanche, on trouve des corrélations fortes entre l'attachement de l'enfant et une qualité paternelle : le défi ou incitation sensible (Grossmann K.E., Grossmann K., 1998). Dans des situations de jeu par exemple, les pères incitent les enfants à explorer, à avoir des comportements constructifs et des initiatives. Cette dimension, observée à deux ans, est significativement liée à la sécurité de l'enfant ainsi qu'à sa capacité de faire face à des émotions négatives à 6 et 10 ans. Les travaux d'Ainsworth ont mis en évidence que la sensibilité maternelle au cours de la première année permettait de prédire les qualités de l'attachement dans les années ultérieures. Pour les pères, ce serait la manière de stimuler et de réguler les jeux qui constituerait ce facteur prédictif. On pourrait reprocher à ces interprétations d'être fidèles au stéréotype : mère réconfortante, père stimulant. Mais le stéréotype ne correspond-il pas dans ce cas à une description simplifiée du réel ?

La distinction des rôles maternels et paternels dans le jeu s'exprime à travers les types de jeu mis en œuvre. Mac Donald et Parke (1986) ont mené une vaste étude (questionnaire proposé à 390 familles) pour définir les spécificités paternelles et maternelles dans les jeux physiques. On savait déjà que les pères jouent plus que les mères mais cette étude confirme qu'ils proposent plus de jeux physiques que les mères (faire sauter sur les genoux, porter dans le dos, chatouilles, fausse bagarre…). Cette spécialisation paternelle fait que dès la fin de la première année, le père est le partenaire préféré des enfants pour le jeu.

Le sexe de l'enfant est un facteur important : les jeux physiques sont plus fréquents avec les garçons, comme on pouvait s'en douter. Et plus l'âge des enfants augmente, plus le jeu prend de place dans les interactions avec le père. Cette intensification est liée au développement des compétences motrices, cognitives et sociopersonnelles de l'enfant. Dans le courant de la deuxième année, les caractéristiques des jeux soulignent la mise en place et le renforcement de compétences sociales qui apparaîtront ultérieurement de manière autonome chez l'enfant : les règles, la compétition, l'opposition et les initiatives personnelles. On retrouve d'ailleurs ces différents aspects lorsque le père est impliqué dans des activités ludiques avec objets. Labrell (1997) a observé les interactions parents-enfants dans une situation de jeu libre avec des objets divers (balles, cubes, nounours, baguettes...), soit un jeu de construction. Si les pères et les mères présentent des conduites de tutelle très proches, des différences cependant confirment l'importance du père comme favorisant l'autonomisation de l'enfant. Au cours du jeu libre, les pères sont plus créatifs (mettre un pull à une balle et non au nounours) et n'hésitent pas à taquiner l'enfant (démolir la tour de cubes que celui-ci vient de construire). Au cours du jeu de construction, ils fournissent moins d'aides et de renforcements.

Cette sollicitation de l'autonomie avait déjà été soulignée par Gleason (1975, cité in Labrell, 1992) dans le domaine linguistique. Gleason en effet, émet l'hypothèse que les pères constituent des ponts linguistiques en direction du monde extérieur dans la mesure où, comprenant moins bien leur enfant que la mère, ils exigent qu'il s'exprime de manière plus claire. Labrell reprend cette notion de pontage et précise qu'elle se décline à travers quatre dimensions qui ne concernent plus exclusivement le langage. Ces dimensions, considérées par Labrell comme jouant un rôle essentiel dans le développement cognitif, semblent tout aussi pertinentes pour rendre compte du développement sociopersonnel de l'enfant :

– L'autonomisation : le père favorise la prise en charge par l'enfant du problème à résoudre. Il est incité à se débrouiller tout seul.

– Le partenariat : le père a tendance à considérer l'enfant presque comme un égal, éventuellement avec une composante de rivalité.

– La mise au défi : le père offre des situations déstabilisantes pour lesquelles il n'offre que des aides indirectes, plus difficiles à assimiler.

– La nouveauté : en proposant des situations nouvelles, le père est à l'origine de déstabilisations qui remettent en question des règles antérieurement acquises et permettent de découvrir autre chose.

5. La fratrie

Le milieu familial, c'est aussi la fratrie. Certes elle est aujourd'hui considérablement réduite (le taux de reproduction dans les pays européens oscille entre 1,2 et 1,8). La multiplication des recompositions familiales (divorce, séparation, suivies de formation d'un nouveau couple) amène une diversité des structures fraternelles dans lesquelles il convient de distinguer les fratries de germains (enfants ayant les mêmes géniteurs) des fratries recomposées.

La sociologie de la famille contemporaine souligne la nouvelle force d'ancrage du lien fraternel. Face aux mutations sociales, à l'éclatement du foyer parental, à la montée de l'individualisme se constituent de nouveaux réseaux de solidarité dans lesquels le « lien fraternel » prend une nouvelle importance (Langevin, 1998). Ce regain d'intérêt est aussi entretenu par les démographes qui constatent avec l'accroissement de la durée de vie la pérennité du réseau fraternel dans le développement de nouvelles pratiques sociales du « troisième âge » où le lien fraternel reprendrait une densité particulière.

Deux grands cadres de référence ont structuré l'étude des relations fraternelles dans la littérature psychologique :

– La théorie d'Adler qui accorde une importance toute particulière à la position dans la fratrie. Elle semble en partie caduque aujourd'hui, dans la mesure où, dans la plupart des pays occidentaux, le rang de naissance n'est plus un indicateur de préséance sociale et où loi et discours dominant prônent l'égalité entre frères. Il demeure la problématique psychologique aîné-cadet, vraisemblablement accentuée par la taille réduite des fratries biologiques contemporaines. Pour Lachal (1998), le premier enfant du couple est un « enfant-roi » représentation vivante du désir d'enfant de ses parents. Enfant-roi quand il est unique, détrôné (il ne peut y avoir deux rois) forcément par le cadet.

– La théorie psychanalytique pose la naissance d'un cadet comme un double traumatisme, à la fois objectal (obligation de partager l'objet d'amour) et narcissique (ne plus être le seul, ni le plus aimé). Dans cet axe, de nombreux écrits ont été consacrés aux réactions de l'aîné à la naissance du cadet et mis l'accent sur cette jalousie fraternelle-là, ignorant quelque peu sa réciproque, à savoir la jalousie du cadet à l'égard de l'aîné.

La jalousie n'apparaît que dans un triangle social. Pour White et Mullen (1989, cités par Volling 2002), elle n'est ni une émotion, ni un état d'esprit, mais un ensemble complexe et organisé d'émotions, de sentiments et de comportements développé par les trois protagonistes : le jaloux, le rival et l'objet d'amour. Chacun des individus de la triade est pris dans cet ensemble et toute évolution intra ou interpersonnelle peut modifier le complexe.

Un ensemble d'études expérimentales témoigne de la sensibilité des tout-petits (à partir d'un an) à une diminution de l'attention parentale quand celle-ci se trouve dirigée vers une poupée, un nouveau-né ou un pair inconnu. Parrott (1991) souligne que la jalousie fraternelle et la dynamique qui s'installe dans le triangle (parent-enfant) constitue une des plus importantes et déterminantes expériences de vie du jeune enfant.

Volling *et alii* (2002) proposent un paradigme expérimental permettant de susciter et d'analyser les comportements de jalousie. Il comporte deux situations triadiques (chaque parent avec les deux enfants) au cours desquelles il est demandé au parent de jouer uniquement avec l'un (3 mn), en suggérant à l'autre de s'occuper avec d'autres jeux, puis avec l'autre enfant (3 mn), puis avec les deux enfants. Cette situation est proposée lorsque les enfants les plus jeunes ont 16 mois. Des évaluations du comportement et des états émotionnels sont effectuées.

Les enfants présentant le plus de signes de malaise dans les situations triadiques quand ils sont exclus s'avèrent peu capables de s'intéresser aux autres jouets mais organisent leur comportement en direction de la dyade fonctionnant (prennent le jouet de leur frère, cherchent à attirer par tout moyen l'attention du parent). Cette liaison (émotion-comportement) est particulièrement forte chez les aînés. Par ailleurs, les deux triades familiales (avec le père et la mère) apparaissent relativement indépendantes… même proposées, comme ici, à quelques minutes d'écart. Le même enfant peut se montrer en détresse et « jaloux » lors de l'expérience réalisée avec la mère et capable de s'occuper seul dans la même situation avec son père ou inversement. Le fait d'être cible de l'attention parentale en premier ou en second ne semble avoir d'effets que sur les cadets, qui supportent mal de ne l'être qu'en seconde position, alors que vraisemblablement le niveau cognitif et de compétences sociales des aînés leur permet de ne plus être sensibles à cet effet de contexte. D'autres variables, la qualité de l'attachement, l'entente parentale apparaissent aussi facteurs explicatifs du dysfonctionnement comportemental « jaloux » des enfants.

Rufo (2002) souligne les effets formateurs de la jalousie fraternelle qui permet à l'enfant de se dépasser et de se construire. Une jalousie normale aussi bien de l'aîné vis-à-vis du cadet que de ce dernier à l'égard de l'aîné est le reflet de l'ambivalence des sentiments ressentis. Son intensité est souvent supportable, en liaison avec l'intelligence des enfants et leur tolérance à la frustration. Elle est temporaire, l'agressivité se sublimant en d'innombrables activités de compétition. Pour lui, les plus grands risques de perturbation pour l'enfant se rencontrent dans les cas où cette jalousie « naturelle » se trouve réprimée ou refoulée.

Pour Almodovar (1981, 1998), la référence théorique, subordonnant les relations qui se construisent à l'intérieur de la fratrie aux relations avec les parents, ne rend compte que d'une dimension à l'intérieur des relations fraternelles (la dimension verticale parents/enfants). Il convient d'y ajouter une dimension horizontale, celle des liens qui unissent les frères entre eux. Lachal (1998), s'appuyant sur l'analyse des mythes et des rôles symboliques de chacun dans les sociétés traditionnelles, intègre cet aspect et souligne qu'aîné et cadet ont une expérience singulière à vivre, un rôle propre à tenir qui sera déterminant pour leur développement ultérieur. Pour lui, il importe d'envisager l'interaction de quatre dimensions pour analyser la problématique particulière d'une fratrie :

– le croisement des variables sexes et position (aîné-garçon, cadet-garçon par exemple est une situation fraternelle différente et pour l'un et pour l'autre qu'aîné-garçon, cadette-fille). Il existe donc huit configurations spécifiques en fonction de ces variables.

– l'écart d'âge entre l'aîné et le cadet.

– l'importance de la fratrie.

– la place de chaque parent dans sa propre fratrie.

Pour un âge donné, la rivalité est plus fréquente et plus marquée dans les fratries unisexuées que dans les fratries composées d'enfants des deux sexes (Smalley, 1930).

Le modèle développé par Almodovar (1981, 1998) introduit la distinction nécessaire entre relations et expériences fraternelles. Pour lui, tout enfant connaît des expériences fraternelles, l'unicité et la gémellité en constituant les deux cas limites. L'expérience de l'enfant unique étant justement celle de l'absence de frère ou de sœur, celle du jumeau monozygote celle de la grande similitude.

Les travaux de Zazzo (1960) sur les jumeaux ont permis de montrer qu'en dépit de leur similitude, d'une « fusion gémellaire », les expériences fraternelles permettraient la construction de deux individus différenciés, couple complémentaire plutôt que reproduction à l'identique.

L'absence d'expérience fraternelle amènerait l'enfant unique à ne pouvoir qu'imaginer, ces expériences avec un frère ou sœur, « reduplication du soi », altérant chez les enfants uniques la possibilité de construction de l'Autre (Almodovar, 1998).

En référence à la théorie wallonienne, il souligne dans les autres cas que l'âge de l'enfant lors de la naissance du puîné, donne à l'aîné, selon son niveau de développement, des moyens sociaux différents pour affronter cette expérience.

Avant 2 ans, l'expérience d'intrusion que vit l'aîné pourrait être structurante sur la construction de sa personne en favorisant la distinction moi/autrui.

Pendant la période de différenciation (3e année et 4e année), l'expérience serait plus conflictuelle et l'enfant y réagirait à la fois par des réactions d'identification au plus jeune et d'affirmation nette de sa supériorité. Ce serait la période où prédominent les plus fortes relations de jalousie.

Au-delà de cet âge, l'enfant disposerait des moyens cognitifs lui permettant de se décentrer, d'avoir une conscience claire de son propre rôle et de pouvoir alors s'identifier plus ou moins aux parents en participant aux soins à l'égard du petit. Parentalisation précoce, parfois renforcée par les attitudes parentales, qui peut couper l'aîné de son enfance en lui faisant vivre des sentiments de responsabilité et de maîtrise de l'autre qui ne sont pas de son âge.

Pour Rufo (2002) l'écart d'âge optimal est de 6-7 ans, permettant à l'aîné d'avoir dépassé la problématique œdipienne. Les pulsions agressives céderaient alors le pas à la tendresse.

Certains travaux sur les relations fraternelles mettent toutefois l'accent sur l'importance des comportements d'imitation entre frères et sœurs (Cahn, 1962 ; Dunn, 1983). Ces échanges imitatifs, caractéristiques des jeunes enfants, souvent accompagnés de manifestations de plaisir auraient, dans le cadre des relations fraternelles, une spécificité due à la fois à la permanence tout au long de l'enfance des frères et/ou sœurs comme partenaires d'interaction et au processus de codéveloppement qu'ils vont connaître (Almodovar, 1986).

RÉSUMÉ

Le milieu familial est d'une importance prépondérante pour l'enfant dans la mesure où il est le lieu des premières relations et des premiers apprentissages. Le milieu familial remplit trois fonctions principales : assurer la survie du nouveau-né, son développement et préparer son insertion dans les institutions et groupes sociaux.

Les conceptions et attitudes éducatives parentales influenceront profondément et durablement le devenir de l'enfant. Ces attitudes sont souvent orientées par l'origine culturelle et/ou socioculturelle de la famille.

Si nos sociétés occidentales ont été profondément marquées au cours de cette seconde moitié du XXe siècle par une évolution du groupe familial, aussi bien dans sa forme que dans la répartition des fonctions entre les individus qui le composent, on constate toutefois qu'aujourd'hui encore, père et mère se différencient dans leurs rôles auprès des enfants.

Les travaux sur les relations à l'intérieur de la fratrie montrent l'influence de certaines variables telles que l'écart d'âge entre enfants, la similarité ou différence de sexe et l'âge de l'aîné à la naissance du cadet.

8

Les relations entre enfants : aspects développementaux

L'étude des relations entre enfants constitue un objet d'investigation relativement récent. Pendant longtemps, ces relations sont restées un domaine de préoccupation des seuls éducateurs, avant de prendre la place qu'elles occupent actuellement dans la recherche en psychologie.

C'est en cherchant à mieux comprendre la relation mère-bébé et surtout les effets pouvant résulter d'une carence du lien maternel que les psychologues ont été orientés vers cette étude. Les observations d'enfants « carencés » à l'intérieur des institutions ont permis de constater d'abord l'existence de tels liens, ensuite, l'importance qu'ils pouvaient jouer en tant que système d'affectivité.

Partant des travaux de Spitz sur les effets de la carence maternelle et pratiquant sur des bébés rhésus diverses modalités d'élevage, Harlow (1965) met en évidence qu'en situation de privation maternelle, le fait pour les bébés rhésus d'être élevés avec des compagnons d'âge neutralise partiellement les effets de la privation. À l'opposé des petits élevés seuls qui manifestent des troubles comportementaux empêchant leur intégration ultérieure dans un groupe, les bébés singes élevés en petits groupes *(together-together)* présentent, devenus grands, un comportement social et sexuel relativement adapté.

Simultanément, des observations portant sur de jeunes enfants élevés dans des cadres institutionnels très différents du modèle familial classique mettaient en évidence l'importance des compagnons de vie comme repères affectifs, source de sécurisation. Dans ces modes d'éducation, la place laissée aux parents était minime ou du moins très différente de celle que nous connaissons dans un cadre traditionnel, par contre, la plus grande attention était portée à la qualité et à la stabilité du groupe d'enfants. Bettelheim (1969) témoigne de cette importance des amis dans le kibboutz, David et Appel (1973) dans l'analyse qu'elles font de la vie dans la pouponnière hongroise de Loczy relèvent le même phénomène.

Aujourd'hui, le rôle socialisant des pairs dès la fin de la première année de vie est reconnu par tous. Dans les cultures occidentales beaucoup de bébés dont les deux parents travaillent fréquentent des crèches dès les premiers mois de vie, et il n'est pas rare pour les autres de voir les parents chercher à leur faire vivre très précocement de telles expériences sociales (fréquentation régulière d'une garderie). En France, à partir de 3 ans, tous les enfants fréquentent régulièrement, au moins à mi-temps, l'école maternelle.

En dépit de ces pratiques de vie collective précoce, on note que ces dernières années, le souci grandissant du développement cognitif des enfants conduit les crèches à proposer un milieu favorisant surtout l'activité individuelle « supervisée » par l'adulte. Legendre (2000), comparant à dix années d'intervalle (années 80-90) l'équipement des crèches et le comportement de jeunes enfants, constate qu'à la multiplication du petit matériel de jeu destiné à exercer les capacités intellectuelles et motrices fines, proposé pendant les activités libres, correspond une organisation significativement différente de l'activité des enfants : plus d'orientation vers les objets, moins d'orientation vers les pairs. Ce dernier résultat témoigne surtout d'une diminution nette de la fréquence des interactions amicales entre enfants, les interactions négatives et neutres restant stables.

1. Approches théoriques et méthodologiques

Alors que l'étude des relations enfants-parents a été dominée par la théorie psychanalytique, celle des relations entre enfants offrait *a priori* un champ beaucoup plus large de références théoriques et d'approches méthodologiques.

Dans la perspective piagétienne du développement, c'est seulement autour de 6-8 ans que vont pouvoir se développer de réelles interactions sociales entre enfants. Avant cet âge, l'égocentrisme, « assimilation du réel physique et social au moi et à l'activité de l'enfant », est une caractéristique de l'organisation mentale des jeunes enfants qui constitue une entrave au développement de telles interactions. L'incapacité de se décentrer de son propre point de vue aurait pour effet dans la communication entre jeunes enfants à amener chacun à ne parler « que de lui et de son propre point de vue », donc à ne pouvoir développer de réels échanges sociaux (qui nécessiteraient la prise en compte de l'interlocuteur).

Pour Beaudichon et Bideaud (1979), s'il est indubitable que les conduites égocentriques dans les tâches sociales et cognitives apparaissent plus fréquemment dans l'enfance qu'à tout autre âge, de nombreuses recherches révèlent aussi dès 2-3 ans la présence de conduites décentrées. Pour ces auteurs, il apparaît que l'importance accordée par Piaget à l'égocentrisme dans la communication entre enfants peut être un artefact dû au caractère inhabituel et souvent complexe des contenus sur lesquels les enfants étaient censés communiquer. Dans des situations plus habituelles, cette décentration apparaît plus aisée.

En proposant une synthèse des théories de Piaget et de Sullivan, Youniss (1980) dégage la spécificité des relations entre enfants dans le processus du développement social. À la différence des relations adulte-enfant marquées par l'asymétrie des partenaires et renforçant l'égocentrisme social de l'enfant, les relations entre enfants seraient fondées sur une forme de réciprocité favorisant l'émergence de la sensibilité à autrui et la co-construction d'une réalité sociale partagée. En permettant des expériences spécifiques, critiques pour le développement sociocognitif et socio-affectif, les relations enfant-enfant joueraient un rôle différent, complémentaire des relations adulte/enfant dans le processus global de socialisation.

Au premier plan aujourd'hui de l'étude des relations entre enfants, se situe la démarche éthologique (modèles et méthodes). Elle apparaît bien fondée pour le champ d'analyse particulier que constituent les relations entre jeunes enfants. Deux publications de 1972, *Ethological Studies of Child Behaviour* de Blurton Jones et *An Ethological Study of Children' Behavior* de Mac Grew donnent leurs lettres de noblesse aux études basées sur l'observation du comportement qui apparaissent alors comme une piste opérationnelle pour comprendre la dynamique des relations entre jeunes enfants.

Cette approche s'est de plus trouvée facilitée par la multiplication des institutions d'éducation collective (crèche, école maternelle) qui procure aux chercheurs des terrains d'études faciles d'accès. Elle s'est aussi appuyée sur le développement des techniques d'enregistrement du comportement (vidéo).

Aux phases d'observation initiale qui ont permis de décrire et d'organiser des répertoires comportementaux, succèdent actuellement des phases expérimentales permettant d'analyser les liens entre caractéristiques environnementales et l'organisation des relations entre enfants (cf. : l'approche en écologie développementale, chapitre 9).

2. Relations entre enfants d'âges différents

L'étude de ces relations se voit délaissée au bénéfice de l'analyse des relations entre pairs dont l'approche méthodologique est plus aisée. Cependant, Barker et Wright (1955) ayant répertorié le champ des activités relationnelles entre enfants constatent que 65 % de celles-ci concernent des partenaires ayant une différence d'âge supérieure à 12 mois. Ces activités sociales avec un aîné ou un cadet ne recouvrent pas uniquement le champ des relations fraternelles. En excluant ces dernières, on constate qu'encore 52 % des activités sociales entre enfants concernent des partenaires d'âges différents. Ces pourcentages portant sur des petits Américains tiennent compte des pratiques éducatives de garde collective, en groupe d'âge, habituelles dans nos sociétés. Dans d'autres cultures, il semblerait que la proportion d'activités relationnelles entre enfants d'âges différents soit encore plus importante.

Les études, le plus souvent expérimentales, consacrées à ce type de relation témoignent de la prise en compte très précoce par l'enfant de la différence d'âge de son partenaire. Cette prise en compte affecte la quantité et la qualité des interactions.

En ce qui concerne la quantité des interactions, il importe d'introduire un facteur supplémentaire : la familiarité. Dans le cas d'enfants totalement inconnus, la différence d'âge constitue un facteur positif d'apparition d'activités sociales chez les plus jeunes. Lougee *et alii* (1977) ont pu constater que dans des dyades d'enfants inconnus, constituées soit :

– de deux enfants de 3 ans,

– d'un enfant de 3 ans et d'un de 5 ans,

– de deux enfants de 5 ans,

la fréquence des activités sociales augmentait en fonction de l'âge. Elle était plus élevée dans les dyades de 5 ans que dans celles de 3 ans. Les dyades mixtes (3 ans-5 ans) occupent une place intermédiaire, les enfants de 3 ans y développant plus d'activités sociales que lorsqu'ils se trouvaient associés à un compagnon d'âge égal.

En revanche, lorsque les dyades sont constituées d'enfants familiers, les enfants présentent plus d'activités sociales avec des partenaires de même âge qu'avec des aînés (Langlois *et alii*, 1978 ; Baudonnière, 1985). L'influence de la différence d'âge sur la gamme des activités sociales observée, elle, n'est pas contestée. Brownell (1982) constate que les enfants de 18 mois ne développent pas les mêmes comportements avec leurs pairs qu'avec des partenaires plus âgés (24 mois). Avec ces derniers, ils utilisent plus de vocalises, plus d'actions sociales médiatisées par les objets, plus d'imitations. Shatz et Gelman (1973) ont pu montrer qu'un enfant de 4 ans adapte la complexité de son message verbal à l'âge (2 ans ou 4 ans) de son partenaire. Lougee (1977) constate lui aussi cette accommodation dans les dyades mixtes (3 ans-5 ans). Il souligne toutefois la grande variabilité interindividuelle concernant cette accommodation.

D'une façon plus générale, on remarque une répartition différentielle des activités sociales en fonction de l'âge du partenaire. Certaines sont plutôt réservées aux plus jeunes (l'assistance par exemple), d'autres aux plus âgés (la demande d'aide), d'autres aux égaux (l'agression). Pour Hartup (1983), les relations avec les pairs et celles avec des enfants d'âges différents ne jouent pas le même rôle dans le processus de socialisation. Les premières constituent un champ d'expériences permettant d'acquérir de l'habileté sociale dans le domaine des concessions mutuelles, les secondes permettraient plutôt l'expérimentation des relations d'autorité et de dépendance.

3. Les prémisses des relations entre enfants

Décrire l'évolution des relations entre enfants nécessite de s'interroger sur l'ontogenèse de cette relation, d'en situer les fondements. Une des contraintes posées à cette relation consiste en la nécessité pour le bébé de faire la distinction entre objet physique et objet humain, qui plus est, de reconnaître le pair comme élément de cette seconde catégorie. Certes, dès les premiers mois et dans la mesure où on dispose de plusieurs bébés (jumeaux dans le cadre familial, section de tout-petits dans une crèche), on a pu noter certaines réactions sensori-motrices orientées vers le pair dans la mesure où celui-ci constitue un stimulus audible et visible. L'orientation vers celui-ci vocalisant ou pleurant, le regard posé sur l'autre, le toucher fortuit de sa jambe ou la manipulation de son oreille sont en fait entièrement dépendants de la proximité physique et de la position dans laquelle les bébés ont été installés l'un par rapport à l'autre. Le pair est alors un objet ne donnant pas lieu à une gamme comportementale particulière. À deux mois par exemple, Flament (1986) rapporte que l'activité globale orientée vers une source sonore s'adresse aussi bien au pair qui pleure ou éternue qu'à la boîte à musique. À 3 mois, elle souligne que les agrippements au contact apparaissent fortuitement et sont étroitement dépendants de la position des bébés l'un par rapport à l'autre : la position couchée sur le côté (à proximité) augmentant leur fréquence, la position couchée sur le ventre les inhibant plutôt par la mobilisation qu'elle exige pour le maintien de la tête.

Recherchant avant 8 mois, avant donc la possibilité de manipulations communes d'un objet, les préludes du système interactif avec les pairs, Flament (1986), dans une situation aménagée pour favoriser les contacts précoces, souligne l'existence de réactions circulaires interpersonnelles permises par la coordination écoute-regard et vraisemblablement entretenues par le rythme engagement-désengagement du regard (entre 3 et 6 mois). Elle s'interroge sur la fonction de ces jeux mutuels, au départ fortuits mais répétitifs, et y voit une possibilité d'expérience favorisant la perception de la contingence interpersonnelle. C'est de cette première prise de conscience qu'émergeraient les deux systèmes interactifs (avec les parents, avec les pairs) qui se construiraient alors de façon combinée.

Pour beaucoup d'auteurs, l'ontogenèse des comportements sociaux est en interdépendance avec le développement cognitif. C'est de la perception par le bébé du lien de contingence aléatoire – caractéristique de la réponse sociale – et en opposition à la stabilité de réponse de l'objet physique qu'émerge la distinction objet social/objet physique.

Dans les objets sociaux, il convient toutefois de distinguer les adultes ou « grands » en général des bébés. Pour les premiers, la distinction est facilitée par l'ajustement de l'adulte aux compétences interactives du bébé (Stern, 1977). Pour les seconds, cette distinction est moins aisée, les partenaires bébés n'ayant pas la possibilité de s'entraider dans cette distinction.

Plusieurs hypothèses explicatives sur l'origine de ces interactions sont actuellement en concurrence :

– Pour les uns, le système d'interaction avec les pairs se construit en dérivation du premier système interactif (avec les parents) (Bruner, 1975).

– Pour d'autres, ce système est relativement indépendant et aurait pour origine les « rencontres sur les objets » (Mueller, 1977) qui permettent au bébé de percevoir l'autre comme cause d'action sur l'objet manipulé en commun. Toutefois, même dans cet axe explicatif, un lien est supposé entre les deux systèmes interactifs. Le développement du premier (parent-bébé) faciliterait, ou au contraire entraverait, celui du second (avec les pairs).

Le rôle des objets, primordial pour Mueller dans les premiers échanges entre enfants est toutefois remis en cause par certains auteurs qui constatent dès 8 mois de véritables échanges sociaux dans lesquels prédominent vocalisations, sourires et touchers. C Vincze ; Vandell *et alii* , (cités par Espinoza et Le Camus, 1991) considèrent que les manipulations d'objets (jouets) seraient plutôt une entrave à l'apparition d'échanges sociaux à la fin de la première année.

4. Le répertoire comportemental

Le premier axe de travail développé par les éthologistes a consisté à dresser le répertoire des comportements sociaux observables, base de travail indispensable à toute étude ultérieure. Ces répertoires de comportement sont au départ uniquement descriptifs, sans spéculation sur leur déterminisme. En France, Montagner et son équipe ont, à partir d'un vaste dispositif d'observation mis en place depuis 1970 dans diverses crèches, produit un tel répertoire. Ce répertoire se compose de quatre-vingt-dix items comportementaux correspondant à l'ensemble des gestes sociaux produits par les enfants entre 6-7 mois et 3 ans. Les analyses effectuées sur la structure de ces comportements ont permis de les regrouper en six catégories : les offrandes, les sollicitations, les menaces, les agressions, les tentatives et actes de saisie, les isolements et les pleurs.

Ce premier niveau, uniquement descriptif à partir de la forme des gestes, est toutefois très vite dépassé. Le seul regroupement de ces comportements en catégories marque bien la préoccupation des chercheurs d'aller au-delà et de cerner leur fonction.

Strayer *et alii* (1985) proposent une catégorisation des comportements sociaux des enfants, non d'après la forme des gestes mais d'après leur fonction. Ce n'est pas le geste en soi qui est déterminant de la catégorisation mais sa résultante. En fait c'est la réaction de la « cible » au comportement qui donnera sens au comportement lui-même. Ils distinguent deux grandes catégories :

– les **comportements affiliatifs** qui visent à augmenter la cohésion du groupe ; autrement dit est affiliatif tout comportement dont la cible est bénéficiaire ;

– les **comportements agonistiques** qui portent préjudice à la cible…

Chez les jeunes enfants, la motivation qui sous tend le comportement est souvent difficile à cerner. La valence positive ou négative n'est pas forcément claire :

– La pro-socialité correspond à l'ensemble des comportements intentionnels qui procurent un bénéfice à une autre personne. La motivation n'est pas spécifiée, elle peut être positive, négative ou les deux à la fois. Le sens pro-social du comportement sera donné par la fonction qu'il exerce sur la cible.

– L'antisocialité évite aussi la référence à la motivation (en cela elle se différencie de l'agressivité). Les actes antisociaux ont pour conséquence de nuire à une cible qu'il y ait eu ou non intention.

5. Aspects évolutifs du répertoire comportemental

À partir de leur catégorisation des « gestes sociaux », de 6 mois à 3 ans, Restoin, Montagner *et alii* (1983) constatent une évolution des comportements, marquée par de légères différences quantitatives dans la répartition des comportements des enfants entre leurs six catégories ; les différences apparaissent surtout à l'intérieur de chacune d'elles par l'émergence ou l'utilisation préférentielle à certains âges de tel ou tel item comportemental. D'une façon générale, on constate que cette évolution correspond à une communication de plus en plus claire et efficace entre les enfants.

Les offrandes. Avant 9 mois, les comportements d'offrande entre pairs sont rarissimes. On note l'émergence de ce comportement entre 8 et 12 mois (le plus souvent 10 mois). La quantité de comportements d'offrande varie peu ensuite d'une classe d'âge à une autre.

La forme de l'offrande s'améliore. Avant 12 mois, elle peut être proposée latéralement, voire en arrière par rapport à l'enfant-cible. Au-delà de cet âge, elle est toujours proposée de face. Entre 2 et 3 ans, le comportement d'offrande devient plus dépouillé (ni vocalisation, ni posture d'accompagnement), il arrive généralement à bon escient. Plus aisément décodé par le receveur, il ne donne lieu qu'à de rares refus. C'est seulement à la fin de la troisième année que commencent à apparaître les offrandes fictives.

Les sollicitations. Très fréquentes dès avant 9 mois, elles diminuent de 12 à 24 mois, leur pourcentage redevenant relativement fort au cours de la troisième année. Pour Montagner, cette diminution temporaire des sollicitations est à relier avec l'acquisition de la marche et les possibilités d'exploration nouvelle qu'elle permet.

Leur évolution la plus caractéristique concerne ici encore la forme. Avant 9 mois, on ne constate que deux formes de comportement de sollicitation : avancer la main en pronation en direction de l'objet tenu par l'autre et/ou pencher la tête sur le côté, un contact visuel étant établi avec le sollicité.

De 9 à 12 mois, bien que la main tendue en pronation demeure la forme prédominante de sollicitation, on voit émerger toutes les autres formes de comportement de cette catégorie, à l'exclusion de celles qui nécessitent la position debout, la main en supination et le langage.

C'est surtout entre 15 et 24 mois que s'améliore l'orientation de l'enfant sollicitant par rapport à l'enfant-cible. On constate aussi une augmentation du comportement « pointer du doigt » vers l'objet convoité, comportement qui deviendra la forme dominante de sollicitation entre 24 et 36 mois. C'est aussi dans cette dernière tranche d'âge qu'émergent les sollicitations verbales ainsi qu'un comportement de sollicitation par le regard (déplacement du regard de l'objet tenu par un autre aux yeux de celui-ci et inversement).

Les menaces. L'augmentation du pourcentage de menaces entre 12 et 15 mois peut être mise en liaison avec l'exploration active de l'environnement à laquelle se livrent les enfants de cet âge. Ceci augmente la probabilité de fréquence des conflits et des compétitions. À cet âge toutefois, le comportement de menace apparaît encore inorganisé. Il peut être exercé à vide ou être intégré dans des séquences comprenant aussi offrandes et sollicitations. Les réponses sont alors très variées, pouvant aller de l'offrande à la fuite ou à l'agression.

C'est seulement à partir de 20-24 mois que les menaces n'apparaissent plus que liées à des situations évidentes de conflit entre les enfants. Les séquences de menace présentent alors peu de variation dans leur structure, elles sont généralement brèves et peu redondantes. Elles sont décodées clairement par le receveur qui y répond rarement par une agression ouverte.

Les comportements de saisie et les agressions ouvertes. Actes de saisie et agressions ouvertes sont deux catégories dommageables pour l'enfant-cible. Avant 15 mois, ce sont les actes de saisie qui dominent les agressions, après cet âge, c'est l'inverse qui se produit. Entre 15 et 24 mois, on constate une période critique de par la fréquence particulière des actes dommageables à autrui. C'est aussi à cet âge que les éducatrices de crèche éprouvent le plus de difficultés relationnelles.

Les isolements et les pleurs. Le pourcentage de comportements relevant de cette catégorie reste relativement stable à partir de 9 mois (avant, il est difficile d'identifier clairement ces comportements). La tendance à s'isoler dans un groupe de pairs serait donc une caractéristique de base des jeunes enfants. Certaines formes d'isolement disparaissent : les balancements rythmés (normalement avant 18 mois), la position couchée ventre et visage à terre (entre 18 et 24 mois).

Pour Restoin et Montagner (1983), la référence à ce répertoire comportemental et à son évolution pourrait être judicieuse dans une visée préventive. La non-émergence de certains comportements sociaux ou la non-disparition d'autres aux âges habituels pourraient constituer un indice pertinent de difficulté à l'intérieur d'un groupe.

6. Les interactions entre enfants

Toute interaction se construit à partir d'une émission et, d'une interprétation de ce comportement par la cible (dans le sens, ou non dans lequel il avait été produit par l'émetteur) qui détermine la réponse produite. Remarquons que pendant longtemps, les possibilités motrices et cognitives des tout-petits affectent l'organisation des séquences interactives :

– Les gestes de communication, nous l'avons vu sont fréquemment peu clairs. Dans la grille pour l'analyse de l'activité des enfants de 24 à 36 mois, Legendre (1997) introduit à côté des émissions affiliatives ou conflictuelles une catégorie « équivoque » rendant compte de la perplexité du chercheur devant le « sens » de ce comportement et vraisemblablement de l'incertitude de la réponse qu'il pourra recevoir.

– Les cibles de ces comportements (pairs de l'enfant) sont eux, peu experts en décodage et vraisemblablement encore moins aptes que l'adulte à se décentrer pour donner sens au comportement émis. Legendre (1997) identifie de nombreuses interactions hétérogènes où cette fois, à une émission claire (à valence affiliative ou agonistique) correspond une réponse à valence opposée. Tout se passant comme si l'enfant avait mal interprété le comportement qui lui était adressé.

Toute l'évolution des comportements de communication au cours de la seconde année va tendre à une conventionnalisation : des gestes ou des mimiques de plus en plus clairs de la part des émetteurs et de mieux en mieux compris par les récepteurs. Pendant cette période, les interactions s'allongent (passant de séquences à deux actes à trois, voire plus) et se complexifient. Elles sont toujours favorisées par un contexte de manipulation d'objets. Pour La Frenière (1988), au cours de la seconde année, l'égocentrisme de l'enfant amène, en particulier, le développement de nombreuses compétitions pour la possession d'objets.

Après 2 ans, les interactions sociales continuent à évoluer quantitativement et qualitativement. Les enfants deviennent aptes à intégrer un troisième partenaire dans leurs interactions et l'attention soutenue dont ils deviennent capables permet le développement d'une nouvelle forme d'échange : l'imitation simultanée.

7. Les imitations simultanées

L'intérêt pour l'imitation simultanée a été initié par J. Nadel (1979) dans une perspective fonctionnaliste. Aujourd'hui, elle souligne que « l'imitation est une des plus puissantes capacités humaines, à la base de deux fonctions adaptatives de base : l'apprentissage et la communication » (Nadel, 2001).

Se situant dans le cadre wallonien du développement sociopersonnel, Nadel s'interrogeait sur le passage de la communication prélangagière (caractérisée par le partage émotionnel et la faible dimension symbolique) à la communication langagière (caractérisée par le partage symbolique). Pour elle, l'imitation simultanée est un comportement qui peut avoir une fonction tout à fait particulière à ce moment du développement (courant de la troisième année). Elle permet un partage émotionnel grâce à la possibilité de constat de l'identité simultanée de l'autre et pourrait constituer pendant cette période une structure favorable, voire la plus performante pour le développement d'interactions de longue durée entre enfants.

Cette hypothèse posée par Nadel en 1979 a été opérationnalisée grâce à la mise au point d'un dispositif expérimental visant à permettre l'observation des imitations simultanées (Nadel, Baudonnière, 1980). Dans un lieu connu des enfants (salle familière de la crèche) est aménagé un espace expérimental : disposition standardisée de dix objets en autant d'exemplaires que d'enfants. Les enfants, issus de la même section de crèche et recrutés sur la base du volontariat, sont introduits à deux ou trois par l'expérimentateur qui ne fournit « aucune indication qui risquerait de finaliser leurs comportements » (Nadel, 1986). La réunion se déroule en l'absence d'adulte. Les enfants peuvent quitter cet espace quand ils le souhaitent. Une caméra dissimulée les filme pendant leur réunion.

L'analyse porte principalement sur les « ports d'objets » et distingue les ports d'objets semblables où chaque enfant porte un exemplaire du même objet et les ports d'objets uniques où les enfants portent des objets différents. Les imitations simultanées sont repérées par la fréquence et la durée des ports d'objets semblables.

Depuis 1979, ce paradigme expérimental a été repris dans de nombreuses recherches menées par Nadel et son équipe. Actuellement, les résultats obtenus confirment l'hypothèse princeps en montrant que dans cette situation, les ports d'objets semblables, donc l'imitation simultanée dans les prises, les utilisations et les abandons d'objets, constituent la base des interactions entre enfants au cours de la troisième année.

Cette fonction de l'imitation simultanée apparaît spécifique de la troisième année. Avant, le taux d'imitation est relativement faible. Au-delà, il diminue au profit des interactions verbales (Baudonnière, 1984). Enfin, cette fonction de communication est surtout efficace en situation paritaire (similarité maximale des niveaux de développement entre partenaires) et en absence d'adulte.

Nadel et Pezé (1993) confirment que l'imitation au cours de la troisième année constitue bien un réel système de communication dont il possède les trois caractéristiques fondamentales : la réciprocité (plus un enfant imite un autre, plus il est lui-même imité), la codification (l'acceptation ou le refus de l'objet proposé comme support d'imitation conditionne la suite des échanges) et la synchronie (les deux partenaires s'attendent mutuellement pour exécuter leur imitation en même temps). L'imitation existe dès la fin de la première année de la vie, mais sa complexité de mise en œuvre en tant que moyen de communication nécessite un an et demi de plus.

Autre caractéristique de cette imitation : les rôles s'échangent en permanence. Il n'y a pas, dans une dyade donnée, un modèle et un imitateur. Les deux enfants remplissent alternativement les deux rôles. Contrairement à l'imitation néo-natale, cette imitation implique l'utilisation d'objets qui constituent le support de l'imitation. L'imitation même de gestes inadéquats (mettre les lunettes à l'envers) ou non pertinents (se toucher la tête, comme le partenaire qui vient de se cogner alors qu'il n'y a pas eu de choc pour l'imitateur) indique que l'objectif des enfants est bien de faire la même chose en même temps (Nadel *et alii*, 1999). Recherche de simultanéité et de synchronie sont les deux dimensions essentielles de l'imitation au cours de la troisième année. L'objectif est de montrer au partenaire qu'on s'intéresse à lui et qu'on peut partager une activité.

Cette approche se caractérise par son fort ancrage théorique. Elle a permis d'éclairer l'utilité fonctionnelle d'un comportement caractéristique du jeune enfant : « l'imitation simultanée » qui jusque-là avait peu intéressé les chercheurs parce que disparaissant au cours de l'ontogenèse. Elle constitue une approche nouvelle en psychologie de l'enfant dans la mesure où elle se démarque nettement de l'approche génétique, y puisant quand même son origine (l'hypothèse de Nadel prend sa source dans la théorie de Wallon) mais ne se centrant pas sur le devenir d'un comportement. L'objet est plutôt d'analyser finement sa fonction, les limites et les caractéristiques de son apparition à un moment donné du développement. On peut penser que ce type d'approche pourrait être repris dans d'autres secteurs.

Cette approche n'a pas pour objet des applications directes. Toutefois, par la précision des informations qu'elle procure, des applications pourraient en être dégagées concernant l'organisation des institutions d'éducation collective de tout-petits aujourd'hui encore souvent dominée par des *a priori*. Pour exemple, l'intégration d'enfants de 2 ans dans les écoles maternelles a posé le problème de l'organisation des groupes d'enfants de cet âge. Valait-il mieux réserver une section où ils seraient regroupés ou les intégrer dans des classes d'enfants plus âgés ? Le choix de cette seconde solution a souvent été fait et étayé sur des *a priori* concernant l'influence des aînés sur les cadets. Les résultats de Baudonnière (1985) vont à l'encontre de cette justification et démontrent qu'au contraire les activités sociales sont plus nombreuses dans les petits groupes constitués de pairs familiers que dans ceux où l'enfant de 2 ans se retrouve avec des aînés.

À la suite de ces travaux, deux séquences développementales ont pu être élucidées : celle de l'imitation et celle de la conscience d'être imité (Nadel, 2001).

Les premiers comportements d'imitation de mouvements faciaux apparaissent dès les premiers jours de vie. Progressivement ils s'élargissent à d'autres parties du corps, à des actions isolées sur les objets, puis à des séquences d'actions... Vers 42 mois, l'enfant est capable d'imiter des *patterns* gestuels non fonctionnels impliquant diverses parties du corps.

Dès 7 mois, l'enfant réagit spécifiquement au fait d'être imité. Il regarde son partenaire, attend sa réaction. Progressivement il expérimente l'effet de ses actions en modulant son activité tout en contrôlant l'action de son partenaire. Vers 21 mois, il semble percevoir l'intention communicative qui sous-tend ce type d'échanges.

Pour Nadel, l'apparition de déficits dans ces étapes développementales pourrait signaler des troubles graves de la communication tels qu'on les rencontre dans les cas d'autisme. Stimuler les comportements d'imitation simultanée pourrait en contrepartie être bénéfique aux enfants présentant de tels troubles.

8. La théorie de l'esprit

La « théorie de l'esprit » recouvre l'ensemble des connaissances et des représentations dont l'enfant dispose sur le fonctionnement psychologique général des êtres humains (Melot, 1999). Cette méta-représentation, concerne la possibilité de se représenter ce que l'autre pense, désire ou croit. Diverses orientations explicatives de son développement sont en jeu : la maturation, le traitement de l'information, le constructivisme.

Dans une approche constructiviste, Flavell (cité par Pagé *et alii*, 2001) identifie les quatre habiletés socio-cognitives que l'enfant doit développer :

– La connaissance de l'existence des états mentaux chez lui et chez les autres. Avant 2-3 ans, l'absence de cette habileté renvoie à un égocentrisme profond.

– Le besoin, disposition qui consiste à vouloir comprendre ce que ressent l'autre pour organiser son action, sans nécessairement y parvenir.

– L'inférence est la capacité à comprendre ce que ressent l'autre.

– L'attribution est la capacité à appliquer l'ensemble de ces habiletés dans un contexte donné.

Des décalages entre le développement de ces habiletés permettent de saisir certaines caractéristiques des interactions sociales des tout-petits.

La perspective sociogénétique fait de ce développement la résultante d'une prédisposition innée à chercher l'intersubjectivité, alimentée des multiples expériences sociales vécues par l'enfant. Elle propose un modèle où se coordonnent des « savoirs opératoires », des « savoirs faire » et des « savoirs vivre » permettant d'expliquer la diversité des styles socio-cognitifs (Pagé *et alii*, 2001).

Les approches développementales relatives à ce champ d'études situent à la fin de la période préscolaire, autour de 5 ans, une coupure radicale. C'est à partir de cet âge que l'enfant fait preuve de nouvelles aptitudes témoignant qu'il comprend que les représentations mentales peuvent varier selon les individus, être diverses et contradictoires, en fonction des points de vue ou des expériences vécues par chacun. L'enfant peut alors attribuer à autrui des connaissances et un état d'esprit différent du sien et organiser son comportement en conséquence. Lefebvre et Nadel (1999) par exemple situent entre 4 et 5 ans le développement de l'attribution d'intentionnalité.

RÉSUMÉ

Aujourd'hui, l'étude des relations entre enfants constitue un domaine important en psychologie de l'enfant. Il se caractérise par la multiplicité des approches théoriques et des méthodologies utilisées.

Malgré cette diversité, tous les résultats mettent l'accent sur l'existence précoce de ces relations et leur importance pour le devenir affectif et social des individus.

Cette convergence de résultats a contribué à l'évolution des pratiques à l'égard des tout-petits :

– à l'intérieur des institutions d'accueil et d'éducation, où l'on cherche de plus en plus à permettre précocement aux tout-petits de pouvoir développer un tel système interactif ;

– à l'intérieur des familles, où la demande d'institutions permettant aux enfants d'avoir des échanges avec des pairs est de plus en plus fréquemment présentée comme correspondant à un besoin de l'enfant.

Les approches actuelles cherchent à élucider comment se développent les méta-représentations (théorie de l'esprit) et à cerner leur influence dans l'organisation des relations précoces entre enfants.

9

Le groupe de pairs : structure et adaptations individuelles

Au-delà de la description du répertoire de communication, la démarche éthologique a permis de repérer dans les groupes de jeunes enfants, dès la troisième année, la formation de réseaux organisés structurant les relations entre pairs. Dans le groupe, certains enfants occupent des statuts privilégiés, fréquemment émetteurs ou cibles des émissions affiliatives, imités et suivis par les autres. D'autres au contraire sont plus fréquemment impliqués dans des interactions conflictuelles. D'autres enfin participent peu aux activités sociales.

Un premier groupe de recherches empiriques a d'abord mis en évidence l'importance de ces expériences précoces pour l'adaptation sociale ultérieure. Elles ont mis à jour un éventail de caractéristiques survenant chez des enfants ayant eu des difficultés de relations avec les pairs. Ceux-ci seraient plus susceptibles que d'autres de rencontrer des problèmes d'apprentissage (Amidou et Hoffman, 1965), d'abandonner précocement l'école (Ullman, 1957), de devenir délinquants juvéniles (Roff et Sells, 1972), de présenter un développement émotionnel perturbé et une difficulté à construire une image positive d'eux-mêmes (Ladd, 1999).

Les débuts du langage et de la catégorisation permettent de recourir à l'approche sociométrique. Bien que limitée du fait du jeune âge des sujets concernés, cette approche, surtout développée en Amérique du Nord confirme la structuration précoce des groupes de tout-petits. Elle est surtout utilisée dans une visée préventive, en liaison avec des « programmes éducatifs » à destination des enfants qu'elle fait apparaître comme ayant des statuts à risque soit « isolés », soit « rejetés ».

1. La dominance sociale

Issu des travaux de l'éthologie animale, le concept de dominance sociale paraît constituer un concept clé pour comprendre le fonctionnement comportemental de jeunes enfants entre eux.

Le recours à un schéma clair de dominance semble régler les relations entre les individus dans des espèces autres que l'espèce humaine. Il n'est pas la résultante du mauvais fonctionnement d'un groupe mais au contraire une structure utile à son fonctionnement. La dominance suppose des relations asymétriques entre les individus et permet l'évitement de certains conflits. En quelque sorte ce serait parce que chaque individu aurait une notion claire de la position qu'il occupe dans cette structure de dominance qu'un grand nombre de conflits seraient évités et que le groupe pourrait fonctionner. Cette même structure de dominance semble constituer un des organisateurs des interactions entre tout-petits, donnant sens à certaines séquences interactives.

Les recherches sur la dominance sociale dans les groupes constitués d'enfants d'âge préscolaire ont donné lieu à deux démarches analytiques, chacune d'elles étant sous-tendue par un modèle plus ou moins explicite de socialisation de l'enfant :

– D'une part, la dominance serait comprise comme une caractéristique individuelle. Chez chaque enfant, à partir de ses expériences sociales variées (en famille et dans le groupe de pairs) se développerait un style comportemental particulier. Ce style comportemental, quasi-trait de personnalité, en tout cas, caractéristique individuelle, déterminerait l'attitude de l'enfant dans ses échanges actuels, voire ultérieurs avec des pairs. Pour Montagner (1978), le profil comportemental individuel reste relativement stable et est indépendant du groupe dans lequel est intégré l'enfant.

– D'autre part, la dominance sociale serait comprise comme une construction descriptive résumant un ensemble d'adaptations ponctuelles entre enfants vivant dans un groupe stable (Strayer, 1985). Dans cette orientation, la dominance ne décrit pas une caractéristique individuelle, elle est le résultat des ajustements collectifs manifestés à l'intérieur d'un groupe de pairs. La dominance sociale serait un phénomène d'adaptation collective permettant au groupe de résister aux pressions endogènes visant à sa déstabilisation.

2. Les profils d'adaptation sociale

C'est à partir de l'attitude des enfants dans des situations de compétition et du rapport individuel entre taux d'activités affiliatives et taux d'activités agonistiques que Montagner (1978) décrit sept profils sociaux chez les enfants de 24 à 36 mois. Il estime que ces sept profils doivent se retrouver, particulièrement dans les situations de compétition ou de conflit à l'école maternelle, voire à l'école primaire :

– Les leaders sont des enfants participant beaucoup et s'imposant souvent dans les compétitions (le plus souvent, luttes pour la possession d'un objet ou d'une place). Leur taux de comportements affiliatifs (offrandes, sollicitations) est nettement supérieur à leur taux de comportements agonistiques (saisies, agressions).

– Les dominants agressifs se différencient des premiers par la fréquence de leurs agressions. Pour eux, c'est le taux de comportements agonistiques qui domine le taux des comportements affiliatifs.

– Un troisième profil d'enfant participant beaucoup aux compétitions se caractérise par la variabilité du comportement. D'un jour à l'autre, ils peuvent être plus proches soit des leaders, soit des dominants-agressifs.

– Les dominés craintifs participent peu ou pas aux compétitions. Ils ne s'y imposent que très rarement et se caractérisent par une fréquence élevée de pleurs, de manifestations de crainte.

– Les dominés agressifs eux non plus ne participent pratiquement pas aux compétitions. Ils se caractérisent par des agressions hors de propos, sans raison apparente.

– Les dominés aux mécanismes de leaders ne s'imposent que rarement en compétition. Ils se caractérisent par la fréquence de leurs comportements affiliatifs, la rareté de leurs comportements agonistiques.

– Enfin, un dernier groupe se compose d'enfants aux rares comportements sociaux. Souvent isolés, ils témoignent d'un très faible taux de comportements aussi bien affiliatifs qu'agonistiques.

S'interrogeant sur l'origine de ces différences, Montagner met en place un dispositif d'observation des parents lors de l'arrivée et du départ des enfants de la crèche. Il le complète par des questionnaires-entretiens avec les parents. Pour lui, les données recueillies éclairent les profils comportementaux observés. Certains parents se caractérisent par des postures inadaptées à l'égard de l'enfant et pouvant être des signaux d'agression ou tout au moins de non-invite à la communication. L'analyse des modifications observées dans le profil des enfants démontre l'incidence des comportements familiaux sur le style comportemental développé dans le groupe : l'enfant augmente ses agressions quand sa mère devient plus agressive. Selon lui le comportement de la famille est la cause la plus évidente de la différenciation des profils comportementaux observés.

Montagner souligne que l'environnement physique et social dans lequel évolue le groupe d'enfants peut avoir une incidence, en particulier sur la fréquence des agressions. Un accueil individualisé de l'éducatrice tend à les réduire ainsi que la disposition d'enfants côte à côte (à table par exemple). Toutefois, l'importance accordée par Montagner à ces facteurs (hors situation et individuels) pour expliquer les relations dans les groupes d'enfants qu'il observe situe ses résultats quelque peu à l'écart des autres approches éthologiques qui, elles, limitent leurs investigations à l'analyse de ce qui se passe dans le groupe observé. La démarche qui consiste à inférer d'observations faites dans un groupe des caractéristiques individuelles éventuellement prédictives de l'adaptation ultérieure peut apparaître critiquable, ou pour le moins hâtive. Les groupes de pairs observés par Montagner sont des pairs (au sens large du terme, donc avec des différences d'âge et de niveaux de développement). Les profils comportementaux identifiés peuvent aussi relever de ces différences de développement qui peuvent spécifier la position et le statut de chacun dans le groupe. Pour préciser cet aspect, il convient de rappeler que les enquêtes sociométriques effectuées en maternelle amènent fréquemment les aînés à apparaître en position privilégiée.

Pour Strayer (1989), l'adaptation sociale est un processus flexible qui tient compte à la fois des caractéristiques de l'individu et des contraintes du groupe. Chaque enfant s'y adapterait en fonction de son style et de l'écologie sociale du groupe. Strayer distingue trois types d'adaptation :

– les enfants retirés-inactifs, caractérisés par une faible implication sociale ;

– les enfants amicaux ayant plus d'implication, surtout affiliative, que les retirés ;

– les engagés-dominants, caractérisés par une forte activité et un taux de conduites agonistiques supérieur à celui des deux autres groupes.

Cette même catégorisation comportementale a été retrouvée par Jeunier, Trudel et Legendre (1997) dans des groupes en formation (suivi d'enfants démarrant leur première expérience de vie en collectivité). On remarque toutefois dans le groupe en formation un plus fort pourcentage d'enfants dans la catégorie « retirés » et plus d'activités agonistiques de la part des « engagés » que dans un groupe stable.

Certaines variables physiologiques apparaissent en liaison avec le profil d'adaptation sociale. La sécrétion de cortisol, indice physiologique du stress a été trouvée par Montagner, Restoin et Henry (1982) supérieure chez les enfants dominants agressifs à celle des leaders qui témoignent de plus d'activités pro-sociales. L'étude ce cet indicateur physiologique dans des groupes en formation a permis de repérer des différences de taux avant et après les séances de groupe. Les enfants « engagés populaires » se caractérisent par une faible concentration de cortisol (peu de stress) à l'arrivée et une diminution de celle-ci en cours de séance. Les enfants « engagés dominants » ont un taux variable avant et se caractérisent par les plus faibles niveaux en fin de séance (diminution du stress). Les enfants « retirés » eux n'ont pas un style de réponse physiologique particulièrement défini (Jeunier, Trudel et Legendre, 1997).

Le modèle écologique de socialisation précoce de Bronfenbrenner (1978) souligne la multiplicité des variables qui interagissent pour orienter la construction du style comportemental de l'enfant dans un groupe. Les compétences sociales sont vues comme le produit d'une co-construction liant le sujet à son environnement interpersonnel. L'enfant au cours des interactions intègre et récupère des informations sur la réussite ou non de ses comportements sociaux. Cette intégration d'informations l'amène à développer tel ou tel type de comportements.

Deux axes sont prioritairement retenus pour expliquer le comportement de l'enfant dans un groupe de pairs : la qualité de ses relations d'attachement et les caractéristiques tempéramentales.

Pourtant, ni le tempérament (Trudel, Blicharski et Strayer, 1997), ni la qualité de l'attachement (Montes, 1996) ne permettent de prédire avec certitude le style d'adaptation dans un groupe de pairs. Ces deux références demeurent toutefois essentielles pour la compréhension du phénomène.

Cayrou, Blicharski et Strayer (1998) constatent pour des enfants de 3 ans :

– que le tempérament est insuffisant pour prédire leur style d'adaptation sociale, on note seulement des scores élevés des enfants « retirés » sur les échelles tempéramentales : méfiance, irrégularité et humeur grognon et des scores faibles des enfants « amicaux » sur ces mêmes échelles. La seule prise en compte du tempérament permet de classer correctement 57 % des sujets.

– que les variables d'attachement sont elles aussi insuffisantes pour prédire le style comportemental dans le groupe. Les enfants « engagés » sont plus autonomes et distants de leur mère, plus indépendants, alors que les « retirés » se caractérisent par leur faible autonomie et leur faible indépendance. Les caractéristiques qualitatives de l'attachement permettent de classer 51 % des sujets.

En revanche, la combinaison de ces deux indicateurs permet une meilleure prédiction.

3. La structure des relations

Pour Strayer (1983), l'analyse de la structure des relations dans un groupe de jeunes enfants nécessite trois démarches complémentaires. L'une porte sur l'analyse des réseaux de dominance réalisée à partir de l'étude des conflits, l'autre concerne l'analyse des réseaux affiliatifs, la troisième porte sur l'analyse factorielle de la globalité des comportements.

3.1 L'étude des conflits

Les activités sociales dans les conflits ont été observées à partir d'un sous-ensemble du répertoire comportemental qui distingue :

– attaque (mordre, saisir, tirer, pousser),

– menace (esquisse de coup de pied…),

– soumission (se détourner, s'accroupir, reculer…),

– compétition (lutte pour un objet, supplanter, chiper un objet…),

– Conséquence des compétitions (perdre, gagner…).

À un niveau interindividuel, on remarque une organisation basée sur des asymétries dyadiques (si l'enfant A domine l'enfant B, alors l'enfant B ne peut dominer l'enfant A) et une transitivité linéaire (si l'enfant A domine l'enfant B qui lui-même domine l'enfant C, alors l'enfant A domine l'enfant C).

Au niveau du groupe, l'analyse du niveau d'asymétrie permet d'évaluer la plus ou moins grande rigidité des relations de dominance. On constate que celle-ci est forte dès le plus jeune âge (enfants de moins de 18 mois) et qu'elle augmente encore ensuite.

Les activités agonistiques ne surgissent donc pas de façon chaotique, mais s'organisent progressivement sous la forme d'un alignement hiérarchique de prérogatives sociales dont la rigidité augmente en fonction de l'âge. La diminution des conflits va de pair et témoigne de l'efficacité croissante de cette structure. Chez les tout-petits, la moins grande stabilité de la position hiérarchique des individus ne permet pas à la dominance sociale de jouer au maximum son rôle de réducteur des tensions dans le groupe.

Pour Strayer, l'analyse des réseaux résultant des activités agonistiques ne traduit qu'un aspect de la structure des relations dans le groupe. Le concept de dominance sociale apparaît insuffisant pour traduire toute la complexité des relations observées.

L'évolution des interactions conflictuelles observée par Chen (2001) pour les enfants de 2 à 5 ans l'amène à les considérer comme un contexte naturel permettant le développement de compétences sociales. Elle constate qu'à tout âge, les conflits débouchent rarement sur des agressions physiques violentes. L'évolution est positive, marquée par une modification de la problématique conflictuelle (la circulation et le partage d'objets pour les plus petits, l'opposition d'idées pour les plus grands) et une résolution de plus en plus autonome, sans recours à l'intervention de l'adulte.

3.2 Les réseaux affiliatifs

Les comportements affiliatifs (Trudel, Gauthier et Jacques, 1983), sont répartis en trois catégories :

– les comportements d'attachement secondaire (signal, approche, contact),

– les comportements d'attention sociale (regards),

– les verbalisations.

L'évolution génétique de ces comportements est marquée par une stabilité de la catégorie « attachement secondaire » qui, à tous les âges, constitue la trame de fond des activités affiliatives et par la supplantation progressive des comportements d'attention sociale par des comportements de la catégorie « verbalisations ». Ceci témoigne de la symbolisation de plus en plus grande des relations entre enfants.

Le réseau affiliatif se structure progressivement. Chaque enfant du groupe va petit à petit :

– identifier et sélectionner un ou des partenaires, cible(s) privilégiée(s) de ses comportements affiliatifs ;

– être engagé dans un système de réciprocité où lui-même sera la cible privilégiée des enfants qu'il a choisis pour cibles ;

– sélectionner progressivement ses cibles privilégiées parmi les enfants de son sexe.

S'appuyant sur l'observation comportementale, Espinoza (1993) constate un début du réseau affinitaire à partir de 13 mois. Chez les plus petits, il est marqué par une caractéristique qualitative : un taux particulièrement élevé de conduites sociales positives à l'intérieur de certains couples d'enfants. À partir de 19 mois, il se traduit surtout par une fréquence particulièrement élevée de conduites sociales (tant négatives que positives) et un taux particulièrement fort de réponses. Tout se passe comme si, à partir de cet âge, dans les couples d'amis, la communication était particulièrement efficace.

Se basant lui aussi sur des observations comportementales, Legendre (1997) différencie, à partir de la quantité et de la qualité des rencontres, sept groupes de relations dyadiques chez les petits de 21 à 37 mois :

– Les « amis » ou partenaires exceptionnels, couples rares (1,3 % des dyades observées). Les deux enfants sont plus de la moitié du temps proches l'un de l'autre et passent une bonne partie de leur temps de jeu en interaction positive.

– Les partenaires favoris (5,3 % des dyades). Ces deux enfants sont souvent proches l'un de l'autre (plus d'1/3 du temps) ; leurs interactions sont fréquentes et le plus souvent positives.

– Les partenaires habituels (15,8 % des dyades). Ils se distinguent des précédents par une fréquence moindre des interactions. La fréquence des interactions positives entre eux est supérieure à celle des conflits.

– Les partenaires positifs occasionnels (27,1 % des dyades). Peu d'interactions sont observées entre ces deux enfants, mais elles sont positives.

– Les partenaires négatifs occasionnels (61,20 % des dyades). Peu d'interactions sont observées entre ces enfants, mais elles sont plutôt négatives.

– Les partenaires épisodiques (24,1 % des dyades). La proximité physique entre ces partenaires est rare ainsi que la fréquence des interactions conflictuelles.

– Les partenaires évitants (6,3 % des dyades), rendant compte des couples possibles pour lesquels aucune interaction n'a été observée pendant les deux mois d'observation ; la rareté de leur proximité physique est supérieure à celle des partenaires semblant s'ignorer. Il semble que plus que d'une indifférence mutuelle, il s'agisse dans ce cas d'évitement.

3.3 Les analyses factorielles

Les résultats des analyses factorielles (Trudel et Strayer, 1985) portant sur l'intégralité des comportements sociaux confirment globalement la cohérence des regroupements habituels entre activités agonistiques et affiliatives. Le premier axe « affiliatif » et le troisième « affirmation de soi » correspondent bien aux découpages habituels. En revanche, l'axe « échange d'objet » souligne toute l'ambiguïté fonctionnelle de ce comportement qui n'apparaît pas aussi clairement affiliatif qu'il était supposé être dans les études antérieures. Ce résultat est d'autant plus important que l'on sait l'importance quantitative de ce comportement dans les relations entre enfants.

Le statut des « compétitions » est aussi difficile à cerner dans la mesure où elles se retrouvent sur les deux axes « affiliatif » et « affirmation de soi ».

Enfin, la convergence entre deux catégories : « échanges compétitifs » et « gestes amicaux » indique que les enfants ont plus tendance à entrer en compétition avec leurs partenaires affiliatifs qu'avec les autres membres du groupe.

Comme on peut le constater ci-dessus, les méthodologies nécessaires pour comprendre la structure des relations dans les groupes de tout-petits sont encore en élaboration. Les premiers modèles utilisés, issus de l'éthologie animale, s'avèrent utilisables, mais vraisemblablement insuffisants pour comprendre toute la complexité des relations humaines même quand il s'agit de tout jeunes enfants.

4. L'écologie du développement

L'organisation du cadre physique dans lequel vivent les petits caractérise un milieu, incitateur de certaines activités ou au contraire inhibiteur d'autres. Le jeune âge des sujets, la rapidité de leur développement moteur, intellectuel et social pose aux organisateurs des lieux de vie pour tout-petits, de nombreux problèmes à résoudre pour adapter de façon optimale l'environnement physique à leurs besoins spécifiques. Parmi les caractéristiques environnementales, l'organisation de l'espace semble avoir une influence toute particulière sur le développement des activités sociales des tout-petits.

Pour les enfants de 3 à 5 ans, des zones d'activités clairement circonscrites et des zones de déplacement nettement différenciées constituent une organisation dans laquelle on constate plus de jeu coopératif, moins de conflits et plus d'activité soutenue (Field, Gump et Moore, cités par Legendre, 1999).

Pour les plus petits (21-36 mois), Legendre et Fontaine (1991) démontrent l'importance de la possibilité de connexion visuelle avec l'adulte. Lorsque cette connexion n'est pas totale (en permanence et quel que soit l'endroit où se trouve l'enfant), ils remarquent :

– une plus faible utilisation des espaces à distance des adultes,

– un temps inférieur consacré aux activités sociales,

– une proportion de conflits plus élevée,

– des séquences interactives de plus faible durée.

Pour Legendre (1995), l'impossibilité temporaire de connexion visuelle avec les adultes de la crèche introduit une contrainte environnementale à laquelle les enfants de 21/36 mois ne peuvent faire face. En privant les enfants de la base de sécurité qui leur est encore nécessaire, elle restreint leurs possibilités d'activité sociale.

L'ensemble des résultats obtenus témoigne de la combinaison des deux influences : sociale et environnementale sur l'organisation des interactions chez les tout-petits. Le rôle joué par l'adulte est ambigu : il faut le voir, cela sécurise et permet l'engagement d'interactions de qualité entre pairs, mais il ne faut pas en être trop près (c'est en effet dans les zones de proximité des adultes que l'on constate le moins d'interactions entre pairs et les interactions les plus brèves).

Les liens privilégiés entre certains enfants « dyades privilégiées ou exceptionnelles » ne compensent que partiellement l'effet négatif de l'absence de possibilité de connexion visuelle avec l'adulte. Seuls les couples d'enfants ayant déjà une relation privilégiée entre eux et sécurisés par cette relation sont capables de continuer à engager des interactions dans les secteurs éloignés (d'où les adultes ne sont pas visibles). On remarque toutefois que même pour ces enfants-là, la contrainte physique a de l'importance, diminuant, la qualité et la quantité des interactions (Legendre, 1997).

5. L'approche sociométrique

Issues de la psychologie sociale, les techniques sociométriques (Moreno, 1934) ont pour objectif d'appréhender le réseau de relations entre individus à l'intérieur d'un groupe constitué. La démarche principale consiste à interroger l'ensemble des individus du groupe en leur demandant de citer le ou les autres individus auxquels ils souhaiteraient s'associer ou au contraire rejeter dans une situation précise ou pour une activité déterminée.

L'ensemble des réponses obtenues permet d'obtenir trois types d'information :

– À un niveau individuel, les statuts particuliers de certains sujets très appréciés (on parlera d'enfants populaires ou d'enfants stars), très rejetés par leurs compagnons, ou isolés (n'étant jamais ou rarement cités).

– À un niveau interpersonnel, les choix préférentiels peuvent mettre en évidence des attitudes réciproques (l'enfant A choisit l'enfant B qui lui-même choisit l'enfant A) ou des choix unilatéraux. Vaughn *et alii* (2001) constatent une augmentation des choix réciproques, le plus fréquemment unisexués, en fonction de l'âge. L'observation des comportements valide les « choix » effectués par les enfants. Ceux qui se sont choisis mutuellement se regardent et interagissent entre eux plus fréquemment. À tout âge, les enfants appartenant à une dyade à choix réciproques témoignent d'une compétence sociale supérieure à celle des enfants n'effectuant que des choix unilatéraux.

– Au niveau du groupe, les techniques sociométriques permettent d'observer la cohésion du groupe, la structure et la densité des réseaux d'affinité et d'ostracisme.

L'utilisation de cette approche avec des enfants d'âge préscolaire (au plus tôt, à partir de 3 ans) a d'abord nécessité des aménagements méthodologiques ayant pour objectif d'augmenter la validité et la fidélité des informations obtenues. Trois procédés méthodologiques sont utilisés :

– **les désignations :** chaque enfant dispose des photos de tous les individus de son groupe d'appartenance. Après les avoir identifiés, il pointe avec le doigt ceux avec lesquels il aime le plus jouer (Mc Candless et Marshall, 1957). Augmenter le nombre de désignations augmente la fidélité des informations.

– **l'échelle sociométrique :** l'enfant doit classer toutes les photographies des enfants de son groupe dans une des trois boîtes mises à sa disposition ; l'une correspond à ceux avec qui il aime beaucoup jouer, la deuxième à ceux avec qui il aime « un peu » jouer, la troisième à ceux avec lesquels il n'aime pas jouer (Asher *et alii*, 1979). Les informations recueillies à l'aide de cette technique apparaissent plus fidèles que celles obtenues par la méthode des désignations. L'analyse du corpus des réponses permet de classer les enfants du plus au moins populaire sans pouvoir distinguer les « rejetés » des « isolés ».

– **les contrastes dyadiques :** l'enfant est confronté à chaque fois à une paire de photographies et doit désigner celui des deux avec lequel il préfère jouer (Vaughn et Waters, 1981). Cette procédure est sans doute la plus fidèle mais aussi la plus coûteuse.

En dépit des difficultés méthodologiques, ces enquêtes sociométriques laissent apparaître certains enfants avec des positions claires (populaires, impopulaires, rejetés, négligés, controversés, moyens), en bonne corrélation avec les observations comportementales témoignant de profils comportementaux distincts pour chacun de ces statuts sociométriques (Begin et Pettigrew, 1988 ; Wood, 2002). De plus, l'apparition dans les corpus de réponses de certains phénomènes comme la ségrégation sexuée de partenaires et l'augmentation des choix réciproques repérés par ailleurs comme indicateurs développementaux, témoigne d'une certaine validité des indications obtenues à l'aide de cette approche.

La faible fidélité des informations obtenues est à interroger. Pour Begin (1986), elle est plus le reflet de la relative instabilité des statuts à l'intérieur du groupe (la structure évoluant d'autant plus rapidement que les enfants sont jeunes) qu'un artefact dû à l'absence de cohérence des choix émis par les jeunes enfants.

La fidélité supérieure des choix positifs sur les rejets indiquerait soit que sur le plan cognitif, le concept d'acceptation se forme plus rapidement que celui de rejet, soit sur un plan affectif que les « amitiés » sont précocement plus stables que les « inimitiés ».

Pour certains, l'absence de fidélité des réponses tiendrait au caractère encore très vague de la notion de conformité à l'adulte qui constitue un des organisateurs des choix sociométriques à partir de 6 ans et pendant les premières années d'école élémentaire.

Tenant compte de ces difficultés, la plupart des auteurs utilisant ces techniques avec de jeunes enfants multiplient les prises d'information, utilisant par exemple dans la même étude trois techniques, l'une de désignation, l'autre de choix par paire et une échelle sociométrique (Vaughn *et alii*, 2001, avec des enfants de 36 à 57 mois).

6. Les enfants à risque

6.1 Les enfants rejetés

Le rejet par le groupe de pairs, formalisé par les mesures sociométriques, est considéré comme un indicateur valide des problèmes d'ajustement. Le manque d'expérience sociale, propice au développement cognitif et affectif qui en résulte, est dommageable pour les enfants rejetés. Le rejet par les pairs constitue une situation stressante pour l'enfant, susceptible d'accroître le risque de troubles du développement surtout quand il s'agit d'un rejet chronique.

Plusieurs caractéristiques distinguent les enfants rejetés des autres enfants, mieux acceptés par leurs pairs :

– un déficit en compétence sociale (difficulté à initier des relations, à comprendre correctement une situation sociale). Ils sont fréquemment considérés par leurs pairs et les enseignants comme agressifs (Boivin, Dorval et Bégin, 1990). Wood (2002) observe chez ces enfants (entre 3 et 5 ans) de la désobéissance, de l'hyperactivité, du retrait social et des agressions ouvertes chez les garçons ;

– un niveau de connaissances scolaires plus faible que la moyenne ;

– la fréquence d'appartenance à une famille de niveau socioculturel peu élevé.

Environ 1/3 des enfants rejetés en maternelle maintiennent ce statut pendant les trois années d'institution préscolaire. Walker (2002) relie ce statut à des caractéristiques tempéramentales. Les enfants rejetés, les garçons surtout seraient plus fréquemment caractérisés par leurs maîtres comme difficiles, du fait de leur haut niveau d'activité et de leurs faibles possibilités d'attention et de concentration.

Pettit *et alii* (1996) proposent un modèle de développement du rejet par les pairs combinant deux axes :

– L'expérience sociale jouerait un rôle dans l'émergence du statut et des particularités comportementales qui y sont associées. Beaucoup d'enfants rejetés appartiendraient à des familles aux attitudes éducatives très coercitives. Le degré élevé d'agression présenté par ces enfants dans les groupes ne serait que le reflet des expériences familiales.

– Le comportement de l'enfant serait ensuite facteur de stabilisation du statut ou d'évolution. Les auteurs remarquent que seuls les enfants très agressifs conservent le statut de rejetés pendant toute la maternelle et au-delà.

Vitaro *et alii* (1992) comparant des groupes d'enfants rejetés chroniques (sur plusieurs années) à des rejetés ponctuels (sur une année) constatent un décalage comportemental grandissant entre les deux groupes. Les premiers ne semblent pas s'ajuster alors que les seconds deviennent progressivement indistincts des enfants à statut moyen.

Pour ces auteurs, dans une optique préventive, c'est dès l'institution préscolaire qu'il convient d'identifier et d'aider les enfants présentant le risque de rester « rejetés chroniques ».

6.2 Les enfants victimes de leurs pairs

Alsaker (1993) s'intéresse tout particulièrement à la maltraitance par les pairs. Elle compare un ensemble de données provenant de diverses sources : enfants (âgés de 5 à 7 ans), éducateurs, parents et constate que les réponses des enfants permettent un classement clair entre victimes, agresseurs, ou « ni l'un ni l'autre ». Les réponses des adultes font mal la distinction entre les enfants plutôt batailleurs et ceux qui sont réellement agressifs. En revanche, leur évaluation de l'isolement dans le groupe apparaît un indicateur pertinent de difficultés relationnelles présentes et futures. Pour Ladd (2002), l'identification optimale des « victimes » dans un groupe de jeunes enfants nécessite le croisement des diverses sources de données (enfants, éducateurs, parents). Avant 5 ans, il constate la faible validité des informations issues des seuls témoignages enfantins.

Ladd (2002) constate la diversité des cheminements qui amènent les enfants au statut de « victime » dans un groupe de pairs. Les expériences de harcèlement par les pairs peuvent varier en fonction de leur durée et de leur fréquence. Pour certains, une seule expérience malheureuse peut avoir des effets intenses et durables. Certaines attitudes parentales apparaissent facteurs de risque : le faible ajustement, un fort niveau d'exigence et une relation fusionnelle en particulier pour les garçons. Les études longitudinales réalisées témoignent que l'accès au statut de victime s'accompagne d'une augmentation de l'isolement et d'une grande maladresse comportementale dans les relations avec les pairs (Kochenderfer-Ladd, 2001).

RÉSUMÉ

Quelle que soit la méthodologie utilisée (dérivée de l'observation ou d'une technique sociométrique) on constate qu'à l'intérieur d'un groupe de jeunes enfants se construit une hiérarchie organisatrice des relations entre eux. Les études différentielles ayant pour objectif de repérer les caractéristiques comportementales des enfants en fonction de leur place dans cette hiérarchie contribuent à valider l'hypothèse selon laquelle les enfants à statut élevé dans le groupe se caractériseraient par une compétence sociale particulière.

La compétence sociale est une caractéristique tributaire du niveau de développement de l'enfant, de ses possibilités fonctionnelles et de son intégration des règles sociales. Le lien entre compétences à communiquer et adaptation au groupe de pairs est mis en évidence par les diverses approches utilisées.

10

La construction de l'identité sexuée

1. Le modèle cognitivo-socio-affectif
2. Manifestations de l'identité sexuée

Savoir que l'on est fille, agir en fille et partager les valeurs traditionnellement féminines de sa culture ou savoir que l'on est garçon, agir et partager les valeurs traditionnellement masculines est le reflet d'une construction qui démarre très précocement : celle de l'identité sexuée.

Cette construction est un des fondements de l'identité individuelle, très tôt, elle va constituer un axe organisateur des conduites sociales. Plusieurs auteurs ont cherché à expliciter les processus qui permettent aux enfants de se situer précocement dans un monde sexué.

Le modèle « cognitivo-socio-affectif » développé par Le Maner (1995) rend compte des différentes dimensions qui interagissent dans cette construction. Il s'appuie sur la définition que Kohlberg (1966) propose de l'identité sexuée. Pour être un individu sexué psychiquement, l'enfant doit être capable de :

– différencier et identifier les deux sexes,

– avoir conscience de son appartenance à l'une de ces deux catégories,

– avoir connaissance des rôles sexués attribués aux deux sexes dans sa culture,

– adhérer en fonction de son sexe aux rôles sexués qui lui sont considérés culturellement comme appropriés.

Les travaux de Williams, Bennet et Best (1975) témoignent de l'achèvement de cette construction à la fin de l'enfance. Ce n'est effectivement qu'à cette période que les enfants seront capables de bien discerner les tâches masculines et féminines dans leur culture.

Auparavant, les jeunes enfants donnent des signes de leurs progrès dans cette construction qui permettent de suivre sa mise en place. Contrairement à Kohlberg, Le Maner considère que l'acquisition de l'ensemble des connaissances n'est pas un préalable à l'adoption de comportements sexués. Elle en repère des éléments bien plus précoces, dès 24 mois.

En outre, elle insiste sur la multiplicité des facteurs qui concourent à cette construction : biologique, cognitif, social. À l'instar de Chiland (1995), elle évoque pour cette construction une alliance entre des mécanismes cognitifs, l'environnement social et familial, le tout s'articulant autour du sexe biologique. C'est de ces différentes influences mêlées les unes aux autres que l'enfant élabore progressivement sa construction identitaire.

1. Le modèle cognitivo-socio-affectif

Le sexe biologique est le fondement du processus de construction de l'identité sexuée, c'est sa prise en compte qui différencie le concept d'identité sexuée de celui d'identité de genre qui ne fait lui aucune référence au sexe physique. Il correspond au « sexe d'assignation », sexe déclaré à la naissance en fonction de l'appareil génital externe.

Les quelques cas d'anomalies chromosomiques ou hormonales ne semblent guère affecter le processus de construction de l'identité sexuée. L'enfant se construira garçon ou fille parce que son sexe d'assignation aura été l'un ou l'autre et qu'il aura été élevé en tant que garçon ou fille.

1.1 Le processus cognitif

Pour Kohlberg (1966), c'est le seul élément déterminant de la construction de l'identité sexuée. C'est en relation avec son développement intellectuel que l'enfant élabore spontanément un modèle cognitif lui permettant de catégoriser le monde en masculin/féminin et de s'y situer lui-même. Pour cet auteur, plusieurs stades hiérarchiquement organisés rendent compte de cette construction :

À partir de 2-3 ans, l'enfant va percevoir un certain nombre de différences liées au sexe et présentées par les personnes de sa culture. Au début, il s'agira essentiellement de caractéristiques physiques : vêtement, coiffure... Il acquiert ainsi des connaissances de plus en plus importantes sur les caractéristiques des deux sexes ;

Un peu plus tard, il va acquérir d'autres connaissances, vers 3-4 ans la constance de genre (comprendre que l'adoption temporaire des caractéristiques de l'autre sexe ne modifie pas le sexe de la personne) et la stabilité de genre : comprendre que le sexe est définitif.

C'est seulement après l'acquisition de l'ensemble de ces éléments (vers 6-7 ans) que l'enfant pourrait adopter des comportements sexués. L'enfant se trouve alors au niveau opératoire.

Martin et Halverson (1981) proposent un modèle d'organisation interne : le schéma de genre. Ce schéma correspondrait à une théorie naïve qui « guide le traitement des informations en structurant les expériences, régulant les conduites et procurant une base pour établir des inférences et des interprétations ». Ce schéma de genre apparaîtrait à partir de 4 ans. Il se composerait de deux sous schémas. Ce sont leurs développements simultanés et en interaction qui permettraient à l'enfant d'élaborer les aspects cognitifs de son identité sexuée :

– un schéma de type « *in group-out group* » qui contiendrait toutes les informations générales permettant à l'enfant de catégoriser objets, conduites, traits, rôles, etc., en masculin ou féminin ;

– un schéma plus détaillé, de type « *own-sex schema* » version spécifique du premier qui contiendrait l'ensemble des informations concernant objets, conduites, rôles, etc., culturellement considérés comme appropriés à son sexe.

Ainsi, le schéma « *in group-out group* » contiendra l'information : les filles jouent à la poupée, pas les garçons et le « *own-sex schema* » d'une fille, l'ensemble des informations sur les jeux féminins avec des poupées.

Pour Le Maner (1997), ces modèles, en particulier le schéma de genre témoignent des aspects cognitifs, par le biais du mécanisme de catégorisation sociale, mis en œuvre dans l'acquisition de l'identité sexuée. En revanche, ces modèles n'expliquent ni la prise de conscience de son propre sexe, ni l'apparition de conduites sexuées précoces. Elle observe pourtant dès 24 mois des choix préférentiels de partenaires de même sexe et d'activités conformes aux stéréotypes (les garçons aux voitures et les filles aux poupées !). Le Maner suppose donc que bien avant les 4 ans définis par Martin et Halverson, il existe une forme élémentaire de ce schéma permettant à l'enfant d'effectuer de précoces choix sexués.

Granié-Gianotti (1997) divise l'identité sexuée en deux instances particulières : « l'identité sociale de sexe » et « l'image sexuée de soi ». Cette division permettrait de comprendre l'évolution du schéma de genre :

– L'identité sociale de sexe débuterait entre 24 et 36 mois. Elle correspondrait à la conscience prise par le sujet qu'il appartient à une catégorie particulière de sexe et permettrait l'inscription du sujet dans le social par cette appartenance. Cela entraînerait un besoin de connaissances sur ce qui définit son groupe (objets, traits, rôles...). Ces connaissances seraient acquises par l'intermédiaire du schéma de genre qui, agissant en tant que filtre pour les perceptions, permettrait de « savoir ce qui relève de chaque groupe » et ce « qu'il convient de faire en tant que membre de l'un d'eux ».

– L'image sexuée de soi, vers 4-5 ans concerne la gestion par le sujet de cette appartenance à un groupe sexe. Il s'agit d'une restructuration individualisée du schéma de genre, due selon Malrieu et Malrieu (1973) à des conflits socio-cognitifs. Les premières certitudes sur le sexe entrent en conflit avec de nouveaux constats. L'enfant se rend alors compte que « tout n'est pas nécessairement vrai pour tout le monde » (Golombok et Fivush, 1994). Il est alors conduit à reconstruire son propre schéma de genre qui, s'adaptant à ces nouvelles expériences dépasse les premiers stéréotypes sociaux.

Pour Granié-Gianotti (1997), l'identité sexuée est « une instance de socialisation, mêlant à la fois un mécanisme d'acculturation par l'intermédiaire de l'identité sociale de sexe et un mécanisme de personnalisation par l'intermédiaire de l'image sexuée de soi ». Chronologiquement, on constate :

– un schéma de genre plutôt rigide constitué de deux sous-schémas ; ce schéma de genre sous-tendrait l'acquisition de l'identité sociale de sexe ;

– un réaménagement du schéma de genre lors de l'acquisition de l'image sexuée de soi : les connaissances devenant plus flexibles et moins saillantes dans le traitement des informations.

1.2 Influence de l'environnement

Les mécanismes cognitifs présentés ci-dessus permettent donc de comprendre comment l'enfant est acteur dans cette construction identitaire par le biais de ses possibilités cognitives. En revanche, ils ne permettent pas de saisir ce qui amène l'enfant à s'intéresser à l'objet « sexe » et à construire si précocement un schéma de genre.

Cet intérêt ne peut être dû qu'à des renforcements extérieurs aux sujets qui reçoivent de l'environnement social des attentes spécifiques en fonction de leur sexe les poussant vers une nécessaire différenciation (Granié-Gianotti, 1997).

Dès sa naissance, l'enfant, « jolie, petite fille » ou « beau garçon », est d'emblée confronté à la différence des sexes. Les adultes les plus proches (son père, sa mère) vont dans leur prise en charge être eux-mêmes les premiers indicateurs de cette différence liée au sexe :

– Bien souvent père et mère se seront partagé les tâches : nutrition, soins pour la mère ; stimulation, jeux pour le père (Le Camus, 1987).

– Le holding maternel se distingue du holding paternel : la mère a tendance à porter le bébé près de son visage ou de sa poitrine alors que le père l'éloigne davantage le tenant à hauteur de taille, le soulevant dans les airs à bout de bras… (Kestemberg, 1981).

– D'une façon générale, toutes les interactions précoces sont dépendantes des caractéristiques sexuelles des deux partenaires : les interactions varient en fonction du sexe du parent, du bébé ainsi que du caractère unisexué (mère-fille ou père-garçon) ou mixte de la dyade.

Cette imprégnation familiale précoce à la différenciation des sexes engage les enfants à organiser leur monde selon cet axe. Zaouche-Gaudron (1997) montre que plus les pères sont « différenciés » des mères, plus les enfants semblent construire rapidement les catégories sexuées.

Le Maner (1997) souligne l'importance dans le développement de l'identité sexuée des attentes et pressions de l'environnement familial et social de l'enfant :

– Les adultes, parents ou non, ont généralement des représentations différenciées de l'un et l'autre sexe, de nombreuses études confirment l'existence de stéréotypes parentaux à ce sujet (Condry et Condry, 1976) : les garçons aimeraient chahuter, jouer avec des voitures, alors que les filles préféreraient les jeux calmes, la poupée ou les déguisements (Fagot, 1991).

– Garçons et filles avant un an évoluent dans un environnement physique différencié de la couleur du décor ou du vêtement au motif de la tétine, culturellement approprié à leur sexe (Pomerleau *et alii*, 1990).

– Les modalités d'interaction sont aussi différentes. Les filles sont plus sollicitées pour les conduites pro-sociales : sourires, vocalises… Les garçons sont plus encouragés dans leurs activités motrices et physiques (Labrell *et alii*, 1997).

– Cyrulnik (1989) souligne qu'il existe une différence de gestualité et de discours selon le sexe du bébé. Dans une situation de change par exemple, on donne plus d'explication sur l'environnement extérieur au bébé garçon, alors qu'on commente plus l'activité en cours au bébé-fille. Par ailleurs, dans la même situation, le bébé-fille recevra un plus grand nombre de stimulations supplémentaires (non directement utiles au change) que le bébé garçon.

– Dans la deuxième année de la vie, l'enfant, surtout le garçon, est encouragé par ses parents à utiliser des jouets sexués et à éviter les activités considérées comme appropriées à l'autre sexe (Fagot, 1978). Sur ce point, il apparaît que c'est le père (Langlois et Down, 1980) qui se montre le plus vigilant au respect par son enfant d'activités ludiques conformes à son sexe.

Les parents se montrent donc fortement différenciateurs en fonction du sexe de l'enfant, et ce surtout au cours de la seconde année. Cette période apparaît inconsciemment aux adultes comme sensible dans la construction de l'identité sexuée de l'enfant. Par la suite, lorsque ce dernier s'affirme en tant que garçon ou fille, ces pressions deviennent moins fortes (Le Maner, 1997).

Pressions familiales et extra-familiales, car les adultes non-parents témoignent des mêmes attitudes différenciatrices (Seavey *et alii*, 1975), se conjuguent pour orienter l'enfant très jeune à catégoriser le monde en féminin/masculin et à connaître rôles et attributs sexués en vigueur dans la société. Les pressions qu'il subit l'encouragent par ailleurs fortement à y adhérer.

2. Manifestations de l'identité sexuée

L'étude du processus de construction de l'identité sexuée s'appuie sur deux groupes d'indicateurs :

– Les indices cognitifs, autrement dit : l'apparition de certaines connaissances sur la distinction et l'identification des sexes, la conscience de son propre sexe, la connaissance et l'adhésion aux rôles sexués.

– Le choix de partenaires sociaux, c'est-à-dire l'apparition d'une certaine autophilie qui amène les enfants tout-petits, garçons et filles à privilégier des enfants de même sexe comme partenaires d'activité.

L'âge d'apparition de ces choix et connaissances permet de préciser les aspects descriptifs du modèle de mise en place de l'identité sexuée.

2.1 Le choix de partenaires sociaux

La ségrégation sexuée de partenaires de jeu s'établit avant 3 ans (Legault et Strayer, 1991). Fagan et Singer (1979) constatent que dès 12 mois les bébés confrontés à des photographies regardent plus longuement les photos de bébés de même sexe qu'eux. Les observations en crèche montrent que dès la troisième année le sexe est un des organisateurs des interactions entre enfants, les interactions unisexuées étant beaucoup plus nombreuses que les interactions mixtes (Legault, Strayer, 1991). Cette préférence pour les partenaires de même sexe apparaît un peu plus précocement chez les filles (autour de 27 mois) que chez les garçons. Jacklin et Maccoby (1978) la mettent en évidence dès 33 mois entre enfants totalement inconnus.

Les hypothèses en jeu sur les mécanismes qui sous-tendent cette ségrégation mettent, pour certains, l'accent sur une orientation génétique (Hinde, 1984) qui entraînerait des tendances communes dans les activités et les styles d'interaction. C'est la compatibilité des styles comportementaux qui amènerait les enfants à se rechercher entre eux, leurs interactions étant alors plus satisfaisantes. La préférence ne serait pas fondée sur le sexe, mais sur la compatibilité des conduites. Ce processus serait fortement soutenu par l'attitude des adultes qui renforceraient les comportements stéréotypés et le choix de partenaires de même sexe (Maccoby, 1988).

Un certain nombre de résultats témoignent d'une interdépendance entre « connaissances sur le sexe » et choix de partenaires sociaux. Outre la simultanéité d'apparition de ces deux indicateurs, Fagot (1985) signale que les enfants les plus capables d'un étiquetage correct précoce des comportements typiques de chaque sexe sont les enfants les plus ségrégatifs. Ces enfants « ségrégants », ceux qui privilégient grandement les partenaires de même sexe qu'eux, qu'ils soient filles ou garçons, témoignent dans leurs activités de jeu et dans leurs comportements sociaux de caractéristiques très typiques de leur sexe (Maccoby et Jacklin, 1987). En revanche, contrairement à ce qu'on trouve pour les enfants plus grands, le fait pour un enfant d'âge préscolaire d'avoir des amis de l'autre sexe est un indicateur positif du développement social (Howes 1988).

Dès 3 ans, les filles jouent plus fréquemment avec une seule partenaire que les garçons qui ont plus tendance à jouer en groupe.

Les activités masculines sont plus rudes, la violence feinte y occupe une place importante, on remarque aussi l'importance des activités de construction et sensori-motrices. Les garçons choisiraient plus fréquemment que les filles de jouer en extérieur. Les filles se livrent plus souvent à des activités symboliques ou artistiques. Ce constat refléterait la précocité linguistique et cognitive des filles (Strayer *et alii*, 1989), opposée à un développement des aptitudes visuo-spatiales plus rapide pour les garçons (Connor et Serbin, 1977).

Schneider *et alii* (1993) insistent sur l'influence du contexte environnemental. Ils ne retrouvent les activités typiques masculines qu'en situation de jeu à l'extérieur. La présence soutenue d'un adulte à l'intérieur leur semble constituer un frein à l'expression des tendances comportementales masculines.

Cette ségrégation sexuée devient presque absolue à l'âge de la maternelle (Zazzo et Julien, 1962). Les filles s'intéresseraient progressivement et de manière assez rigide au comportement pro-social, elles chercheraient à promouvoir les normes d'obéissance et de respect des règles sociales auxquelles les garçons auraient plus de difficulté à se conformer.

2.2 Les indices cognitifs

Pour ce groupe d'indices, où l'on cherche à évaluer les connaissances de l'enfant très jeune, il faut souligner que les âges obtenus dans les diverses expériences dépendent beaucoup des conditions d'examen : demande d'une identification verbale ou non verbale des sexes, avec ou sans photographie, situation de classement d'objets ou de jeu libre… La méthode utilisée pour évaluer les capacités de l'enfant semble donc déterminante.

Dès 7 mois, le bébé est capable de distinguer des photographies d'hommes et de femmes (Leinbach et Fagot, 1986, in Le Maner, 1997). Vers 24-26 mois, il peut identifier verbalement les sexes à partir de photographies (Weinraub *et alii,* 1984). Cette capacité se développe, et à 36 mois, la plupart des enfants désignent correctement les sexes : 90 % de réussite chez Fagot (1985), 85 % chez Weinraub *et alii* (1984).

L'identification non verbale (classer des photos d'adultes et/ou d'enfants en deux groupes : masculin/féminin) n'est possible qu'à partir de 36 mois (Weinraub *et alii,* 1984). Le décalage temporel avec l'identification verbale est sans doute le reflet des difficultés spécifiques de la tâche qui nécessite des capacités de catégorisation et d'attention soutenue.

L'identification de son propre sexe semble suivre le même cheminement. Confronté à sa propre photographie, il répondra et la classera correctement aux mêmes âges.

La connaissance et l'adhésion aux rôles sexués enfantins sont généralement étudiées par la méthode de « préférences de jouets ». Là encore, selon la variante retenue : exprimer ses préférences, attribuer une étiquette sexe à des photographies de jouets, ou observation directe du comportement, les résultats varient quelque peu.

Sur photographie, l'enfant commence à effectuer des choix sexués vers 2-3 ans chez les garçons, 3-4 ans chez les filles. Ce n'est que vers 3-4 ans que garçons et filles réussissent à étiqueter correctement en référence au sexe une série de jouets-photos (Perry et coll., 1984).

Observés dans une situation de jeu libre avec des jouets masculins, féminins, voire neutres, Le Maner et Deleau (1995) constatent que dès 24 mois les enfants choisissent préférentiellement les jouets appropriés à leur sexe et témoignent donc d'un début d'adhésion aux rôles sexués qui leur sont attribués et de façon indirecte d'une certaine connaissance de ces rôles sexués. Ces choix préférentiels d'objets apparaissent plus précoces chez les garçons que chez les filles.

Pour Tap (1985), les choix sexués de jouets entraînent chez le jeune enfant un conflit entre deux systèmes de valeurs :

– le système d'appropriation égocentrique des jouets, où c'est la toute puissance du désir de possession de l'objet qui prime : l'enfant choisit tout, veut tout… ;

– le système de confirmation de l'identité sexuée, l'enfant arrivant à rejeter des jouets de l'autre sexe et tirant ainsi des satisfactions par le « renforcement et la reconnaissance de son identité sexuée ».

La connaissance des rôles sexués adultes est généralement étudiée par une méthode de classement de photographies représentant des tâches, vêtements, accessoires culturellement attribués à l'un ou l'autre des sexes. Selon Thompson (1975), dès 24 mois il existe un début de sensibilisation, à partir de 36 mois ce classement est réussi par une grande majorité des enfants (86 %). Weinraub *et alii* (1985) lui, situe ces connaissances plus tardivement puisqu'il considère qu'elles ne commencent à se développer qu'à partir de 36 mois.

L'ensemble de ces constats entraîne Le Maner à supposer qu'avant le début de la troisième année, les enfants ont entamé la construction d'un schéma de genre. L'analyse qu'elle propose d'activités de jeux de dyades unisexuées et mixtes d'enfants de 24 mois, en l'absence d'adulte, soutient cette hypothèse. Dans les dyades unisexuées, les choix préférentiels d'objets et d'activités conformes au sexe sont privilégiés aussi bien par les garçons que par les filles. Dans les dyades mixtes, les interactions sont aussi fréquentes, en revanche elles sont marquées par un plus grand nombre de conflits et de compromis. La tonalité moins harmonieuse de ces interactions atteste, selon elle, de l'existence d'un début de schéma de genre chez les tout-petits.

RÉSUMÉ

Une composante de la construction identitaire effectuée par l'enfant est celle de son identité sexuée. Le modèle cognitivo-socio-affectif proposé par Le Maner situe cette construction à l'articulation de facteurs biologiques, cognitifs et sociaux.

Dès le début de la troisième année, l'enfant témoigne par ses choix d'activités et de partenaires sociaux qu'il dispose d'un schéma de genre suffisamment construit pour organiser un comportement différentiel selon qu'il est fille ou garçon.

On peut distinguer les enfants « fortement schématiques » des enfants « faiblement schématiques ». Pour les premiers, le genre est une façon importante de comprendre le monde : la plupart des informations sont organisées en deux types : sexuellement approprié ou non. Pour les seconds, le genre n'est pas toujours pris en compte dans le traitement des informations.

Cette distinction ne permet pas de dire que les uns auraient plus de connaissances que les autres sur l'objet sexe, on peut seulement supposer que les enfants fortement schématiques présenteront un schéma de genre plus rigide et seront de ce fait plus enclins à effectuer des choix sexués.

11

La construction
de la personne

1. Cadre général
2. Les étapes de la sociabilité

Dans ce chapitre, nous présenterons principalement la théorie de Wallon (1879-1962). Cette théorie complexe et relativement mal connue présente une richesse et une valeur heuristique dont la preuve est apportée par les nombreux travaux d'auteurs anglo-américains, qui, ignorant Wallon faute de traduction en anglais, retrouvent sans le savoir des intuitions, des explications déjà formulées il y a plus de cinquante ans.

En France, des chercheurs ont contribué à développer l'œuvre de Wallon, tels Zazzo, Ajuriaguerra, Lurçat, Nadel. Cette dernière a notamment montré expérimentalement le bien-fondé des hypothèses walloniennes concernant le rôle de l'imitation dans la communication entre enfants, comme on l'a vu au chapitre précédent en relation avec le niveau de construction de la personne.

En effet, l'idée majeure de Wallon est qu'il existe une relation dialectique entre les caractéristiques des interactions avec autrui et les capacités de différenciation moi/autrui. Autrement dit, la connaissance de soi est inséparable de la connaissance d'autrui, c'est au travers des relations avec l'autre que se construit la personne.

1. Cadre général

Comment Wallon conçoit-il l'établissement des rapports entre l'enfant et le milieu extérieur ? Comment caractériser les différents moments de cette évolution ? Quels sont les milieux avec lesquels l'enfant interagit ? Comment se différencie-t-il d'autrui ?

Pour Wallon, l'enfant doit être considéré à la fois dans ses rapports avec les différents milieux et dans l'équilibre qu'il construit entre les moyens dont il dispose à un moment donné et ce que le milieu permet de réaliser. C'est cet ajustement entre répertoire disponible et sa mise en œuvre, relativement à ce que les milieux permettent, qui constitue la définition d'un stade pour Wallon.

De nouvelles compétences réorganisent le comportement antérieur, sont susceptibles de changer d'objectif avec le temps, permettent de nouveaux champs d'application et par là même de nouveaux échanges avec le ou les milieux.

Wallon a proposé une description du développement de l'enfant en termes de stades. Ce n'est pas un système de stades simple, car il y a souvent intrication et chevauchements complexes entre les stades, définis par Wallon par la correspondance entre un niveau de maturation et les conditions spécifiques du rapport de l'enfant avec le milieu (Tran-Tong, 1967). Un premier découpage général, en ce sens qu'il concerne aussi bien les aspects psychomoteur, affectif et intellectuel du développement, propose les stades suivants : impulsif (0-6 mois), émotionnel (3-10 mois), sensori-moteur (10-18 mois), projectif (18 mois-3 ans), du personnalisme (3-6 ans), catégoriel (6-11 ans) et de l'adolescence. Un autre découpage concerne les stades de la sociabilité que nous décrirons en détail un peu plus loin.

Un stade se caractérise pour Wallon par la prépondérance de certaines fonctions, un système de comportement propre à un âge donné : « … Les stades walloniens sont des ensembles de comportement réalisant un équilibre entre les possibilités actuelles de l'enfant et les conditions de vie propres à chaque période et constituant de cette façon un système de relations qui les spécifient réciproquement » (Tran-Tong, 1967).

1.1 Conception de l'enfance

Wallon postule la nature sociale de l'enfant, ce qu'il résume en une formule célèbre : l'individu est génétiquement social, exprimant par là la nécessité pour l'enfant de se tourner vers le milieu humain pour assurer sa survie étant donné son immaturité physiologique. L'enfant n'est pas un individu qui d'abord construit son identité puis se tourne ensuite vers les autres. Il est d'abord confondu avec autrui, totalement dépendant de l'autre et c'est cette confusion et cette dépendance qui rendent le petit de l'homme social en quelque sorte « par défaut ».

Le programme génétique, l'hérédité dotent l'enfant de moyens biologiques d'expression qui constituent des moyens de communication.

Les moyens à la disposition de l'enfant vont se développer sous le double effet de la maturation et des stimulations apportées par le milieu. Ce constat – banal en apparence – a des conséquences cruciales pour Wallon qui précise la nature des relations entre équipement inné et milieu : l'enfant ne se développe pas simplement parce que la maturation est à l'œuvre, il faut que le milieu offre des opportunités compatibles avec les moyens disponibles à chaque moment chez l'enfant.

1.2 Les milieux

Pour Wallon, il n'y a pas un milieu, mais des milieux : le milieu physique, biologique, humain et symbolique. La spécificité du milieu humain est qu'il constitue la clé de tous les autres. Sans le milieu humain, milieu relais indispensable, le petit de l'homme, de par son incapacité à subvenir à ses propres besoins, ne peut assurer sa survie.

« Le milieu est l'ensemble plus ou moins durable des circonstances (physiques, humaines ou idéologiques) où se poursuivent des existences individuelles » (1959b).

Nadel (1980) explicite les conséquences de cette définition en dégageant les différentes formes et niveaux du milieu dans l'œuvre de Wallon.

Ainsi, le milieu humain est à la fois un milieu où se font les échanges avec autrui, mais aussi un milieu relais, puisqu'il permet seul d'agir sur d'autres milieux, en particulier le milieu physique.

Wallon distingue également le milieu physique (où se réalisent mouvements, actes intellectuels…) – transformé au cours de l'histoire par l'homme – et le milieu symbolique, milieu des représentations. L'accès à ce dernier milieu n'est possible que par le biais du milieu humain qui fournit les moyens de la représentation : le langage, les concepts.

On trouve chez Wallon une autre distinction du milieu : le milieu est à la fois un moyen et un champ d'application des activités du sujet. « Condamné à utiliser des relais humains pour parvenir à la satisfaction de ses besoins, du moins le petit d'homme jouit-il des moyens d'exprimer ses besoins de façon directement transmissible […], ainsi, le statut de milieu-moyen et celui de milieu-champ d'application commencent-ils par se confondre chez le bébé […]. Dans la suite du développement, au fur et à mesure de l'enrichissement de la variété des champs d'application, la distinction se fera plus claire entre la fonction de relais qu'exerce le milieu humain et la fonction de champ d'application qu'exerce tout milieu. » (Nadel, 1980.)

1.3 L'équilibre fonctionnel

Cette notion désigne la formule optimale réalisée entre répertoire comportemental et échanges avec un milieu.

À chaque moment du développement, à chaque stade, il y a accord entre les moyens disponibles et les fins actuelles. Selon l'âge de l'enfant, un même objectif pourra être atteint par des moyens différents : la recherche de proximité avec l'adulte sera sollicitée par le sourire à 3 mois, par le fait de tendre les bras à 1 an. Réciproquement, des objectifs différents peuvent être atteints avec des moyens identiques : l'imitation sert avant tout à communiquer avec les pairs dans la troisième année de la vie, à reproduire le réel et à apprendre, aux âges ultérieurs.

Milieux et moyens ne sont, chez Wallon, ni limités ni univoques : les milieux changent en fonction de l'évolution des moyens de l'enfant et ils donnent à l'enfant de nouveaux moyens, générateurs à leur tour de nouveaux rapports avec les milieux. Ces derniers ont des statuts différents selon les moments et l'âge : partenaire adulte, pair, groupe, institution.

2. Les étapes de la sociabilité

De la naissance à trois ans, Wallon (1959a) a décrit six étapes ou stades caractérisant à la fois la nature des relations que l'enfant établit avec autrui et le niveau de différenciation du sujet par rapport à autrui, c'est-à-dire la conscience de soi.

2.1 La symbiose physiologique ou le stade d'impulsivité motrice (0-3 mois)

Les seuls moyens disponibles à cet âge sont l'équipement réflexe et les signaux expressifs innés.

Le terme de symbiose exprime un état de dépendance totale du bébé par rapport au milieu humain, pour sa survie. Les états de malaise physiologique (faim, froid…) déclenchent des décharges musculaires, des cris suscitant une intervention de l'adulte.

Ces manifestations de la sensibilité organique sont décodées par l'entourage et ont valeur de signaux expressifs. Cette valeur ne sera acquise qu'ultérieurement par l'enfant.

Cette dépendance totale du bébé vis-à-vis des congénères adultes est similaire pour Wallon à celle qui existait *in utero*. La séparation d'avec le corps maternel entraîne un différé dans la satisfaction des besoins et ce décalage est à l'origine de nouvelles expériences suscitant la mise en œuvre du répertoire expressif.

Ce répertoire repose sur une fonction physiologique essentielle : la fonction posturale, c'est-à-dire la possibilité de mettre en forme son corps dans des attitudes en relation directe avec la sensibilité organique et la répartition du tonus.

L'entourage humain est l'intermédiaire obligé pour répondre aux besoins du bébé et, de ce fait, la dépendance à autrui organise et renforce la confusion moi-autrui. À ce stade, l'enfant ne fait pas la différence entre sensations externes et sensations internes. La confusion moi-autrui est totale.

Sa sensibilité à autrui est restreinte aux bénéfices que l'enfant peut en tirer.

Les conditions du développement reposent à la fois dans la maturation des différentes sensibilités (intéro, extéro et proprioceptive) et les apports du milieu humain. C'est au sein de cette interaction que se met en place la différenciation progressive moi-autrui, qui reste encore rudimentaire au stade suivant.

2.2 La symbiose psychologique ou affective (3-9 mois)

Peu à peu l'enfant va dissocier autrui de ses besoins propres : « Il pleure si quelqu'un quitte la pièce ou s'éloigne sans s'être occupé de lui, comme s'il pouvait, par anticipation, lier à une présence l'attente d'un changement dans son propre état » (Wallon, 1934).

La maturation neuromotrice développe les capacités d'action volontaire de l'enfant lui permettant de se dégager de l'emprise des purs réflexes et de la sensibilité organique.

Grâce aux réponses de l'adulte, l'enfant a appris à associer ses manifestations expressives et les effets qui en découlent. L'intentionnalité dans la communication se met en place : il sait anticiper les interventions d'autrui en réponse à ses propres manifestations.

Ces progrès permettent l'expression d'états et de besoins, non plus seulement physiques, mais affectifs : la nécessité absolue des manifestations affectives provenant de l'entourage a été mise en évidence par Spitz, à travers ses observations d'enfants souffrant de dépression ou d'hospitalisme (cf. chapitre 4). Faute d'échanges émotionnels, l'enfant ne parvient pas à construire un objet d'attachement privilégié, car dans le développement de l'enfant normal, c'est à cette période que se font la sélectivité des partenaires et les choix préférentiels. L'enfant discrimine dès lors les personnes qui composent son entourage.

Les échanges avec ces personnes sont marqués par la prépondérance des expressions émotionnelles, à tel point que Wallon parle de stade émotionnel, ayant son apogée vers 6 mois, pour caractériser cette période où la transformation des décharges motrices et des manifestations organiques sous l'effet du milieu humain en moyens d'expression nuance et différencie le registre de l'enfant.

L'enfant découvre qu'il peut agir sur autrui, d'autant qu'une des propriétés de l'émotion est sa contagiosité, son partage immédiat. Par l'émotion, l'enfant participe à l'ambiance, en ressent les effets et s'y accorde grâce au mimétisme affectif. Ce dernier, comme les émotions, repose sur la fonction posturale. Il y a passage direct entre attitude, tonus et sensibilité affective.

L'importance des émotions à ce moment précis de la vie n'est pas un hasard. Elle est la conséquence de l'évolution propre à l'espèce humaine, qui, en favorisant un développement postnatal très long, a rendu le nouveau-né « prématuré », impuissant.

Il faut « considérer comme formant un ensemble, ses inaptitudes pratiques et l'exubérance de ses réactions affectives. Il y aurait compensation des premières par les secondes. La question se pose donc de savoir le rôle que pourrait tenir l'affectivité dans le comportement pour suppléer à l'impuissance de réalisation et d'efficience personnelles. Ne serait-ce pas de faire participer autrui à la satisfaction de ses besoins, en le faisant participer à notre sensibilité ? » (Wallon, 1934).

Le partage assuré par l'émotion n'implique pas la différenciation des partenaires. Un progrès toutefois s'est accompli depuis le stade précédent. On voit apparaître une ébauche du moi, comme pôle d'initiative motrice. Par les effets qu'il provoque chez autrui, le bébé ébauche une première forme de conscience. Il va falloir que l'enfant apprenne à différencier ce qui dans ses sensations est interne ou externe, et dans ce qui est externe, ce qui vient de lui et ce qui vient d'autrui. Ceci n'apparaîtra qu'au stade suivant.

2.3 Le syncrétisme indifférencié (9-18 mois)

Cette période correspond à celle d'une « sociabilité véritablement incontinente » (*op. cit.*).

Le terme syncrétisme (au sens propre : mélange), s'il exprime encore une confusion entre moi et autre, marque pourtant un progrès par rapport à la symbiose affective. Confusion n'est pas fusion et l'observation de jeunes enfants entre eux montre l'accession à de nouvelles modalités d'échange (Wallon s'appuie sur des observations faites par Bühler).

L'enfant se dégage du mimétisme affectif et accède à la complémentarité des rôles, favorisée par les différences de moyens entre les partenaires : lorsque deux enfants d'âge différent sont placés côte à côte, l'attitude de chacun d'eux dépend de celle de l'autre. Wallon décrit cette relation sous le nom de « couple contemplation-parade ».

L'un des enfants se donne en spectacle, généralement le plus âgé, l'autre le regarde. Cette bipartition des rôles ne signifie pas pour autant que les enfants ont conscience d'être deux sujets différents interagissant, l'un se situant au pôle actif, l'autre au pôle passif.

« Les rôles se distribuent suivant la loi de l'âge, mais les deux partenaires sont également captivés par la situation née de leur voisinage réciproque. Ils sont par elles confondus entre eux : celui qui parade étant comme excité par l'attente de l'autre, qui a les yeux attachés sur lui. » (*Op. cit.*)

La répartition des rôles peut s'accentuer lorsque les partenaires sont plus âgés (après un an) et se traduire en une opposition sous forme de despotisme ou de rivalité. Le despote recherche non pas tant la défaite ou la soumission de l'autre, que le sentiment que l'autre a de cette défaite. La dépendance des sentiments des deux partenaires (le despote ne peut exister sans un autre qui se soumette à lui) traduit encore la confusion des deux « dans une même situation sentimentale ».

Lorsque les deux partenaires disposent de moyens similaires, la relation s'organise sur un mode spéculaire : ils font la même chose en même temps, leur individualité encore confondue par la similitude mimico-posturale.

À ce stade, si la confusion moi-autrui est toujours présente, il y a cependant un progrès dans le sentiment du moi, qui se détache progressivement de la participation initiale par élimination successive de ce qui n'est pas sien, entre autres par la reconnaissance de deux pôles opposés (l'un dirige, l'autre exécute par exemple). La forme de participation est plus élaborée que le simple mimétisme affectif, car elle est le résultat de l'appartenance simultanée à deux situations ou aux deux pôles de la même : celui qui participe à un pôle d'une situation affective en ressent les attitudes complémentaires (Nadel, 1980).

2.4 Le syncrétisme différencié (18-30 mois)

Le progrès tient au fait que « les deux pôles de la situation, au lieu d'être encore simplement complémentaires et situés dans deux individus distincts, sont intégrés par le même. À la contemplation, s'ajoute le sentiment ou le besoin d'être celui qui parade. Participation encore, mais participation contrastante qui annonce le moment de l'individualisation » (Wallon, *op. cit.*).

L'intégration des contraires amène le sujet à une situation où le choix de l'un des deux pôles devient nécessaire : on ne peut être à la fois et en même temps celui qui commande et celui qui obéit.

Wallon retrouve dans les attitudes de jalousie et de sympathie les manifestations de cette nouvelle répartition des règles. Pour l'illustrer, il prend l'exemple de ses chiens, mais il est tout à fait transposable à l'enfant humain.

Les chiens réagissent de manière opposée lorsque leur maître caresse l'un des deux. Quand c'est la chienne qui est caressée, le chien la regarde et participe posturalement à la satisfaction ressentie par la chienne. Autrement dit, il réagit comme s'il était caressé lui aussi, il réagit sur le mode de la sympathie. Le plaisir d'être caressée se double chez la chienne de celui d'être regardée : jubilation qui conforte sa situation privilégiée.

Quand c'est le chien qui est caressé, la chienne ne peut supporter de voir son compagnon recevoir des gratifications dont elle ne partage pas elle aussi les bénéfices : jalouse, elle se jette sur lui pour faire cesser cette intolérable frustration.

Chez l'enfant, jalousie et sympathie se manifestent selon des motifs et des circonstances divers mais obéissent au même principe. Dans le cas de la jalousie, la participation posturale à la satisfaction d'autrui engendre la frustration et donc l'agressivité. Elle se manifeste souvent à travers la rivalité d'objet et/ou identification au rival, à cause de la persistance d'une relative confusion moi-autrui.

La jalousie est une sympathie souffrante et passive qui se nourrit de la confusion entre pôle actif et pôle passif.

Il y a évolution par rapport au syncrétisme indifférencié dans la mesure où la jalousie permet la construction de l'altérité du partenaire par la reconnaissance de l'hétérogénéité des motifs d'action propres à chacun des sujets.

La sympathie quant à elle, repose sur la recherche du même, et l'échange par le biais de l'imitation.

L'imitation est un prolongement de l'imprégnation posturale : la contemplation d'un spectacle implique tout le corps (on corrige son propre équilibre pourtant stable, lorsque l'on regarde le funambule qui vacille sur son fil…). Lorsque ce modelage postural s'extériorise, lorsqu'il y a réalisation du geste, il y a imitation.

La sympathie a aussi pour antécédent le mimétisme affectif du second semestre de la vie. Cependant, la sympathie marque un réel progrès sur le mimétisme dans la différenciation moi-autrui. La sympathie n'est plus une simple contagion émotionnelle et Wallon l'illustre à travers deux formes de sympathie : la sympathie centrifuge (l'enfant propose à celui qui a suscité sa compassion le moyen de le satisfaire : il donne par exemple son gâteau à celui qui pleure) et la sympathie centripète (l'enfant réagit à une situation qui implique autrui comme s'il s'agissait de lui-même : un enfant montre son pied et se plaint lorsqu'il entend parler de quelqu'un qui a mal au pied).

Au stade du syncrétisme différencié, le point de vue de l'enfant s'est dédoublé de celui de l'autre, mais l'enfant participe encore aux deux pôles. Cette participation contrastante va s'accentuer lors du stade suivant, qui annonce les prémisses de la véritable individualisation.

2.5 Le stade des personnalités interchangeables (24-36 mois)

Une des manifestations essentielles de cette période est le transitivisme, c'est-à-dire que l'enfant passe directement de l'état d'objet à l'état de sujet et inversement.

Contrairement au stade du syncrétisme où l'enfant subissait l'émotion par sa participation indivise à l'ambiance, ici l'émotion est partagée avec l'autre, même si ce qu'il ressent s'avère différent de ce que ressent l'autre. Nadel et Baudonnière (1980) ont bien montré que l'imitation est le moyen du transitivisme : par l'imitation, il y a échange direct, sur le mode de la répétition du même entre deux enfants.

« À la base de l'imitation, il y a l'émotion comme condition. À l'issue de l'imitation, il y a partage de l'émotion entre spectateur et acteur confondus dans la même réalisation. » (Nadel, 1980.)

Faire la même chose en même temps que l'autre permet de faire comprendre à l'autre qu'on s'intéresse à lui, qu'on partage avec lui la situation en favorisant une confusion qui quelques mois plus tard sera intolérable. Les deux enfants, une fois leur individualité bien différenciée, organisent leurs jeux sur le mode de la répartition des rôles, de la complémentarité (l'un joue le rôle de la maman, l'autre celui du bébé).

L'enfant continue à expérimenter les deux pôles d'une situation à travers les réactions d'alternance grâce aux différents jeux auxquels il participe : il sera tour à tour celui qui poursuit et celui qui est poursuivi. Ce stade traduit « l'état de dispersion qui précède le moment où l'enfant saura identifier solidairement sa personnalité et celle d'autrui » (Wallon, *op. cit.*).

Situations et personnes sont encore confondues. L'enfant ne maîtrise pas encore la distinction parfaite entre lui et les autres et a parfois du mal à les distinguer de leur contexte habituel.

En entendant sa mère chanter la même chanson que sa gouvernante, une petite fille lui demande : « Es-tu donc une Elsa ? » Bien sûr, l'enfant ne confond pas sa mère et sa gouvernante, mais le doute a été introduit par une similitude qui trouble l'enfant et l'amène à s'assurer que l'on peut être deux personnes différentes et posséder des caractéristiques communes.

2.6 Le stade du personnalisme et la crise de personnalité (3 ans)

La répartition des rôles est maintenant fixée. La différenciation moi-autrui enfin acquise se manifeste de la façon la plus élémentaire qui soit : l'opposition. L'enfant refuse tout : d'obéir, qu'on l'aide, etc. On le dirait préoccupé d'assurer et d'affirmer sa toute nouvelle autonomie en accentuant, de la manière la plus nette possible, sa distinction d'avec l'entourage.

L'enfant utilise le pronom personnel « je » pour parler de lui et n'emploie plus son prénom, ni la troisième personne du singulier.

À cette période apparaissent ce que Wallon a nommé les réactions de prestance. Sous l'effet du regard d'autrui, l'enfant ressent une gêne, une tension qui peuvent se résoudre de diverses manières, plus ou moins adaptées aux circonstances. Ces réactions d'accommodation posturale peuvent aller de la simple sensibilité émotive à autrui à l'inhibition totale de toute activité accompagnée de spasmes.

Cette acquisition, lente, laborieuse de l'identité n'est jamais achevée définitivement – y compris chez l'adulte. Des événements sont toujours susceptibles de faire régresser momentanément l'individu à ces périodes où la confusion entre le moi et l'autre régnait (maladie, fatigue, relation émotionnelle forte, phénomènes de foule…).

La construction de la personne n'est pas achevée à 3 ans. Trois ans marquent une étape nécessaire de différenciation. Ensuite l'évolution de l'enfant est inséparable des groupes sociaux dans lesquels il s'insère : groupes de pairs, autres adultes (enseignants, voisins, etc.), institutions.

Ce résumé ne rend pas compte de la richesse de la théorie wallonienne. D'autres intuitions restent à valider expérimentalement comme le rôle structurant de la jalousie, décrite traditionnellement comme un comportement négatif et régressif alors qu'elle correspond pour Wallon à une étape nécessaire de la différenciation moi-autrui encore incomplète et que l'on peut retrouver même chez l'adulte.

– Dans le chapitre suivant, nous verrons que les émotions qui étaient traditionnellement décrites comme désorganisatrices des conduites adaptatives ont trouvé grâce à Wallon un rôle constructif dans le développement de la personne et la communication avec autrui, rôle largement confirmé par les observations faites par d'autres psychologues.

RÉSUMÉ

Wallon a formulé une conception originale du développement affectif et social mettant l'accent sur l'interdépendance des relations entre construction de soi et construction d'autrui. La totale dépendance du bébé humain vis-à-vis de l'adulte renforce la confusion initiale moi-autrui et c'est au cours des trois premières années de sa vie que l'enfant apprendra peu à peu à faire la distinction entre ce qui lui est propre et ce qui revient à l'autre. Dans le même temps, l'évolution de la sociabilité rend compte de la nature des échanges avec autrui. Wallon a décrit cette évolution en termes de stades qui marquent le passage de la symbiose à la différenciation en passant par le syncrétisme indifférencié puis différencié et le stade des personnalités interchangeables. Grâce à Wallon, des conduites comme l'émotion, l'imitation, la jalousie, traditionnellement connotées de façon négative, retrouvent un statut adaptatif et s'avèrent jouer un rôle constructif dans l'évolution de la personnalité de l'enfant.

12

Les émotions

1. Le point de vue de Wallon
2. Les travaux récents sur l'émotion

Les émotions ont longtemps fait l'objet d'une grande suspicion de la part des psychologues, notamment parce qu'elles constituent un phénomène subjectif d'autant plus difficile à analyser qu'il se produit chez un sujet très jeune. Après Wallon (1934), qui accorde aux émotions un rôle central dans le développement, les psychologues s'intéressent rarement à ce phénomène. Mais il était difficile de continuer à faire l'impasse sur les émotions quand on a pour objet d'étude le développement de l'enfant. La fin des années 70 marque un nouvel intérêt pour ce domaine qui porte aujourd'hui sur trois aspects complémentaires : l'expression, la compréhension et la régulation des émotions (Lehalle et Mellier, 2002).

Un premier progrès a consisté à mettre au point des instruments permettant de décrire objectivement les expressions faciales. Ekman et Friesen (1978) sont à l'origine d'un de ces outils, le FACS (*Facial Action Coding System*) adapté ensuite aux bébés (BabyFacs, Oster, 1990, cité in Messinger *et alii*, 2002). Toutefois, la description ne constitue qu'une première étape. La signification de ces manifestations et leur rôle dans les interactions font encore l'objet de nombreuses recherches, comme on a pu le voir par exemple avec le sourire.

1. Le point de vue de Wallon

Comme toutes les fonctions psychiques, l'émotion trouve son origine dans les propriétés physiologiques de l'espèce humaine. Avec Nadel, on peut définir l'émotion comme une « expression d'impressions ». Or, les impressions du bébé au début de la vie sont avant tout des impressions végétatives et traduisent sa sensibilité organique qui l'accapare totalement. L'origine de l'émotion est à rechercher dans les variations du tonus. Ces variations sont à la source de l'intéroception, c'est-à-dire la sensibilité viscérale (musculature lisse). L'étroite connexion de la sensibilité et de la motilité toniques fait qu'elles retentissent l'une sur l'autre, s'alimentent mutuellement et favorisent l'extension à toutes les parties de l'organisme et la diffusion générale de leurs manifestations. D'où le caractère « explosif » des émotions chez l'enfant.

Dans les premiers mois de sa vie, les seuls moyens d'action du bébé sont des moyens d'expression, qui lui permettent de faire participer autrui à sa sensibilité. Ces conditions, qui sont propres à l'espèce humaine, expliquent l'importance des émotions et leur richesse puisque, grâce aux réponses de l'entourage, elles vont se diversifier et se complexifier.

Il est donc évident qu'à un moment de la vie les émotions, loin d'avoir un effet perturbateur, s'avèrent indispensables à la survie de l'enfant. Il s'agit bien de survie physique et psychologique. Wallon évoque Spitz pour prouver à quel point l'absence d'échange émotionnel entrave le développement de l'enfant et s'avère lourd de conséquences pour l'équilibre affectif ultérieur, jusqu'à parfois mettre la vie même en danger.

Mais on peut se demander à quoi servent les émotions, une fois que l'enfant a développé d'autres moyens d'échanges avec l'entourage physique et humain. Quelle incidence a l'émotion sur les formes d'activité qui lui succèdent ?

Tout d'abord on peut noter que les émotions de l'enfant ne sont pas seulement tournées vers le milieu humain : elles s'imposent à son attention et l'intéressent. Cet intérêt est d'autant plus accessible que c'est l'enfant lui-même qui est l'auteur des effets qu'il observe. L'émotion va donc contribuer à l'éveil de la conscience de soi.

D'autre part, on retrouve l'émotion chez l'enfant plus âgé ou l'adulte, lorsque les moyens « supérieurs » de communication font défaut, soit qu'ils ne puissent être mis en œuvre étant donné les circonstances (phénomènes de foule par exemple), soit qu'ils ne puissent être sollicités parce que se dérobant, ils laissent place à des conduites ontogénétiquement antérieures (anxiété majeure lors d'un examen qui fait perdre au candidat ses « moyens »).

Le premier exemple illustre une des propriétés des émotions qui est leur contagiosité, permettant ainsi une communication directe et immédiate entre partenaires. Cette communication favorise la communion entre les membres d'un groupe et s'oppose à la différenciation des individus. Cette communion peut être délibérément recherchée par exemple lors de manifestations religieuses (danses rituelles) ou artistiques (musique).

Le second exemple indique que l'émotion peut au cours du développement entrer en conflit avec des formes d'activité plus élaborées comme la représentation mentale et la pensée conceptuelle ; étant plus fragiles, lorsqu'elles sont mises en défaut, c'est l'émotion qui surgit, première forme de relation au monde.

2. Les travaux récents sur l'émotion

On a vu dans le chapitre précédent que l'étude de la communication non verbale constituait le moyen des échanges affectifs et émotionnels chez l'enfant (mais cela reste aussi vrai pour l'adulte). Outre ce domaine d'étude, les expressions émotionnelles ont fait l'objet de recherches spécifiques. Nous n'évoquerons ici que les émotions : affects ou sentiments qui se caractérisent par leur intensité et leur relative brièveté temporelle (la peur par exemple), par opposition aux tonalités de l'humeur qui font l'objet d'études moins nombreuses (comme l'anxiété diffuse et persistante). Ces dernières sont pourtant essentielles dans la mise en place des émotions pro-sociales. On peu citer la honte, la culpabilité, la fierté, dont il semble que l'apparition soit très précoce.

On peut noter que les nombreux auteurs américains qui travaillent sur l'émotion depuis 1970 ignorent totalement Wallon et redécouvrent sans le savoir des affirmations faites dès les années 40, notamment en ce qui concerne le rôle constructif et non perturbateur des émotions.

La conception des émotions depuis les années 80 met l'accent sur leur rôle dans le développement intra et interpersonnel.

2.1 Les théories contemporaines des émotions

Izard et Sroufe sont à l'origine de deux théories visant à expliquer le développement des émotions chez l'enfant.

Pour Izard (1977), le bébé présente dès la naissance des émotions organisées en relation avec son degré de maturité et vitales pour son développement. Par exemple, si l'expression du dégoût n'existait pas, le bébé pourrait accepter d'ingérer des substances toxiques. En cela, Izard reste proche des spécificités fonctionnelles de la sensation gustative. Celle-ci se caractérise par l'existence d'une tonalité émotionnelle primaire (non apprise) à caractère bipolaire agréable-désagréable, en plus des caractéristiques informationnelles de la sensation. Elle fait intervenir également la sensibilité viscérale profonde. Au contraire pour Rozin (1984), le dégoût est essentiellement une construction apprise durant l'ontogenèse. Le point de vue de Malatesta (1985) permet de rendre compatible ces deux points de vue. En effet, cet auteur considère que les émotions ont une base génétique indispensable pour l'adaptation du bébé humain à son milieu, mais aussi que le développement va permettre une modification du registre émotionnel. Ainsi, on peut émettre l'hypothèse que les réactions de dégoût présentes dès la naissance ont une valeur fonctionnelle évidente et qu'elles vont se complexifier, se modifier, au cours du temps sous l'effet de la maturation et des expériences gustatives, entre autres, que va faire l'enfant.

Izard postule que de nouvelles expressions émotionnelles vont apparaître au cours du développement : colère, surprise et joie entre 1 et 4 mois ; peur et timidité après 6 mois. Cette conception reste proche de celle de Bridges (1932) qui affirmait la différenciation progressive des émotions pendant la première année. À partir de deux émotions de base chez le nouveau-né, excitation-détente, émergeraient vers 3 semaines, pour les émotions négatives, la détresse, la colère à 4 mois, le dégoût à 5 mois, la peur vers 6-7 mois ; une séquence similaire est proposée pour les émotions positives.

Ce point de vue, comme celui d'Izard est remis en question par Sroufe (1979) qui considère que chez le nouveau-né existent déjà les précurseurs de trois émotions : peur, colère et plaisir. L'auteur reconnaît qu'avec le développement moteur et cognitif l'enfant pourra faire l'expérience d'émotions de plus en plus complexes. Sroufe considère que les émotions sont dépendantes du niveau de différenciation moi-autrui, ainsi que des expériences faites par l'enfant. Pour cette raison, les véritables émotions ne peuvent être ressenties par l'enfant qu'à la fin de la première année de la vie.

Par ailleurs, il rejette la conception d'Izard qui établit une équivalence entre expression faciale des émotions et sensation correspondante : le critère d'apparition d'une émotion serait donc son expression. Or, le système expressif au service des émotions se développe au cours du temps, il est donc essentiel de distinguer moyens d'expression et nature de l'émotion ressentie.

Le modèle de Sroufe pose deux problèmes majeurs. D'abord celui de la relation entre conditions (particulièrement conditions cognitives) et émotion. Quels faits justifient la nécessité de la distinction de l'enfant avec le milieu extérieur pour qu'il ressente de « vraies » émotions ? Le second problème tient au rôle de l'apprentissage. L'anxiété que l'enfant ressent lors de la présence de personnes étrangères à la fin de la première année de la vie ne peut être rattachée, comme Sroufe le prétend, à la généralisation d'expériences antérieures.

Aujourd'hui, on considère que « les états émotionnels constituent des formes d'activités psycho-biologiques organisées et complexes, qui évoluent avec l'âge afin d'optimiser les stratégies adaptatives de régulation *intra-* et *inter*personnelle de l'individu » (Brun, 2001, p. 222). Nombreux sont ceux qui considèrent que les émotions sont indifférenciées chez le bébé. Mais pour certains, c'est à partir de deux mois que les émotions de base (joie, tristesse, dégoût, peur, colère…) se différencient, pour d'autres, à partir de 6 mois. De même, les émotions secondaires (fierté, honte, culpabilité…) qui impliquent notamment la capacité d'évaluer ses propres comportements en rapport avec une norme sociale, apparaîtraient dans la deuxième année (Lewis, 1993) ou après 3 ans (Sroufe, 1996).

Les émotions interviennent également dans la régulation cognitive. Certains auteurs soutiennent que l'événement déclencheur de l'émotion fait l'objet d'une évaluation cognitive. Pour d'autres, au contraire, il n'y a pas d'intervention des processus cognitifs (Ricard, Cossette, Gouin-Decarie, 1999). On peut penser que ce n'est pas tant l'émotion qui change avec les progrès intellectuels, que les conditions de déclenchement et l'évaluation des situations à l'origine des émotions. Pendant les premiers mois de la vie, les expressions émotionnelles sont sous la dépendance des facteurs biologiques, mais dès le troisième mois on peut voir les effets des pressions du milieu sur la communication des émotions (Malatesta, 1985). À partir du septième mois, ce même auteur constate que les enfants sont capables d'instrumentaliser leur répertoire expressif, c'est-à-dire de l'utiliser de manière délibérée pour atteindre un objectif précis, traduisant un début de dissociation entre sentiment et comportement expressif.

L'interaction entre émotion et cognition est évidente dans le développement des théories de l'esprit. Au début, l'enfant peut seulement comprendre les émotions ressenties par autrui en se basant sur des indices extérieurs (expressions faciales, contexte), mais vers deux ans et demi, il devient capable de tenir compte des états mentaux (désirs), puis vers quatre ans et demi des ses croyances. Les expériences familiales jouent un rôle majeur dans le développement de ces compétences (Ricard, Cossette, Gouin-Decarie, 1999).

2.2 Les caractéristiques des émotions

Campos et Barrett (1984) postulent cinq caractéristiques fondamentales des émotions :

– Il existe une continuité des émotions au cours de la vie, même si les causes et les moyens changent au cours du développement. De nombreuses situations sont susceptibles de déclencher la peur chez l'enfant et chez l'adulte : les motifs changent, ainsi que les comportements servant à exprimer cette émotion qui présente des caractéristiques de base invariantes, à savoir le maintien de l'intégrité individuelle et l'appréciation d'un risque quant à cette intégrité.

– Le développement entraîne un changement dans les relations entre l'expression émotionnelle et l'expérience émotionnelle. Dans les premières semaines de vie, l'inachèvement de la maturation provoque des expressions, comme le sourire, qui ne sont pas en rapport avec l'émotion qui ultérieurement sera associée à cette manifestation. Ensuite, l'enfant va apprendre, en fonction des règles sociales en vigueur dans son groupe, à dissocier expression et impression : il y aura un contrôle de l'expression qui à son tour pourra retentir sur l'expérience subjective.

– L'enfant développe des moyens nouveaux pour faire face aux émotions qui vont modifier voire neutraliser le sentiment lui-même : face à une personne étrangère, l'enfant qui est autonome dans ses déplacements n'a plus à craindre l'approche intempestive de l'inconnu puisqu'il peut éviter ce contact.

– La complexité des émotions change au cours du développement. En particulier, le développement cognitif permet de nouvelles appréciations des situations dans lesquelles il est engagé et des émotions complexes comme la culpabilité ou la fierté sont possibles quand l'enfant devient capable d'évaluer les multiples aspects d'une situation en fonction de critères sociaux et moraux.

– La réaction aux émotions d'autrui change au cours du développement. Bühler dans les années 30 est une des premières à avoir étudié l'effet sur l'enfant des émotions exprimées par l'adulte. Des travaux plus récents montrent la précocité – vers 4-5 mois – des discriminations dont l'enfant est capable : les bébés sont capables de discriminer peur et gaieté sur des photos de visage adultes. Au cours des mois suivants les enfants deviennent capables de résonance émotionnelle et réagissent en accord avec l'expression exprimée par autrui.

À la fin de la première année, les manifestations de référenciation sociale sont explicites : le bébé observe l'expression émotionnelle de l'adulte pour s'adapter à une situation ambiguë ou incertaine. Dans l'expérience de la falaise visuelle, les enfants, âgés d'environ un an, doivent traverser une table pour rejoindre leur mère. Le plateau de cette table est constitué d'une plaque transparente qui, par un jeu de damiers dont l'éloignement varie, donne l'illusion qu'au bout de la première moitié de la plaque, il y a un vide d'environ 1,30 mètre de profondeur. Dans ce cas, l'enfant ne s'avance pas car il est victime de l'illusion d'optique, en revanche si on fait disparaître l'illusion, il traverse la plaque sans problème. Quand l'illusion du vide est réelle, mais non excessive, c'est l'attitude de la mère qui va décider ou non l'enfant à traverser : si la mère regarde son enfant avec une mimique effrayée, il ne traverse pas (aucun enfant sur les dix-sept de l'expérience) ; inversement si elle présente un visage joyeux, quinze enfants sur dix-neuf n'hésitent pas à franchir le « vide ».

Le même effet a été mis en évidence avec la réaction de l'enfant à la personne étrangère. À 8 mois et demi, les enfants ont une attitude beaucoup plus négative à l'approche de l'inconnu, si la mère salue ce dernier sèchement et adopte un visage sévère, que si elle l'accueille amicalement et sourit.

Une autre caractéristique essentielle des émotions a été dégagée par Ekman (1971, Ekman *et alii*, 1972) : les expressions faciales sont universelles. Les études interculturelles montrent l'homogénéité du répertoire expressif dans l'espèce humaine, ce qui constitue un argument essentiel en faveur de l'inscription héréditaire de ce répertoire, bien qu'il soit modulé par les règles culturelles.

Garçons et filles se différencient dès la naissance sur le plan des émotions. Les garçons présentent une plus grande labilité émotionnelle, ils sont plus réactifs, plus difficiles à consoler que les filles. Les filles sont plus sensibles aux stimuli sociaux et regardent plus longtemps les visages dans les situations face à face. Ces différences persistent dans le courant de la deuxième année. Par ailleurs, les mères ne répondent pas de la même manière selon qu'il s'agit d'un garçon ou d'une fille : les mères accordent leurs expressions émotionnelles sur celles de leur enfant, mais présentent un éventail d'expressions plus large envers les filles qu'envers les garçons. Malatesta (1985) pense que si les mères ont plutôt tendance à imiter strictement les garçons qu'à leur proposer de nouvelles expressions, c'est pour renforcer de manière contingente leurs expressions déjà naturellement changeantes.

2.3 Les fonctions des émotions

Si les auteurs sont tous d'accord pour reconnaître la valeur adaptative des émotions, il convient de préciser quelles fonctions elles servent et si elles évoluent au cours du développement.

Les émotions présentes dès la naissance et dont les *patterns* sont fixés par l'hérédité ont une évidente fonction de communication. Toutes les expressions faciales correspondent à un affect particulier et déclenchent chez l'adulte des réponses particulières : les malaises physiques (faim, froid…) provoquent des expressions d'inconfort et suscitent l'intervention de l'adulte pour soulager l'enfant ; le sourire déclenche le sourire chez l'adulte et contribue à l'établissement de l'attachement.

Si la concordance entre expression et sentiment chez le bébé paraît indispensable pour que le bébé puisse faire comprendre ses états, il est aussi évident que les émotions sont très rapidement socialisées et que l'enfant apprend à dissocier expression et impression. Cette évolution est en relation avec les fonctions sociales de l'émotion : influencer le comportement d'autrui à travers la contagion, le *modeling* et l'empathie (Izard et Malatesta, 1987). La socialisation de l'expression des émotions contribue à la régulation des sentiments émotionnels. Selon les sociétés ou les groupes sociaux, certaines émotions sont valorisées, d'autres non, voire ignorées. On imagine bien que ce modelage, qui est précoce, va modifier la perception des émotions et l'évaluation que chaque individu peut en faire.

L'influence des émotions sur la mémoire a été mise en évidence depuis longtemps. Ce qui est jugé positivement par le sujet est mieux retenu que ce qui est jugé négativement (Blaney, 1986).

Une autre fonction des émotions, en tant qu'ensemble de motivations, est de favoriser le développement cognitif, le développement du langage et celui de sa propre identité. Réciproquement, intelligence et langage augmentent la complexité du répertoire émotionnel.

Les émotions font l'objet d'une régulation qui ne fait pas appel aux mêmes processus selon l'âge de l'enfant. Ce domaine d'étude porte le nom de « *coping* » en anglais, c'est-à-dire « faire face ». Dans certaines situations, en particulier les situations de détresse et de souffrance, le bébé et l'enfant disposent de moyens leur permettant, jusqu'à un certain point, de ne pas être complètement débordés, submergés par des émotions insoutenables. On peut citer l'exemple du bébé de trois mois qui face à une mère déprimée et inexpressive va détourner le regard et sucer sa tétine (Lehalle et Mellier, 2002).

L'expression des émotions est soumise à un contrôle social qui oblige l'enfant à réprimer l'expression de certaines d'entre elles. Ainsi, les morsures puis les pleurs sont découragés par l'adulte au fur et à mesure que l'enfant grandit. Il doit apprendre à se dominer et préférer par exemple le registre verbal pour exprimer son mécontentement. Ce même registre symbolique est également miss en œuvre dans les stratégies de « faire face » chez les enfants après 4-5 ans.

RÉSUMÉ

Parmi les nombreuses approches de l'émotion chez l'enfant, nous avons sélectionné les deux points de vue qui nous paraissent avoir aujourd'hui une grande valeur heuristique.

La théorie de Wallon, élaborée dans les années 40, a entre autres mérites celui de reconnaître un rôle adaptatif aux émotions. Cette conception s'opposait à toutes les théories existantes qui considéraient les émotions comme des épiphénomènes perturbant et désorganisant les formes supérieures du comportement humain. Il ne s'agit pas de nier ces effets ; mais, à les prendre seuls en considération, on ne peut alors comprendre pourquoi l'adaptation a maintenu au niveau de l'espèce la diversité des émotions. Pour Wallon, la persistance des émotions doit être référée à leur rôle chez l'enfant. Moyen d'expression et de communication, il est le seul répertoire qui permet à l'enfant de faire comprendre ses états et de faire participer autrui à sa sensibilité interne.

Le deuxième point de vue est représenté par les théories contemporaines américaines. Bien que présentant des divergences entre elles, elles reconnaissent le rôle fondamentalement adaptateur de l'émotion chez l'enfant tant sur le plan social que sur le plan cognitif. De très nombreux travaux visent à décrire les caractéristiques morphologiques des émotions, leur évolution, l'influence de la socialisation sur leur expression et le retentissement sur l'impression émotionnelle, la compréhension des émotions exprimées par autrui et l'influence des émotions sur les autres secteurs du développement.

Bibliographie générale

AINSWORTH M.D.S., BELL S.M., STAYTON D.J. (1971). « Individual differences in strange situation behavior of one – year – olds », in SCHAFFER H.R. (ed.), *The Origins of Human Social Relations*, London, Academic Press.

AINSWORTH M.D.S., BELL S.M., STAYTON D.J. (1972). « L'attachement de l'enfant à sa mère », in *La Recherche en éthologie*, Paris, Le Seuil.

AJURIAGUERRA J. DE, (1989). « La peau comme première relation. Du toucher aux caresses », *Psychiatrie de l'enfant*, 32, 325-349.

ALMODOVAR J.-P. (1981). « Les expériences fraternelles dans le développement de l'enfant », in SOULÉ M., *Frères et Sœurs*, Paris, ESF, 29-43.

ALMODOVAR J.-P. (1985). « Familles normales, déviantes, pathologiques », *Le Groupe familial*, 109, 2-6.

ALMODOVAR J.-P. (1984). « L'enfant en jeu de savoirs : à propos des recherches sur les effets du divorce sur l'enfant », *Dialogue*, 86.

ALMODOVAR J.-P. (1986). « Construction et économie des liens fraternels », *Le Groupe familial*, 111, 2-8.

ALMODOVAR J.-P. (1998). « Penser les expériences fraternelles », in CAMDESSUS B., *La fratrie méconnue, liens du sang, liens du cœur,* Paris, ESF, 51-70.

ALSAKER F.D. (1993). « Isolement et maltraitance par les pairs dans les jardins d'enfants : comment mesurer ces phénomènes et quelles sont leurs conséquences ? », *Enfance*, tome 47, n° 3, 241-260.

AMANN-GAINOTTi M., BADOLATO G., CUDINI S. (1984). « La paternité : nouvelles perspectives de la recherche », *Enfance*, 2, 121-129.

AMIDOU E.J., HOFFMAN C. (1965). « Can teachers help the socially rejected ? », *The elementary school journal*, 66, 149-154.

ANDO Y., HATTORI M. (1973). « Statistical studies on the effects of intense noise during foetal life », *Sound and vibration*, 27, 101-110.

ANZIEU D. (1985). *Le Moi-peau*, Paris, Dunod.

ARIÈS P. (1973). *L'Enfant et la Famille sous l'Ancien Régime*, Paris, Le Seuil.

ASHER S.R., SINGLETON L.C., TINSLEY B.R., HYMEL S. (1979). « A reliable sociometric measure for preschool children », *Developmental Psychology*, 15, 443-444.

BACQUÉ, M.F. (2000). « Résilience de l'enfant endeuillé », *Pratiques Psychologiques*, 23-33.

BADINTER E. (1980). *L'Amour en plus*, Paris, Flammarion.

BAILEY N. (1969). *Manual for the Bailey scales of infant development*, New York, The Psychological Corporation.

BANDURA A. (1980). *L'Apprentissage social*, Bruxelles, Mardaga.

BARKER R.G., WRIGHT H.F. (1955). *Midwest and its children*, New York, Harper and Row.

BARON-COHEN S. (1999). « La cécité mentale dans l'autisme », *Enfance*, 3, p. 285-293.

BATES E, CAMAIONI L, VOLTERRA V. (1975). « The acquisition of performatives prior to speech », *Merrill-Palmer-Quaterly*, 2, 205-226.

BATTAGLIOLA F., DESPLANQUES G., JASPARD M. (1988). « Évolution des rapports familiaux », *Le Groupe familial*, 120, 16-21.

BAUDONNIERE P.-M. (1984). « Les modes de communication des jeunes enfants entre eux », *Le Groupe familial*, 104, 40-47.

BAUDONNIERE P.-M. (1985). « Effet du mode de scolarisation (crèche ou maternelle) sur les échanges entre pairs de 2 ; 6 à 3 ; 0 », *Enfance*, 1/2, 293-307.

BAUDONNIERE P.-M., (ed.) (1985). *Étudier l'enfant de la naissance à trois ans. Les grands courants méthodologiques actuels*, Paris, Éd. du CNRS.

BAUDONNIERE P.-M., NADEL J. (1989). « Apport des techniques d'observation des comportements à la connaissance du nourrisson », in LEBOVICI S., WEIL-HALPERN F., (eds.) *Psychopathologie du bébé*, Paris, PUF.

BEAUDICHON J., BIDEAUD J. (1979). « De l'utilité des notions d'égocentrisme, de décentration et de prise de rôle dans l'étude du développement », *L'Année psychologique*, 79, 589-622.

BECCHI E., JULIA D. (1998). *Histoire de l'enfance en Occident*, tomes 1 et 2, Paris, Seuil.

BEGIN G. (1986). « Statuts sociométriques et perception des pairs à la maternelle », *Enfance*, 39, 4, 431-444.

BEGIN G., PETTIGREW F. (1988). « Quelques outils d'évaluation des relations entre pairs : les perceptions sociales en fonction des statuts sociométriques », in DURNING P. TREMBLAY R. E., *Relations entre enfants, éducation et société*, Fleurus.

BETTELHEIM B. (1971). *Les Enfants du rêve*, 1969, trad. franç., Paris, R. Laffont.

BIGRAS M., PAQUETTE D., LAFRENIERE P. (2001). « Pluralité des troubles socio-affectifs et attachement chez les petits », *Enfance*, 53 (4), 363-378.

BLANEY P. (1986). « Affect and memory : a review », *Psychological Bulletin*, 99, 229-246.

BLURTON JONES N.G., (ed.) (1972). *Ethological Studies of Child Behaviour*, London, Cambridge University Press.

BLURTON JONES N.G. (1974). « Ethology and early socialisation », in RICHARDS M.P.M., *The integration of a child into a social world*, London, Cambridge University Press.

BOIVIN M., TESSIER O., STRAYER F.F. (1985). « La cohérence des choix sociométriques et l'évaluation de l'amitié chez les enfants d'âge préscolaire », *Enfance*, 4, 329-343.

BOUCHART A., RAPOPORT D., THIS B. (1989). *Délivrances ou le placenta dévoilé*, Paris, Stock.

BOWER T.G.R. (1978). *Le Développement psychologique de la première enfance*, Bruxelles, Mardaga.

BOWLBY J. (1958). « The nature of the child's tie to his mother », *International Journal of Psycho-Analysis*, 39, 350-373.

BOWLBY J. (1970). « L'éthologie et l'évolution des relations objectales », *Revue française de psychanalyse*, 623-631.

BOWLBY J. (1978). *L'Attachement*, Paris, PUF (édition anglaise, 1969).

DE BOYSSON-BARDIES B. (1983). «Spécificité des babillages selon les caractéristiques des langues cibles », in de SCHONEN (éd.), *Le Développement dans la première année*, Paris, PUF.

De BOYSSON-BARDIES B. (1996). *Comment la parole vient aux enfants*, Paris, Odile Jacob.

BRAZELTON T.B. (1973). *Neonatal Behavioral Assessment Scale*, Spastics international publications, Monograph 50, Londres, William Heinemann, Philadelphie, J.B. Lippincott.

BRAZELTON T.B. (1982). « Le bébé partenaire dans l'interaction », *La Dynamique du nourrisson*, Paris, ESF.

BRAZELTON T.B. (1989). « Les compétences comportementales du nouveau-né », in LEBOVICI S., WEIL-HALPERN F. (éd.) ( ). *La Psychopathologie du bébé*, Paris, PUF.

BRETHERTON I. (1987). « New perspectives on attachment relations : security, communication and internal working models », in OSOFSKY J.D., *Handbook of Infant Development,* New York, Wiley, second edition.

BRETHERTON I., RIDGEWAY D., CASSIDY J. (1990). « Assessing internal working models of the attachment relationship. An attachment story completion task for 3-years-olds », in M. Greenberg, D. CICCHETTI et alii (eds), *Attachment in the Preschool Years ; theory, research, and intervention*, Chicago : University of Chicago Press.

BRIDGES K.M. (1932). « Emotional development in early infancy », *Child Development, 3*, 324-341.

BRONFENBRENNER V. (1979). *The Ecology of Human Development,* Cambridge, Harvard University Press.

BROWNELL C.A. (1982). *Peer Interaction among toddler Aged Children : effects of age and social context on interactional competence and behavioral roles,* Unpublished doctoral dissertation, University of Minnesota.

BRUN P. (2001). « Introduction. La vie émotionnelle de l'enfant : nouvelles perspectives et nouvelles questions », *Enfance*, 3, 221-225.

BRUNER J.S. (1975). « The ontogenesis of speech acts », *Journal of Child Language, 2*, 1-19.

BRUNER J.S. (1984). « Contextes et formats », *Langage et communication à l'âge préscolaire*, Actes du colloque des 29 et 30 juin 1983, Rennes, Presses universitaires de Rennes.

BRUNER J.S. (1991). *...car la culture donne forme à l'esprit*, Paris, Eshel.

BRUNER J.S. (1996). *L'Éducation, entrée dans la culture*, Paris, Retz.

BRUNET O., LÉZINE I. (1965). *Le Développement psychologique de la première enfance,* Paris, PUF.

BUKATKO D., DAEHLER M.W. (1992). *Child development. A topical approach*, Boston, Houghton Mifflin Company.

BUSNEL M.C., GRANIER DEFERRE C. (1981). « L'audition prénatale », in HERBINET E., BUSNEL M.C., *L'Aube des sens,* Les cahiers du nouveau-né n° 5, Paris, Stock, 147-178

CAHN P. (1962). *La Relation fraternelle chez l'enfant*, Paris, PUF.

CAMPOS J.J., BARRETT K.C. « Toward a new understanding of emotions and their development », in IZARD C.E., KAGAN J., ZAJONC R.B. (1984). *Emotions, Cognition and Behavior,* Cambridge University Press, Cambridge.

CARLSON E.A., SROUFE L.A. (1995). « Contribution of attachment theory to developmental psychopathology », in D. CICHETTI, D. COHEN (eds*), Developmental Psychopathology, vol I : Theory and methods,* Wiley, New York, 581-617.

CASPI A., MOFFITT T.E., NEWMAN D.L., SILVA A. (1996). « Behavioral observations at age 3 years predicts adult psychiatric disorders », Archives of general psychiatry, 53, 1033-1039.

CAYROU M., BLICHARSKI T., STRAYER F.F. (1998). « Le tempérament et l'attachement comme prédicteurs des modes de fonctionnement social en groupe de pairs à trois ans », Actes du XVIe colloque du Grofred.

CALKIN, S.D., FOX, N.A. (1992). « The relations among infant temperament, security of attachment, and behavioral inhibition at twenty-four months », Child Development, 63, 1456-1472.

CHEN D., FEIN G., TAM H. (2001). « Peer conflicts of preschool children : issues, resolution, incidence, and age-related patterns », Early Education and Development, 12 (4), 523-544.

CHILAND C. (1971). L'Enfant de six ans et son avenir, le Fil rouge, Paris, PUF.

CHILAND C. (1995). « La naissance de l'identité sexuée », in LEBOVICI S., DIATKINE R. et SOULÉ M. (éd.), Nouveau traité de psychiatrie de l'enfant et de l'adolescent, Paris, PUF.

CHIVA M. (1985). Le Doux et l'Amer, Paris, PUF.

CHOMBART de LAUWE M. Y., BONNIN P., MAYEUR M., PERROT M., DE LA SOURDIÈRE M. (1976). Enfant en jeu, Paris, CNRS.

COHEN L.J., CAMPOS J.J. (1974). « Father, mother and stranger as eliciters of attachment behaviors in infancy », Developmental Psychology, 10, 146-154.

COLEMAN P, WATSON A. (2000). « Infant attachment as a dynamic system », Human Development, 43, 295-313.

CONDON W.S., SANDER L.W. (1974). « Synchrony demonstrated between movements of the neonate and adult speech », Child Development, 45, 456-462.

CONDRY J., CONDRY S. (1976). « Sex differences : a study of the eye of the beholder », Child Development, 59, 812-819.

CONNOR J.M., SERBIN L.A. (1977). « Activity preference scales for preschoolers : correlates with other classroom behaviors and cognitive tests », Child Development, 48, 1411-1416.

CORKUM V., MOORE C. (1995). « Development of joint visual attention in infants », in MOORE C., DUNHAM P.J., Joint Attention, Hillsdale, Lawrence Erlbaum Associates.

CORNU F. (1986). « Fouler ou refouler ? », Revue française de psychanalyse, 50 (1), 405-408.

COURVOISIER A. (1985). « Échographie obstétricale et fantasmes », Revue de neuropsychiatrie de l'enfance et de l'adolescence, 33, 2-3, 53-58.

CRAMER B. (1985). « Fonctionnement mental précoce et interactions », Topique, 15, (35-36), 151-172.

CRAMER B. (1985). « Ils nous entendent », revue Autrement, Objectif bébé, 72, 154-161.

CRAMER B., (éd.) (1988). Psychiatrie du bébé, nouvelles frontières, Paris, ESHEL.

CUKIER-HEMEURY F., LÉZINE I., AJURIAGUERRA J. de (1979). « Les postures de l'allaitement au sein chez les femmes primipares », Psychiatrie de l'enfant, 22, 503-518.

CUKIER-HEMEURY F. (1992). « Cris et pleurs du bébé », in MAZET P. et LEBOVICI S. (éd.), Émotions et affects chez le bébé et ses partenaires, Paris, Eshel.

CYRULNIK B. (1989). Sous le signe du lien, Paris, Hachette.

CYRULNIK B. (2001). Les Vilains Petits Canards, Paris, Odile Jacob.

DARWIN C. (1965). *The Expression of the Emotions in Man and Animals,* Londres, J. Murray 1872, rééd. Chicago, University of Chicago Press.

DECERF A. (1987). « Les interactions précoces de la mère et de l'enfant et la naissance de la vie psychique », *Psychiatrie de l'enfant,* 30, 501-517.

DELEAU M. (1990). *Les origines sociales du développement mental,* Paris, A. Colin.

DELEAU M. (éd.) (1999). *Psychologie du développement,* Paris, Bréal.

DE CASPER A.J., FIFER W.P. (1980). « On human bonding : newborns prefer their mother's voices », *Science,* 208, 1174-1176.

DENIS P. (1991). « La séduction maternelle et la détermination de l'identité sexuelle de l'enfant », in SOULÉ M. *et alii* (éd.). *Comme il vous plaira, fille ou garçon ?,* Paris, ESF, 35-50.

DESOR J.A., MALLER O., ANDREWS K. (1973). « Taste in acceptance of sugar by human infants », *J. Comp. Physiol. Psychology,* 84, 496-501.

DEWOLFF M.S., VAN IJZENDOORN M.H. (1997a). « Attachment in cultural context : some comments », *Newsletter ISSBD,* 1, 7-9.

DEWOLFF M.S., VAN IJZENDOORN M.H. (1997b). « Sensitivity and attachment : a meta-analysis on parental antecedents of infant attachment », *Child Development,* 68, 571-591.

DUFOYER J.P. (1987). *La Naissance et le Développement de la personnalité dans la première année de la vie,* Paris, PUF, 4e éd.

DUNN J. (1983). « Sibling relationship in early chilhood », *Child Development,* 54, 787-811.

EKMAN P., FRIESEN W., ELLSWORTH P. (1972). *Emotion in the Human Face,* New York, Pergamon.

EKMAN P. (1971). « Universals and cultural differences in facial expressions of emotion », in COLE J.K. (ed.), *Nebraska symposium on motivation,* vol. 19, Lincoln, University of Nebraska Press.

EKMAN P., FRIESEN W. (1978). *The Facial Action Coding System,* Palo Alto, Consulting Psychology Press.

ESPINOZA O. (1993). « Les relations affinitaires à la crèche », *Enfance,* tome 47, n° 4, 377-391.

ESPINOZA O., LE CAMUS J. (1991). « Les relations interpersonnelles précoces », in MALEWSKA-PEYRE H. et TAP P. ( ). *La Socialisation de l'enfance à l'adolescence,* Paris, PUF, 75-101.

FAGAN J.F., SHERPERD P.A. (1979). « Theorical issues in the early development of visual perception », in M. MEWIS et L. TAFT (eds), *Developmental Disabilities : Theory, assessment and intervention,* New York, S.P. Medical and Scientific Books.

FAGOT B.I. (1978). « The influence of sex of child on parental reactions to toddler children », *Child Development,* 49, 459-465.

FAGOT B.I. (1985). « Changes in thinking about early sex-roles development », *Developmental Psychology,* 5, 84-98.

FAGOT B.I., HAGAN R. (1991). « Observations of parents reactions to sex-stereotyped behaviors », *Child Development,* 62, 617-628.

FAURION A. (1996). « Le goût : un défi scientifique et intellectuel », *Psychologie Française,* 41, 217-225.

FEIJOO J. (1978). « Les premiers mois de l'accouchement », *Cahiers recherche musique,* INA/GRM, 159-172.

FESTY P. (1988). « Le cadre de constitution de la famille », *Revue française des affaires sociales,* n° hors série, *Pères et Paternité*, Masson, 15-25.

FIVAZ-DEPEURSINGE E., CORBOZ-WARNERY A. (1999). « The Primary triangle. A developmental system view of mothers, fathers and infants », *Basic Behavioural Science*, New York, Basic Books, 33-53.

FLAMENT F. (1986). « Peut-on parler d'interactions sociales entre nourrissons de moins de 8 mois ? », in ZAZZO R., *La Première Année de la vie,* Paris, PUF.

FOGEL A., THELEN E. (1987). « Development of early expressive and communicative action : reinterpreting the evidence from a dynamic systems perspective », *Developmental Psychology*, 23, 747-761.

FORTIN L., BIGRAS M. (2000). « La résilience des enfants : facteurs de risque, de protection et modèles théoriques », *Pratiques Psychologiques*, 1, 49-63.

FRAIBERG S. (1974). « Blind infants and their mothers : an examination of the sign system », in LEWIS M., ROSEMBLUM L.A. (eds). *The Effects of the Infant on its Caregiver,* New York, Wiley, 215-232.

FRAISSE P. (1963). « L'évolution de la psychologie expérimentale », in FRAISSE P., PIAGET J., *Traité de psychologie expérimentale,* tome 1, Paris, PUF.

GARNIER F. (1982). *Le langage de l'image au Moyen Âge.* Paris, Le Léopard d'Or.

GESELL A. (1952). « L'ontogenèse du comportement », in CARMICHAEL L. (éd.), *Manuel de psychologie de l'enfant,* Paris, PUF.

GISSEROT H. (1988). « À propos de la recomposition des rôles », *Revue française des affaires sociales*, n° hors série, *Pères et paternité*, Masson, 45-49.

GOLINKOFF R.M., AMES G.J. (1979). « A comparison of father's and mother's speech with their young children », *Child Development*, 50, 28-32.

GOLOMBOK S. et FIVUSH R. (1994). *Gender Development*, Cambridge, Cambridge University Press.

GOLSE B. (1985). *Le Développement affectif et intellectuel de l'enfant*, Paris, Masson.

GOLSE B. (1999). « L'attachement entre théorie des pulsions et théorie de la relation d'objet », *Le Carnet Psy*, 48, 16-18.

GOUIN-DECARIE T., POULIN-DUBOIS D. (1985). « Les premières adaptations mutuelles », in TREMBLAY R.E., PROVOST M.A., STRAYER F.F., *Éthologie et développement de l'enfant,* Paris, Stock.

GRANIE-GIANOTTI M.A. (1997). « Pratiques éducatives familiales et développement de l'identité sexuée chez l'enfant : effet de l'implication, de la conformité et de la stéréotypie parentales sur l'acquisition des rôles de sexe chez l'enfant préscolaire », thèse de doctorat d'état en psychologie, sous la direction de LE CAMUS J., Toulouse, université Toulouse-le-Mirail.

GROSSMANN K.E., GROSSMANN K. (1998). « Développement de l'attachement et adaptation psychologique du berceau au tombeau », *Enfance*, 3, 44-68.

HARLOW H.F., HARLOW M.K. (1965). « The Affectional Systems », in SCHIERER A.M., HARLOW H.F., STOLLNITZ F. (eds). *Behavior of Non Primates*, New York, Academic Press.

HARLOW H.F. (1974). « Les affectivités », in ZAZZO R. *et alii, L'Attachement*, Neuchâtel, Delachaux et Niestlé, collection Zethos, 58-72.

HARTUP W.W. (1983). « Peer relations », in MUSSEN P.H. (ed.), *Handbook of Child Psychology*, New York, John Wiley and sons, 4ᵉ éd.

HAY D. F (1980). « Multiple functions of proximity seeking in infancy », *Child Development*, 51, 636-645.

HERTENSTEIN M.J. (2002). Touch : its communicative functions in infancy, *Human development*, 45, 70-94.

HERZOG E., SUDIE C.E. (1969). *Fatherless Homes, Annual progress in child psychiatry and child development*, New York, Bruner-Mazel, 341-351.

HINDE R.A. (1984). « Why do the sexes behave differently in close relationships ? », *Journal of Social and Personal Relationships*, 1, 471-501.

HURSTEL F. (1987). « La fonction paternelle aujourd'hui : problèmes de théorie et questions d'actualité », *Enfance*, 40, 1-2, 163-179.

HURTIG M., RONDAL J.A. (1981). *Introduction de la psychologie de l'enfant*, Bruxelles, Mardaga.

HUSQUINET A. (1983). « L'amour maternel et les débuts de la vie affective de l'enfant », in de SCHONEN (éd.), *Le Développement dans la première année*, Paris PUF.

IZARD C.E. (1977). *Human Emotions*, New York, Plenum.

IZARD C.E., MALATESTA C.Z. (1987). « Perspectives on emotional development, I : Differential emotions theory of early emotional development, in OSOFSKY J.D., *Handbood of Infant Development*, New York Wiley, 2e éd.

JETTE M., DESROSIERS H., TREMBLAY R.E., THIBAULT J. (1998-2002). *Étude longitudinale des enfants du Québec (ELDEQ)*, Québec, Institut de la statistique du Québec, vol. 1.

JEUNIER B., TRUDEL M., LEGENDRE A. (1972). « Étude biosociale des modes d'adaptation en groupe de pairs », *Enfance* n° 2/1997, 247-267.

JOST R.G., QUILLIGAN E.J., YEH ANDERSON G.G. (1972). « Intra-uterine electroencephalogram of the sheep fœtus », *American Journal of Obstetrical Gynecology*, 114, 535-539.

JULIA D. (1998). « L'enfance au début de l'époque moderne », in BECCHI E., JULIA D., *Histoire de l'enfance en Occident*, Paris, Seuil, p. 286-373.

KAREN R. (1998). « Les stratégies, les défenses et les possibilités de changement des enfants ayant une forme d'attachement anxieux », *Enfance*, 3, 28-43.

KELLER H., VOLKER S., ZACH U. (1997). « Attachment in cultural context », *Newsletter ISSBD*, 1, 1-3.

KELLERHALS J., MONTANDON C. (1991). « Les stratégies éducatives des familles », Neuchâtel, Delachaux et Niestlé.

KESTEMBERG, E. (1981). *Autrement vu*, Paris, PUF.

KOCH H.L. (1960). « The relations of certain formal attributes of siblings to attitudes held toward each others and toward their parents », *Monographs of the Society for Research in Child development*, 25, 4, série 18.

KOCHENDERFER-LADD B., WARDROP J.L. (2001). « Chronicity and instability of children's peer victimization experiences as predictors of loneliness and social satisfaction trajectories », *Child Development,* 72 (1), 134-151.

KOFF M., SELLS S.B., GOLDEN M.M. (1972). *Social Adjustment and Personality Development in Children*, Minneapolis, University of Minnesota Press.

KOHLBERG L. (1966). « A cognitive developmental analysis of children's sex-role concepts and attitudes », in MACCOBY E.E. (ed.) (1966). *The Development of Sex-Differences*, Stanford, Stanford University Press.

KORFF-SAUSSE S. (2002). « Les processus psychiques de la résilience », *Pratiques Psychologiques*, 1, 53-63.

KORNER A.F. (1974). « Individual differences at birth. Implications for child care practices », cité in LEBOVICI S. (1983). *Le Nourrisson, la Mère et le Psychanalyste*, Paris, Le Centurion.

KOTELCHUCK M. (1972). *The Nature of the Child's tie to his Father*, unpublished doctoral dissertation, Harvard University.

KOTELCHUCK M., ZELAZO P.R., KAGAN J., SPELKE E. (1975). « Infant reactions to parental separation when left with familiar and unfamiliar adults », *Journal of Genetic Psychology*, 126, 255-262.

KOUPERNIK C., DAILLY R. (1968). *Développement neuropsychique du nourrisson*, Paris, PUF.

KREISLER L., CRAMER B. (1981). « Sur des bases cliniques de la psychiatrie du nourrisson », *Psychiatrie de l'enfant*, 24, 223-263.

LABRELL F. (1992). *Contributions paternelles au développement cognitif de l'enfant dans la deuxième année*, thèse de doctorat, Paris-V.

LABRELL F. (1996). « Interactions de tutelle paternelle et maternelle avec le jeune enfant : la sollicitation de l'autonomie dans la deuxième année », *Enfance*, 4, 447-464.

LABRELL F. (1997). « Le rôle du père dans le développement cognitif du jeune enfant », in LE CAMUS J., LABRELL F., ZAOUCHE-GAUDRON C. (1997). *Le rôle du père dans le développement du jeune enfant*, Paris, Nathan, 9-68.

LACHAL C. (1998). « Enfant unique, enfant-roi, et après ? », in CAMDESSUS B., *La fratrie méconnue, liens du sang, liens du cœur*, Paris, ESF, 95-112.

LADD G.W., KOCHENDERFER-LADD B. (2002). « Identifying victims of peer aggression from early to middle childhood : analysis of cross-informant data for concordance, estimation of relational adjustment, prevalence of victimization, and characteristics of identified victims », *Psychological Assessment*, 14 (1), 74-96.

LAFRENIERE P. (1988). « Une perspective développementale du rôle des pairs dans le processus de socialisation », in DURNING P., TREMBLAY R.E., *Relations entre enfants*, Éducation et Société, Paris Fleurus.

LAMB M.E. (1975). « Fathers : forgotten contributors to child development », *Human Development*, 18, 245-266.

LAMB M.E. (1976). *The role of the father in child development*, New York, Wiley.

LAMB M.E. (1977). Father-infant and mother-infant interaction in the first year of life, *Child Development*, 48, 167-181.

LANGEVIN A. (1998). « Frères et sœurs, les négligés du roman familial », in CAMDESSUS B., *La Fratrie méconnue, liens du sang, liens du cœur*, Paris, ESF, 19-30.

LANGLOIS J.H., GOTTFRIED N.W., BARNES B.M., HENDRICKS D.E. (1978). « The effect on peer age on the social behavior of preschool children », *Journal of Genetic Psychology*, 132, 11-19.

LANGLOIS J.H., DOWN A.C. (1980). « Mothers, fathers, and peers as socialization agents of sex-typed play behaviors in young children », *Child Development*, 51, 1217-1247.

LAUTREY J. (1980). *Classe sociale, milieu familial, intelligence*, Paris, PUF.

LEBOVICI S. (1983). *Le Nourrisson, la Mère et le Psychanalyste*, Paris, Le Centurion.

LE CAMUS J. (1985). *Les Relations et Interactions du jeune enfant*, Paris ESF.

LE CAMUS J. (1987). « Modalités et facteurs de la transformation des rôles parentaux », *Bulletin de psychologie*, tome XL, n° 370,423.

LE CAMUS J. (1997). « Le rôle du père dans le développement sociopersonnel du jeune enfant », in LE CAMUS J., LABRELL F., ZAOUCHE-GAUDRON C., *Le rôle du père dans le développement du jeune enfant*, Paris, Nathan, 81-132.

LECANUET J.-P. (1981). *Imprégnation et mémoire : la phase de consolidation mnésique chez le poussin*, thèse non publiée, Paris.

LECANUET J.-P., GRANIER-DEFERRE C., SCHAAL B. (1993). « Continuité sensorielle transnatale », in POUTHAS V., JOUEN F. (1993). *Les comportements du bébé : expression de son savoir ?*, Liège, Mardaga.

LECOMTE J. (2002). « Qu'est ce que la résilience ? Question faussement simple. Réponse nécessairement complexe », *Pratiques Psychologiques*, 1, 7-14.

LECUYER R. (1986). « Les bébés de moins de 4 mois regardent-ils au-delà de 40 cm ? », *Année psychologique*, 86, 31-44.

LECUYER R. (1989). « L'être humain, objet de connaissance des bébés », *Revue internationale de psychologie sociale*, 2, 1, 85-96.

LECUYER R. (2001). « Rien n'est jamais acquis. Ou de la permanence de l'objet... de polémiques », *Enfance*, 1, p. 35-65.

LECUYER R., PECHEUX M.G., STRERI A. (1994). *Le développement cognitif du nourrisson*, Paris, Nathan.

LEFÈBVRE F., NADEL J. (1999). « Le développement de l'attribution d'intentionnalité », *Enfance*, 51 (3), 304-312.

LEGAULT F., STRAYER F.F. (1991). « Genèse de la ségrégation sexuelle et différences comportementales chez des enfants d'âge préscolaire », *Behaviour*, 119, 285-301.

LEGENDRE A. (1985). « L'expérimentation écologique dans l'approche des comportements sociaux des jeunes enfants en groupe », in BAUDONNIERE P.M., *Étudier l'enfant de la naissance à 3 ans*, Paris, Éditions du CNRS.

LEGENDRE A. (1997). « Sensibilité à des contraintes environnementales et relations interpersonnelles chez des jeunes enfants en groupes », *Psychologie française*, 42 (2), 157-168.

LEGENDRE A. (1999). « Interindividual relationships in groups of young children and susceptibility to an environmental constraint », *Environment and Behavior*, vol. 31, n° 4, 463-486.

LEGENDRE A., CONTRERAS R. (2000). « Representacion de la Infancia temprana y necesidades ambientales de los ninos en las guarderias », *Revista de departamento de psicologia – UFF*, V.12 – N° 2 e 3, 15-27.

LEHALLE H., MELLIER D. (2002). *Psychologie du développement*, Paris, Dunod.

LE MAGNEN J. (1981). « Préférences et aversions alimentaires chez le nouveau-né », in HERBINET E., BUSNEL M.C. (1981). *L'Aube des sens*, Les cahiers du nouveau-né n° 5, Paris, Stock, 333-344.

LE MANER-IDRISSI G. (1997). *L'Identité sexuée*, collection Topos, Paris, Dunod.

LE MANER-IDRISSI G., DELEAU M. (1995). « Choix d'objets et interactions entre pairs : comportements révélateurs d'un schéma de genre à 24 mois ? », *Enfance*, 4, 417-434.

LE ROY LADURIE E. (1975). *Montaillou, un village occitan de 1294 à 1324*, Paris, Gallimard.

LEWIS M. (1993). « Self-conscious emotions : embarrassement, prime, shame and guilt », in LEWIS M., HAVILAND J.M. (1993). *Handbook of Emotions*, New York, Guilford.

LEWIS M.D. (2000). « The promise of dynamic systems approaches for an integrated account of human development », *Child Development*, 71, 36-43.

LEWIS M., RAMSAY D. (1999). « Intention, consciousness and pretend play », in ZELAZO P.D., ASTINGTON J.W., OLSON D., *Developing Theories of Intention*, Mahwah, Lawrence Erlbaum Associates.

LÉZINE I. *et alii* (1976). « Études des modes de communication entre le jeune enfant et l'adulte », *Enfance*, 1-2, 5-62.

LIBERMAN R., LEBOVICI S. (1985). « Les enfants du divorce », in LEBOVICI S., DIATKINE R., SOULÉ M., *Traité de psychiatrie de l'enfant et de l'adolescent*, tome 3, Paris, PUF.

LOUGEE M.D., GRUENEICH R., HARTUPW W. (1977). « Social interaction in same – and mixed – age dyads of preschool children », *Child Development*, 48, 1353-1361.

LYONS-RUTH K. (1996). « Attachment relationships among children with aggressive behavior problems ; the role of disorganized early attachment patterns », *Journal of Consulting and Clinical Psychology*, 64, 64-73.

MACDONALD K. (1992). « Warmth as a developmental construct : an evolutionary analysis », *Child Development*, 63, 753-773.

MACDONALD K., PARKER D. (1986). « Parent-child physical play : the effect of sex and age of children and parents », *Journal of Sex Roles*, 15, 367-378.

MAC GREW W.C. (1972). *An Ethological Study of Children's Behavior*, New York, Academic Press.

MAC LEOD P. (1981). « La formation d'une image chimiosensorielle », in HERBINET E., BUSNEL M.C., *L'Aube des sens, les cahiers du nouveau-né*, n° 5, Paris, Stock, 349-358.

MACCOBY E.E., JACKLIN C.N. (1978). « Social behavior at thirty three months in same-sex and mixed-sex dyads », *Child Development*, 49, 557-569.

MACCOBY E.E. (1988). « Gender as a social category », *Developmental Psychology*, 6, 409-415.

MACCOBY E. E., JACKLIN C.N. (1987). « Gender segregation in children », in Reese H.W. (ed.), *Advances in Child Development and Behavior*, vol 20, New York, Academic Press, 239-287.

MAIN M. (1995). « Attachment : overview, with implications for clinical words », in S. GOLBERG, R. MUIR, J. KERR (eds). *Attachment Theory, Social, Developmental and Clinical Perspectives*, Hillsdale, NJ, Analytic Press.

MAIN M. (1998). « De l'attachement à la psychopathologie », *Enfance* n° 3 13-27.

MAIN M., WESTON D.R. (1981). « The quality of the toddler's relationship to mother and to father : related to conflict behavior and the readiness to establish new relationships », *Child Development*, 52, 932-940.

MAIN M., KAPLAN N., CASSIDY J. (1985). « Security in infancy, childhood and adulthood : a move to the level of representation », in I. BRETHERTON, E. WATERS (eds) (1985). « Growing point of attachment a theory and research », *Monographs of the society for research in child development*, 50, 209.

MAIN M., SOLOMON J. (1990). « Procedures for identifying infants as disorganized-disoriented during the Ainsworth Strange Situation », in GREENBERG M.T., CICCHETTI D. *et alii* (eds), *Attachment in the Preschool Years : theory, research, and intervention*, Chicago, University of Chicago Press, 121-160.

MALATESTA C.Z. (1985). « Developmental course of emotion expression in the human infant », in *The development of expressive behavior : biology-environment interactions*, New York, Academic Press.

MALRIEU P. (1973). « La socialisation », in ZAZZO R., GRATIOT-ALPHANDERY H., *Traité de psychologie de l'enfant*, tome 5 : *La Formation de la personnalité*, Paris, PUF, 9-234.

MARCOS-SIGAL H. (1984). *La signification de la naissance du premier enfant*, Toulouse, Privat.

MARCOS H. (1998*).* *De la communication prélinguistique au langage : formes et fonctions*, Paris, L'Harmattan.

MARTIN C.L., HALVERSON Jr C.F. (1981). « A schematic processing model of sex typing and stereotyping in children », *Child Development*, 52 (4), 1119-1134.

MARTIN P. (1988). *Des familles et des enfants. Analyse bibliographique et approche méthodologique*, Bruxelles, De Boeck.

MATAS L., AREND R., SROUFE L.A. (1978). « Continuity of adaptation in the second year ; the relationship between quality of attachment and later competence », *Child Development*, 49, 547-556.

McCANDLESS B.R. et MARSHALL H.R. (1957). « A picture-sociometric technique for preschool children and its relations to teachers judgments of friendship », *Child Development*, 28, 138-149.

McFARLANE A. (1975). *Olfaction in the Development of Social Preferences in the Human Neonate*, Parent infant interaction, Ciba Foundation Symposium, 33, 103-118.

MEHLER J. (1978). « La perception du langage chez le nourrisson », *La Recherche*, 88.

MELOT A.M. (1999). « Développement cognitif et métacognitif : panorama d'un nouveau courant », *Enfance*, (3), 205-214.

MELTZOFF A.N., MOORE M.K. (1977). « Facial and manual imitation by human neonates », *Science*, 198, 75-78.

MELTZOFF A.N., MOORE M.K. (1992). « Early imitation within a functional framework : the importance of person identity, movement and development », *Infant behavior and development*, 15, 479-505.

MELTZOFF A.N., MOORE M.K. (1999). « Persons and representation : why infant imitation is important for theories of human development », in NADEL J., BUTTERWORTH G., *Imitation in Infancy*, Cambridge, Cambridge University Press.

MESSINGER D., DONDI M, NELSON-GOENS G.C., BEGHI A., FOGEL A., SIMION F. (2002). « How sleeping neonates smile », *Developmental Science*, 5, 48-54.

MIERMONT Y. (1985). « Éthologie et développement de l'enfant », in LEBOVICI S., DIATKINE R., SOULÉ M., *Traité de psychiatrie de l'enfant et de l'adolescent*, Paris, PUF.

MISTRY R.S., VANDEWATER E.A., HUSTON A.C., MCLOYD V.C. (2002). « Economic well-being and children's social adjustment : the role of family process in an ethnically diverse low-income sample », *Child Development*, 73, 935-951.

MONTAGNER H. (1978). *L'Enfant et la Communication*, Paris, Stock.

MUELLER E. BREMNER J. (1977). « The origins of social skills and interaction among playgroup toddlers », *Child Development*, 48, 854-861.

MUIR D.W. (2002). « Adult communications with infants through touch : the forgotten sense », *Human development*, 45, 95-99.

MUIR D.W., HAINS S. (2000). « La perception sociale du bébé : une perspective interactionniste », *Enfance*, 4, 307-328.

MUROOKA H., KOIE Y., SUDA N. (1976). « Analyse des sons intra-utérins et leurs effets tranquillisants chez le nouveau-né », *Journal Obstet. Biol.*, reprint, 5, 367-376.

NADEL J. (1981). « Le développement psychomoteur », in HURTIG M., RONDAL J.A., *Introduction à la psychologie de l'enfant*, tome 1, Bruxelles, Mardaga, 257-270.

NADEL J. (1986). *Imitation et communication entre jeunes enfants*, Paris, PUF.

NADEL J. (2001). « Chercher l'enfant, trouver l'humain », *Enfance*, 1, 67-74.

NADEL J., BAUDONNIERE P.M. (1980). « L'imitation comme mode d'échange prépondérant au début de la 3ᵉ année », *Enfance*, 1, 77-90.

NADEL J., BEST F. (1980). *Wallon aujourd'hui*, Scarabée C.E.M.E.A., Paris.

NADEL J., BAUDONNIERE P.M., FONTAINE A.M. (1983). « Les comportements sociaux imitatifs », *Recherches de psychologie sociale*, 5, 15-29.

NADEL J., BAUDONNIERE P.M., FONTAINE A.M. (1988). « Imitation et communication au cours de la 3ᵉ année », *Psychologie française*, 33, 1-2, 45-50.

NADEL J., PEZE A. (1993). « What makes immediate imitation communication in toddlers and autistic children », in NADEL J. et CAMAIONI L., *New Perspectives in Early Communication Development*, London and New York, Routledge.

NADEL J., GUERINI C., PEZE A., RIVET C. (1999). « The evolving nature of imitation as a format of communication », in NADEL J., BUTTERWORTH G., *Imitation in Infancy*, Cambridge, Cambridge University Press.

NADEL J., POTIER C. (2001). « Imitez, imitez, il en restera toujours quelque chose : le statut développemental de l'imitation dans le cas d'autisme », *Enfance*, 1, 76-85.

NETCHINE-GRYNBERG G. (1984). « Développement modèle et modèles de développement pluriel », *Psychologie française*, 29, 1, 22.

NETCHINE-GRYNBERG G. (1999). *Développement et fonctionnement cognitifs : vers une intégration*, Paris, PUF.

NEYRAND G. (2000) *L'Enfant, la Mère et la Question du père*, Paris, PUF.

OLTHOF T., SASKIA KUNNEN E, BOOM J. (2000). « Simulating mother-child interaction : exploring two varieties of a non-linear dynamic systems approach », *Infant and Child Development*, 9, 33-60.

PAGE P., STRAYER F.F., REID L. (2001). « Où en est la cognition sociale ? Sociogenèse et sélection ontogénétique des pensées sociales », Canadian Psychology, 42 (3), 185-199.

PARKE R.D. (1979). « Perspectives of father-infant interaction », in OSOFSKY J.D. (ed.), *Handbook of Infant Development*, New York, Wiley.

PARKE R.D. et SAWIN D.B. (1980). « The family in early infancy : social interactional and attitudinal analyses », in PEDERSEN F.A. (ed.) ( ), *The Father-Infant Relationship*, I : Observational Studies in a Family Context, New York, Praeger.

PARKE R.D., SUOMI S.J. (1980). « Adult male-infant relationships : human and non human primate evidence », in IMMELMAN K., BARLOW G., MAIN M., PETRINOVICH L. (eds) (1980). *Early Development in Animal and Man*, Cambridge, Cambridge University Press.

PARSONS T. (1955). « Family structure and socialization of the child », in PARSONS T., BALES R.F. (1955). *Family, Socialization and Interaction Process*, Glencoe III, Free Press.

PECHEUX M.G. (1990). « L'ajustement parental : un concept à la fois utile et flou », *L'Année psychologique*, 90, 567-583.

PECHEUX M.G., LABRELL F., PISTORIO P. (1993). « What do parents talk about to infants ? », *Early Development and Parenting*, 2, 89-97.

PECHEUX M.G., LECUYER R. (1989). « Les Méthodes d'étude du nourrisson », in ROSSI *et alii*, *La méthode expérimentale en psychologie*, Paris, Dunod.

PERRY D.G., WHITE A.J., PERRY L.C. (1984). « Does early sex typing result from children's attempts to match their behavior to sex role stereotypes ? », *Child Development*, 55, 2114-2121.

PETTIT G., CLAWSON M., DODGE K., BATES J. (1996). « Stability and change in peer-rejected status : the role of child behavior, parenting, and family ecology », *Merrill Palmer Quarterly*, 42 (2), 267-294.

PIAGET J. (1945). *La formation du symbole chez l'enfant*, Neuchâtel, Delachaux et Niestlé.

PIERON H. (1973). *Vocabulaire de la psychologie*, Paris, PUF.

PIERREHUMBERT B., IANNOTTI R.J., CUMMINGS E.M., ZAN-WAXLER C. (1986). « Attachement maternel et dépendance, quelques apports de la psychologie expérimentale », *Neuropsychiatrie de l'enfance*, 34, 409-420.

PIERREHUMBERT B. (1998). « Le colloque imaginaire : une génération plus tard », *Enfance*, n° 3, 3-12.

PIERREHUMBERT B. (2000). « Qui chassera les fantômes de la chambre d'enfants ? », in CUPA D (éd.), *L'Attachement, perspectives actuelles*, Paris, EDK.

PINOL-DOURIEZ M. (1986). « Émergence des représentations et régulations épigénétiques chez le nourrisson », *Confrontations psychiatriques*, Génotype et Phénotype, 27, 89-119.

PINOL-DOURIEZ M., HURTIG M.C., COLAS A. (1988). « Dynamiques interactives de la construction de l'identité dans les trois premières années de la vie », in CRAMER B. (éd.), *Psychiatrie du bébé, Nouvelles Frontières*, Paris, Eshel, 363-390.

POMERLEAU A., BOLDUC D., MALCUIT G., COSSETTE L. (1990). « Pink or blue : environmental gender stereotypes in the first two years of life », *Sex Roles*, 22 (5/6).

POULIN-DUBOIS D. (1999). « Les précurseurs d'une théorie de l'esprit dans la première enfance : mythes et réalités », *Enfance*, 3, 322-326.

QUERLEU D., RENARD X. (1980). « Les perceptions auditives du fœtus humain », *Médecine et Hygiène*, 1981, 39, 2102-2110.

RAPAPORT D. (1980). *Corps de mère, corps d'enfant*, Paris, Stock.

RESTOIN A., MONTAGNER H., RODRIGUEZ D., GIRARDOT J.J., ULLMAN V., CASAGRANDE C., TALPAIN B. (1983). « Données nouvelles sur le développement chronologique des systèmes de communication du jeune enfant avec ses pairs », *Recherches de psychologie sociale*, 5, 31-56.

REUCHLIN M. (1984). *Psychologie*, Paris, PUF.

RICARD M., COSSETTE L. et GOUIN DECARIE T. (1999). « Développement social et affectif », in RONDAL J.A., ESPERET E. (éd.), *Manuel de psychologie de l'enfant*, Sprimont, Mardaga.

RIVIÈRE A. (1990). *La Psychologie de Vygotsky*, collection Psychologie et Sciences Humaines, Mardaga, Liège.

ROBIN M. (1986a). « Les comportements tactiles de la mère à la maternité », *Neuropsychiatrie de l'enfance et de l'adolescence*, 34, 421-430.

ROBIN M. (1986b). « Le langage maternel adressé au bébé au cours de la première année : intérêt pour l'étude des interactions précoces », *Psychiatrie de l'enfant*, XXIX, 363-386.

ROBSON K.S., MOSS S.A. (1975). « Patterns and determinants of maternal attachment », *Journal of Pediatrics*, 42, 976-986.

ROBSON K.S. (1967). « The role of eye to eye contact in maternal infant attachment », *Journal of Child Psychology and Psychiatry*, 8, 13-25.

ROFF M., SELLS S.B., GOLDEN M.M. (1972). *Social Adjustement and Personality Development in Children*, Minneapolis, University of Minnesota press.

RONDAL J.A. (1999). « L'enfance et l'étude psychologique de l'enfant », in RONDAL J.A., ESPERET E. (éd.), *Manuel de psychologie de l'enfant*, Liège, Mardaga, 13-31.

ROTHBART M.K., BATES J.E. (1998). « Temperament », in EISENBERG N., DAMON W., *Handbook of child psychology*, vol. 3, 5e éd., New Yook, Wiley.

ROZIN P. (1984). « The acquisition of food habits and preferences », in MATARAZZO J.D., WEISS S.M., HERD S.A., MILLER N.E., *Behavioral Health*, New York, J. Wiley.

RUFO M. (2002). *Frères et sœurs, une maladie d'amour*, Paris, Fayard.

RUMEAU-ROUQUETTE C., SPIRA N., LEBOVICI S. (1989). « La recherche en psychologie et en psychopathologie du très jeune enfant », in LEBOVICI S., WEILL-HALPERN F., *Psychopathologie du bébé*, Paris, PUF.

RUWET J.C. (1969). *Éthologie : biologie du comportement*, Bruxelles, Dessart.

SABATIER C. (1999). « Enfants et milieux », in RONDAL J.A. et ESPERET E. (éd.) *Manuel de psychologie de l'enfant*, Liège, Mardaga, 157-190.

SAGI A., VAN IJZENDOORN M.H., SCHARF M., JOELS T., KOREN-KARIE N., MAYELESS O., AVIEZER O. (1997). « Ecological constraints for intergenerational transmission of attachment », *International Journal of Behavioral Development*, 20, 287-299.

SAINT ANNE DARGASSIES S. (1974). « Confrontation neurologique de deux concepts : maturation et développement chez le jeune enfant », *Revue de neuropsychiatrie infantile*, 22 (4-5), 227-235.

SAINT ANNE DARGASSIES S. (1979). *Le Développement neurologique du nouveau-né à terme et prématuré*, 2ᵉ éd., Paris, Masson.

SAINT ANNE DARGASSIES S. (1982). *Le Développement neuromoteur et psychoaffectif du nourrisson*, Paris, Masson.

SAINT MARC C. (1988). « La compétence relationnelle du père », *Revue française des affaires sociales*, n° hors série, *Pères et Paternité*, Paris, Masson, 73-79.

SALK L. (1973). « The role of the heartbeat in the relation between mother and infant », *Scientific American*, 228, 24-29.

SCHAAL B. (1986). « Presumed olfactory exchanges between mother and neonate in humans », in LE CAMUS J., COSNIER J. (eds), *Ethology and Psychology*, Toulouse, Privat, 101-110.

SCHNEIDER B.H., ROUILLARD L., de KIMPE V. (1993). « Interaction sociale des garçons et des filles de 5 ans en fonction du contexte de jeu », *Enfance*, tome 47, n° 3, 229-240.

DE SCHONEN S., LIVET M.O. (1999). « Neurosciences et développement cognitif », in RONDAL J.A., ESPERET E. (éd.), *Manuel de psychologie de l'enfant*, Sprimont, Mardaga.

SCIBETTA J.J., ROSEN M.G. (1969). « Responses evoked by sounds in the fœtal guinea pig », *Obstetrical Gynecology*, 33, 831-836.

SEWALL M. (1930). « Some causes of jealousy in young children », *Smith College Studies in Social Work*, 1, 6-22.

SHATZ M., GELMAN R. (1973). « The development of communication skills : modification in the speech of young children as a function of listener », *Monographs of the Society for Research in Child development*, 38, 152.

SHORTER E. (1977). *Naissance de la famille moderne*, Paris, Seuil.

SMALLEY R.E. (1930). « The influence of differences in sex, age and intelligence in determining the attitudes of siblings toward each other », *Smith College Studies in Social Work*, 1, 23-40.

SMIRNOFF V. (1968). *La Psychanalyse de l'enfant*, Paris, PUF.

SOULÉ M. (novembre 1988). « Complexité et aléas de l'image paternelle », *Revue française des affaires sociales*, n° hors série, *Pères et Paternité*, Masson, 87-92.

SOULÉ M. (1982). « L'enfant dans la tête, l'enfant imaginaire », in SOULÉ M. (éd.), *La dynamique du nourrisson*, Paris, ESF.

SOUSSIGNAN R., SCHAAL B. (2001). « Les systèmes émotionnels chez le nouveau-né humain : invariance et malléabilité des réponses aux odeurs », *Enfance*, 3, 236-246.

SPANGLER G., GROSSMANN K.E. (1993). « Biobehavioral organization of securely and insecurely attached infants », *Child Development*, 64, 1439-1450.

SPANGLER G., SCHIECHE M. (1994). « Biobehavioral organization in one-year-olds : quality of mother-infant attachment and immunological and adrenocortisol regulation », *Psychologische Breitrage*, 36, 30-65.

SPITZ R.A. (1973). *De la naissance à la parole*, Paris, PUF, 1968, 2e éd.

SROUFE L.A. (1979). « Socioemotional development », in OSOFSKY J.D., *Handbook of Infant Development*, New York, J. Wiley and Sons.

SROUFE L.A., WATERS E. (1977). « Attachment as an organizational construct », *Child Development*, 48, 1184-1199.

STAATS A.W. (1975). *Social Behaviorism*, Homewood, The Dorsey Press.

STAMBAK M. (1963). *Tonus et psychomotricité dans la première enfance*, Neuchâtel, Delachaux et Niestlé.

STERN D. (1977). *Mère-enfant, les premières relations*, Bruxelles, Mardaga.

STERN D. (1989). *Le Monde interpersonnel du nourrisson*, Paris, PUF.

STOLERU S. (1983). « Les études sur les compétences du bébé et les interactions précoces », in LEBOVICI S, *op. cit.*

STRAYER F. F., JACQUES M., GAUTHIER R. (1983). « L'évolution du conflit social et des rapports de force chez les jeunes enfants », *Recherches de psychologie sociale*, 5, 57-73.

STRAYER F.F., GARIEPY J.-L. DUMONT M. (1989a). « Développement de l'implication sociale chez des enfants d'âge préscolaire », *Apprentissage et Socialisation*.

STRAYER F.F., NOËL J., TESSIER O., PUENTES-NEUMAN G. (1989b). « Les composantes de la pensée sociale chez l'enfant d'âge préscolaire », *Cahiers de Psychologie cognitive*, 9, 199-221.

STRERI A. (1994). « Motricité et sensori-motricité oculaire », in LECUYER R., PECHEUX M.G., STRERI A., *Le développement cognitif du nourrisson*, Paris, Nathan.

STRERI A. (1999). « Développement des perceptions », in RONDAL J.A., ESPERET E. (éd.), *Manuel de psychologie de l'enfant*, Sprimont, Mardaga.

TAP P. (1985). *Masculin et féminin chez l'enfant*, Toulouse, Privat.

THELEN E. (1995). « Motor development », *American Psychologist*, 50, 79-95.

THÉRY I. (1995). « Parents/beaux-parents, refonder les places pour libérer les sentiments », in THÉRY I., *Recomposer une famille, des rôles et des sentiments,* Paris, Textuel, 85-87.

THIS B. (1981). « Fœtologie... Fête au logis », in HERBINET E., BUSNEL M.C., *L'Aube des sens*, Les cahiers du nouveau-né n° 5, Paris, Stock, 275-283.

THOMAS A., CHESS S., BIRCH H. G, HERTZIG M. E, KORN S. (1963). *Behavioral Individuality in Early Childhood*, New York University Press.

THOMAS A., CHESS S., BIRCH H.G. (1968). *Temperament and Behavior Disorders in Children*, New York, University Press.

THOMPSON S.K. (1975). « Gender labels and early sex role development », *Child Development*, 46, 339-347.

THOMPSON R.A., LAMB M.E. (1984). « Assessing qualitative dimensions of emotional responsiveness in infants : separation reactions in the Strange Situation », *Infant Behavior and Development*, 7, 423-445.

TOMASELLO M. (1999). « Having intentions, understanding intentions, and understanding communicative intentions », in ZELAZO P.D., ASTINGTON J.W., OLSON D., *Developing Theories of Intention*, Mahwah, Lawrence Erlbaum Associates.

TON NU C. (1996). « Comment se forment les goûts alimentaires », *Psychologie française*, 41, 261-271.

TOURETTE C. (1999). « Apprentissage du monde, interactions sociales et communication », in RONDAL J.A., ESPERET E. (éd.), *Manuel de psychologie de l'enfant*, Sprimont, Mardaga.

TRAN-THONG (1967). *Stades et concepts de développement de l'enfant dans la psychologie contemporaine*, Paris, Vrin.

TREMBLAY R.E., PROVOST M.A., STRAYER F.F. (éd.) (1985). *Éthologie et développement de l'enfant*, Paris, Stock.

TREMBLAY-LEVEAU H. (1999). « Avant les croyances », *Enfance*, 3, 313-321.

TREVARTHEN C. (1986). « The structures of motives for human communication in infancy : a ground-plan for human ethology », in LE CAMUS J., COSNIER J. (ed.), *Ethology and Psychology*, Toulouse, Privat.

TREVARTHEN E., HUBLEY P., SHEERAN L. (1975). « Les activités innées du nourrisson », *La Recherche*, 56, 447-458.

TREVARTHEN E., HUBLEY P. (1978). « Secondary intersubjectivity : confidence, confiding and acts of meaning in the first year », in LOCK A. (ed.), *Action, gesture and symbols*, 183-229, London, Academic Press.

TRUDEL M., GAUTHIER R., JACQUES M., STRAYER F.F. (1983). « L'organisation sociale chez les jeunes enfants en garderie : 1, les rapports et les rôles affiliatifs au sein du groupe », *Apprentissage et Socialisation*, 6, (4), 233-247.

ULLMAN C. (1957). « Teachers, peers and tests as predictors of adjustment », *Journal of Educational Psychology*, 48, 256-267

VANDENPLAS-HOLPER C. (1987). *Éducation et développement social de l'enfant*, Paris, PUF, 2ᵉ éd.

VAN GEERT P. (1994). *Dynamic Systems of Development*, New York, Harvester Wheatsheaf.

VAN IJZENDOORN M.H. (1995). « Adult attachment representations, parental responsiveness, an infant attachment : A meta-analysis on the predictive validity of the Adult Attachment Interview », *Psychological Bulletin*, 117, 3, 387-403.

VAN IJZENDOORN M.H., SAGI A., LAMBERMOON M.W.E. (1992). « The multiple caretaker paradox : some data from Holland and Israel », in PIANTA R.C. (ed.), Beyond the parent : The role of other adults in children's lives, *New Directions for Child Development*, San Francisco, Jossey-Bass.

VAN RILLAER J. (1980). *Les Illusions de la psychanalyse*, Mardaga, Bruxelles.

VAUGHN B.E., COLVIN T., AZRIA M., CAYA L., KRZYSIK L. (2001). « Dyadic analyses of friendship in a sample of preschool-age children attending Head Start : correspondence between measures and implications for social competence », *Child Development*, 72 (3), 862-878.

VAUGHN B.E., WATERS E. (1981). « Attention structure, sociometric status, and dominance : interrelations, behavioral, correlates, and relationships to social competence », *Developmental Psychology*, 17, 275-288.

VIDAL J.-M. (1979). « L'empreinte chez les animaux », *La Recherche* (1976), in *La Recherche en éthologie*, Paris, Seuil.

VINTER A. (1993). « La capacité d'imitation précoce chez le nourrisson : qui y croit ? », in POUTHAS V., JOUEN F., *Les comportements du bébé : expression de son savoir ?*, Liège, Mardaga.

VRIES J.I.P. de, HOPKINS B., VAN GEIJN H.P (1993). « La construction prénatale du développement postnatal », in POUTHAS V., JOUEN F., *Les comportements du bébé : expression de son savoir ?*, Liège, Mardaga.

VITARO F., GAGNON C., TREMBLAY R.E., BOIVIN M. (1992). « Peer rejection from kindergarten to grade 2 ; outcomes, correlates, and prediction », *Merrill Palmer Quartely*, 38, 3.

VOLLING B.L., McELWAIN N.L., MILLER A.L. (2002). « Emotion regulation in context : the jealousy complex between young siblings and its relations with child and family characteristics », *Child Development*, 73, 2, 581-600.

WALKER S., BERTHELSEN D., IRVING K. (2001). « Temperament and peer acceptance in early childhood : sex and social status differences », *Child Study Journal*, 31 (3), 177-192.

WALLERSTEIN J.S., KELLY J.B. (1980). *Surviving the Break up*, New York, Basic Book.

WALLON H. (1934). *Les Origines du caractère*, Paris, Alcan, rééd. PUF 1949.

WALLON H. (1959a). « Les étapes de la sociabilité chez l'enfant », conférence du 29 mai 1952, *Enfance*, n° spécial *H. Wallon*, 3-4, 309-323.

WALLON H. (1959b). « Milieu, groupes et psychogenèse », *Cahiers internationaux de sociologie*, repris dans *Enfance*, n° spécial *H. Wallon*, 3-4, 287-296.

WATERS E., DEANE K.E. (1985). « Defining and assessing individual differences in infant attachment relationships : Q-methodology and the organization of behavior », in BRETHERTON I., WATERS E. (eds), « Growing points of attachment theory and research », *Monographs of the Society for Research in Child Development*, 50,41-65.

WEIL D. (1987). « L'enfance en psychologie : élaboration d'une notion », *Enfance*, 1-2.

WEINRAUB M., CLEMENS L.P., SOCKLOFF A., ETHRIDGE T., GRACELY E., MYERS B. (1984). « The development of sex-role stereotypes in the third year : relationship to gender labelling, gender identity, sex-typed toy preference and family characteristics », *Child Development*, 55, 1493-1503.

WIDMER-ROBERT-TISSOT C. (1981). *Les Modes de communication du bébé*, Neuchâtel, Delachaux et Niestlé.

WINNICOTT D.W. (1969). *De la pédiatrie à la psychanalyse*, Paris, Payot.

WINTER J.P. (1995). « Des liens innommables », in THÉRY I., *Recomposer une famille, des rôles et des sentiments,* Paris, Textuel, 43-55.

WOLFF P.H. (1963). « Observations on the early development of smiling », in FOSS B.M. (ed.), *Determinants of Infant Behavior*, New York, Wiley.

WOLFF P.H. (1964). *The causes, Controls and Organization of Behavior in the Newborn*, New York University Press.

WOLFF P.H. (1987). *The Development of Behavioral States and the Expression of Emotions in Early Infancy*, Chicago, The University of Chicago Press.

WOOD J.J., COWN P.A., BAKER B.L. (2002). « Behavior problems and peer rejection in preschool boys and girls », *Journal of Genetic Psychology*, 163 (1), 72-88.

YOUNISS J. (1980). *Parents and Peers in Social Development*, Chicago, University of Chicago Press.

ZAOUCHE-GAUDRON C. (1997). « Influence de la différenciation paternelle sur la construction de l'identité sexuée de l'enfant de 20 mois », *Enfance*, 3, 425-434.

ZAZZO B. (1978). *Un grand passage de l'école maternelle à l'école élémentaire*, Paris, PUF.

ZAZZO R. (1954). « Réflexions sur un demi-siècle de psychologie de l'enfant », *Journal de psychologie*, numéro du cinquantenaire, repris in ZAZZO R., *Conduites et conscience*, tome 1, Neuchâtel, Delachaux et Niestlé, 1962.

ZAZZO R. (1957). « Le problème de l'imitation chez le nouveau-né », *Enfance*, 10, 135-142.

ZAZZO R. (1972). « L'attachement, une nouvelle théorie sur les origines de l'affectivité », *L'Orientation scolaire et professionnelle*, 2, 101-128.

ZAZZO R. (1983). *Où en est la psychologie de l'enfant ?*, Paris, Denoël-Gonthier.

ZAZZO R. (1985). Préface à l'ouvrage de CHIVA M., *Le Doux et l'Amer*, Paris, PUF.

ZAZZO R., SANTUCCI H. (1962). « Attitude des parents et comportement des jeunes enfants de trois milieux culturels différents », in ZAZZO R., *Conduites et Conscience*, tome 1, Neuchâtel, Delachaux et Niestlé, 191-205.

ZAZZO R., GRATIOT-ALPHANDERY H. (1970). *Traité de psychologie de l'enfant*, Paris, PUF, tome 1 : *Histoire et généralités*, tome 4 : *Développement affectif et moral*.

ZAZZO R. *et alii* (1974). *L'Attachement*, Neuchâtel, Delachaux et Niestlé, 20-54.

11007387 - (IV) - (0,7) - C2000 - OSB 100° - BTT
Imprimé en France par EMD S.A.S. - 53110 Lassay-les-Châteaux - N° dossier : 18911 - Dépôt légal : mars 2008